도서출판 대장간은
쇠를 달구어 연장을 만들듯이
생각을 다듬어 기독교 가치관을
바르게 세우는 곳입니다.

대장간이란 이름에는
사라져가는 복음의 능력을 되살리고,
낡은 것을 새롭게 풀무질하며, 잘못된 것을
바로 세우겠다는 의지가 담겨져 있습니다.

www.daejanggan.org

영원에서 지상으로

하나님의 영원한 목적에 대한 재발견

FROM ETERNITY TO HERE

프랭크 바이올라 지음 • 이남 하 옮김

Copyright © 2009 Frank Viola

Originally published in English under the title ;
   FROM ETERNITY TO HERE, by FRANK VIOLA
   Published by David C Cook, 4050 Lee Vance View
            Colorado Springs, CO 80918 U.S.A.
All rights reserved.

Uesd and translated by the permissions of David C Cook.
Korea Editions Copyright © 2009, Daejanggan Publisher. in Nonsan, South Korea

영원에서 지상으로

지은이	프랭크 바이올라
옮긴이	이남하
초판발행	2009년 8월 10일
수정판	2020년 10월 1일
펴낸이	배용하
책임편집	배용하
등록	제364-2008-000013호
펴낸곳	도서출판 대장간
	www.daejanggan.org
등록한곳	충청남도 논산시 가야곡면 매죽헌로1176번길 8-54
편집부	(041) 742(1424 전송 (0303) 0959-1424
분류	기독교	공동체	교회
ISBN	978-89-7071-162-7 03230

이 책의 저작권은 David C Cook과 독점 계약한 대장간에 있습니다.
기록된 형태의 허락 없이는 무단 전재와 복제를 금합니다.

 값 12,000원

마음속 깊은 곳에
기독교 신앙에 뭔가 더 있을 것이라고 생각하는
예수님의 모든 제자들에게
이 책을 바친다.

CONTENTS

머리말 ·· 11
서론: 하나님의 이야기가 열리다 ····················· 17

제1부 • **잊혀진 여자** – 그리스도의 신부

Chapter 01 • 성경 속에 숨겨진 로맨스 ·················· 23
Chapter 02 • 남자 안에 감춰진 여자 ···················· 28
Chapter 03 • 첫 번째 하와에 대한 고찰 ················ 35
Chapter 04 • 영원에서의 미스터리 ····················· 39
Chapter 05 • 두 번째 하와에 대한 고찰 ················ 50
Chapter 06 • 하나님께서 느끼셨을 법한 좌절감 ········ 58
Chapter 07 • 타락했지만 소중한 존재 ·················· 72
Chapter 08 • 낭비하는 사랑 ···························· 86
Chapter 09 • 신부가 준비 됨 ··························· 98
Chapter 10 • 최후의 결혼식 ···························· 112
Chapter 11 • 하나님의 아내 ···························· 120

제2부 • **영원한 탐색 여행** – 하나님의 집

Chapter 12 • 집 없는 하나님 이야기 ··················· 141
Chapter 13 • 하나님의 탐색 여행: 아담으로부터 야곱까지 ······ 144

Chapter 14 • 하나님의 탐색 여행: 모세부터 솔로몬까지 ········· 152

Chapter 15 • 하나님의 탐색 여행: 예수님으로부터 요한까지 ··· 163

Chapter 16 • 속박의 도성으로부터의 탈출 ······················ 181

Chapter 17 • 종교생활의 도성을 떠나서 ························· 186

Chapter 18 • 거친 광야를 뒤로하고 ······························ 197

Chapter 19 • 하나님의 탐색 여행: 예수님으로부터 요한 ········· 205

Chapter 20 • 집을 찾으시는 하나님 ······························ 222

제 3부 • **새로운 종족** – 그리스도의 몸과 하나님의 가족

Chapter 21 • 다른 세계로부터의 침입 ···························· 233

Chapter 22 • 복음서에 등장하는 새로운 종족 ···················· 238

Chapter 23 • 사도행전에 등장하는 새로운 종족 ·················· 249

Chapter 24 • 갈라디아서와 로마서에 등장하는 새로운 종족 ··· 257

Chapter 25 • 고린도전후서에 등장하는 새로운 종족 ············· 269

Chapter 26 • 골로새서와 에베소서에 등장하는 새로운 종족 ··· 280

Chapter 27 • 새로운 종족은 오늘날 어떠 모습일까? ············· 293

맺는 말 • 교회의 깊이를 찾아나선 한 사람의 여정 ············· 303

| 머리말 |

때는 1992년이었다. 그리스도인으로서의 나의 인생이 그 해에 영원토록 바뀌게 되었다. 어릴 적부터 들어왔던 그 많은 설교가 사라져버리고, 고귀한 비전에 의해 그것들이 완전히 가려졌다. 하나님의 은혜로 말미암아, 바울이 말한 그 '영원한 목적' 엡3:11을 알게 되는 경이로움에 휩싸이게 된 것이다.

그리스도인이 된 이후 처음으로, 나는 이전엔 상상조차 할 수 없었던 더 크고 영광스러운 무언가에 이끌리는 자신을 발견하게 되었다. 그리스도인의 삶은 이제는 그저 영혼 구원이나 구제에 관한 것이 아니고, 또 무슨 신학 공부, 교리 공부, 성경 연구, 종말론 탐구, 기도에 공들이기, 빠짐없는 예배 출석, 경배와 찬양, 영적 전투, 성령의 은사 활용, 하나님 음성 듣기, 예수님 닮기, 선행에 힘쓰기 등에 관한 것도 아니었다. 그동안 하나님의 뜻의 핵심이라고 배워온, 끝도 없이 해야만 하는 종교 활동에 관한 것도 물론 아니었다.

나는 위의 모든 것들이 사람들을 천국행 보험에 가입시켜주고, 그리스도를 위한 최후의 대 추수로 데려가거나 세상을 바꾸거나 하는 정도에 그치고 만다는 것을 깨닫게 되었다.

이제 그리스도인으로 산다는 것이 나에게 완전히 새로운 의미로 다가왔다. 그것이 하나님의 고동치는 심장 속에서 넘쳐 흐르는 무언가와 관련이 있음을 알게 되었기 때문이다. 그리스도인의 삶은 더는 나 자신에 관한 것이 아니었다. 그리고 내가 할 수 있는 것이나 내가 해야 하는 것에 관한 것도 아니고, 타인을 위하는 것도 우선시 될 수 없음을 알게 되었다. 나 자신이든

타인이든 사람의 필요는 부차적인 것이 되었다. 내 인생의 한 페이지가 넘겨지고 홀연히 모든 것이 하나님과 하나님의 영원한 목적에 고정되어버렸다. 로마서 11:36의 표현처럼 "주에게서 나오고 주로 말미암고 주께로 돌아가는", 즉 하나님의 영원한 갈망God's ageless desire이 나의 모든 것이 되었다.

나는 새로운 세계에 발을 들여놓고, 거기서 나의 관점이 아닌 하나님의 관점으로 보기 시작했다. 보이지 않는 세계를 본다는 것의 의미를 깨닫게 된 것이다. 이처럼 높은 위치에서 보는 것이 너무 강렬하므로 다른 모든 것들은 시야에서 사라지고 말았다. 나는 육신의 눈이 아닌 다른 눈으로 보기 시작했고, 보이지 않는 세계가 실재reality임을 알게 되었다.

> 우리가 주목하는 것은 보이는 것이 아니요 보이지 않는 것이니 보이는 것은 잠깐이요 보이지 않는 것은 영원함이라 _고후 4:18

내가 모든 것을 다 깨달았다는 말인가? 절대 그렇지 않다. 그렇다면, 내가 지금 모든 것의 답을 다 갖고 있는가? 천만의 말씀이다. 하지만, 분명한 것은 새로운 여행으로 인도하는 문이 내게 열려서 오늘도 그 길을 즐거이 따라가고 있다는 사실이다.

이런 새로운 세계에 눈이 떠지기 전에도, 나는 성경을 수도 없이 읽었었다. 그리고 헤아릴 수 없이 많은 설교를 들었을 뿐만 아니라 읽은 신앙 서적과 주석 또한 차고 넘쳤었다. 하지만, 이 모든 노력에도, 내가 꼭 알아야 할 핵심은 진정 놓치고 있음을 깨닫게 되었다. 하나님 안에서 활활 타오르는 그분의 꿈에 대해 내가 형편없이 무지했던 것이다. 모든 것을 하나로 묶어주는 중심부에 해당하는 그런 꿈 말이다. 나는 이것을 깨닫고 나서 나의 삶을 원위치로 되돌려놓았다. 그리고 그동안의 모든 종교적인 활동을 싹 지워버리고 그리스도인으로서의 삶을 처음부터 다시 시작하기로 맘먹었다.

무엇이 그런 혁명을 일으켰을까? 도대체 내가 무엇을 보았기에 그런 결단을 내리게 되었을까?

나는 하나님을 움직이는 열정을 보게 되었다. 그 열정과 완벽한 하나님 솜씨가 한데 어우러져 영원한 목적을 탄생시켰던 것이다. 선한 그리스도인이 되려고, 또는 "천국에 가기 위해서" 개인적으로 애쓰는 것과는 별로 상관없는, 시간을 초월하는 하나님의 목적 말이다.

나는 이 하나님의 영원한 목적이 '영원에서 지상으로' 이어지고 또다시 '지상에서 영원으로' 이어짐을 점점 깨닫게 되었다. 이 목적은 너무나도 눈부셔서 단지 그것의 한줄기만 봐도 우리 영혼의 눈이 그 찬란한 영광에 멀어 버릴 정도이다. 이 목적을 알게 되면, 우리와 상관없는 것들과 우리에게 생명을 주지 못하는 것들로부터, 그리고 그리스도의 몸을 분열시켜 산산조각 내는 것들로부터 우리를 해방하는 능력을 경험하게 된다.

하나님의 목적우주를 통치하시는 목적을 알게 되면, 오늘날 만연되어 있는 개인의 구미에 맞춰진 "나 중심의" 복음에서 우리가 해방된다. 덧붙여 말하자면, 나는 이 목적이 성경 전체에 흩어져 있는 모든 가르침들을 하나의 감동적인 이야기로 엮고 있음을 깨닫게 되었다.

이 하나님의 영원한 목적과의 만남이 내 안에서 싹트고 또 자라나서 내가 이 땅에 존재해야 할 새로운 의미와 방향을 제시해주었다. 달리 표현하자면, 하나님의 목적을 알고 나서 나 자신의 목적 또한 발견하게 된 것이다. 불타오르는 하나님의 열정에 사로잡혔을 때 나의 열정도 뜨거워졌다. 이 영원한 목적이 지금 이 순간까지도 내 안에서 활활 타고 있다.

그러나 여기에 비극이 있다. 오늘날 하나님의 영원한 목적에 관해 말하는 사람이 거의 없다는 사실이다. 날이 새면 쏟아져 나와 서점을 가득 채우는 수많은 기독교 서적 중에, 하나님의 영원한 목적을 드러내는 책은 상대적으로 극히 적다. 최근에 부쩍 늘어난, 교회 개혁을 부르짖는 야심 찬 책들도 여기서 예외가 아니다.

이 책은 나의 삶과 사역에서 내가 갖고 있던 가장 큰 부담을 해소하기 위해 집필한 책이다. 혁신적인 교회 회복에 대해 쓴 나의 다른 책들은 이 책에 담긴 심오한 통찰력이 구체화하여 나온 것이다. 따라서 이 책은 내가 전에 집필한 모든 책들의 입문서로써, 해군 함대로 치면 기함에 해당하는 책이다.

이 책을 쓰는 동안에도, 기독교 안에 지각변동이 일어나고 있다. 영적인 토양이 빠르게 바뀌고 있다. 교회의 관행에 대한 혁명이 일어나는 것이다. 하나님의 사람 중에서 에클레시아의 원형과 역할에 대해 재해석하려는 움직임이 일고 있다. 나는 이런 혁명이 하나님께로부터 온 것으로 생각한다. 그렇지만, 이런 운동에 깊이와 초점이 결여되어 있어, 하나님의 영원한 목적에 접속되지 않는다면 결국 흐지부지되고 말 것이 우려된다.

좀 더 자세히 말하자면, 이 책은 하나님의 계획mission을 새로운 시각으로 관찰하고자 네 가지의 독특한 방법을 제시하고 있다.

1. 이 책은 하나님의 영원한 목적에 근거해서 하나님의 계획을 정의해준다. 이 목적은 사람의 필요를 채워주는 것이 아닌 하나님의 열정에 집중되어 있다. 그러므로 하나님의 계획은 인간 중심이 아니라 하나님 중심이어야 한다.
2. 이 책은 제자로서의 개인의 사명에 대해 강조하지 않는다. 오직 하나님의 계획이 믿는 자들의 공동체인 교회와 깊이 관련되어 있음을 강조하고 있다. 그러므로 하나님의 계획은 개인적인 것이 아니라 공동체적

임을 알아야 한다.

3. 교회의 사명이 종교적 의무, 죄책감, 정죄, 그리고 야망 같은 것에서 출발해서는 안 된다. 또 자신의 의를 드러내거나 하나님을 기쁘시게 하려는 인간의 의지와 욕망에 뿌리를 두어서도 안 된다. 우리는 종종 책이나 강단을 통해 "여러분은 온 힘을 다해 하나님을 섬기지 않고 있습니다. 그래서 하나님은 여러분을 기뻐하시지 않습니다. 더욱더 헌신해서 열심을 내야 합니다."라는 메시지를 듣곤 한다. 내가 보기엔, 그런 감상적인 접근은 심히 오도된 것으로써 하나님의 생각이라기보다는 인간적인 발상일 뿐이다. 이 책은 그리스도인의 사역service에 신선한 관점을 제시함으로써 그 출처와 동기를 확실히 볼 수 있게 해줄 것이다.

4. 오늘날 너무나도 많은 사람이 교회를 드와이트 L. 무디의 시각으로 보는 경향이 있다. 교회를 마치 구원받은 사람들이 결성한 무슨 조합인 것처럼 여기는 그런 생각 말이다. 우리가 앞으로 살펴보겠지만, 교회는 대부분의 사람이 아는 것 이상의 상상을 뛰어넘는 존재이다.

이 책은 세 부분으로 나뉘어 있다. 각 부분은 그 자체로도 하나의 책이 될 수 있지만, 퍼즐의 여러 조각처럼 이 책의 각 부분도 서로 연결되어 딱 들어맞게 되고, 또 다른 부분들이 없으면 완성될 수 없다.

그러므로 제1부에서 내가 소개하는 여러 이슈가 제2부와 제3부에 가서야 더 충분하게 설명되고 균형이 잡힐 것이다. 덧붙이자면, 이 책의 초반부에서 제기된 질문들에 대한 답을 끝 부분에 가서 얻게 될 것이다. 그래서, 전체적인 메시지의 맥을 잡으려면 이 책을 처음부터 끝까지 다 읽어야 할 것이다.

더 나아가서, 각 부분은 각기 다른 스타일로 씌어 있으므로 책을 읽는 독자에 따라 그 반응도 다를 것이 예상된다. 예를 들면, 우측 뇌가 발달한 사람은 제1부와 제2부를 좋아할 것이고, 좌측 뇌가 발달한 사람은 제3부를 높이 평가할 것이다.

또한, 제1부와 제2부에서는 내가 명명한 바 '그리스도 중심의 해석'을 사용하여 성경을 보게 될 텐데, 이런 해석은 신약성경의 저자들이 구약성경을 해석할 때 사용한 방법이다. 오늘날 성서 비평학자들 또한 이 방법을 선호하고 있다.

이 책을 손에 들고 여행을 시작한 모든 이들이 하나님의 영원한 목적을 알 수 있도록 주님께서 지혜와 계시의 영으로 넘치게 부어주시길 바라 마지않는다. 그리고 하나님께서 그 영광으로 당신을 충만하게 채워 주시기를!

| 서론 |

하나님의 이야기가 열리다

그것을 읽으면 내가 그리스도의 비밀을 깨달은 것을 너희가 알 수 있으리라
이제 그의 거룩한 사도들과 선지자들에게 성령으로 나타내신 것 같이 다른
세대에서는 사람의 아들들에게 알리지 아니하셨으니 _엡 3:4~5

앞으로 이 책에서 다룰 내용은 하나로 엮인 세 가지 이야기인데, 하나님의 영원한 목적에 관한 대서사시라 할 수 있다. 세 이야기 모두 다 성경에 확실한 근거를 두고 있으며, 사실상 이 셋은 성경 전체에 면면히 흐르는 이야기가 구체적으로 표현된 것이다.

첫 번째 이야기는 창세 전부터 오직 하나만을 위해 자신을 다 바치시는 하나님의 로맨틱한 사랑에 관한 이야기이다. 두 번째는 영원부터 안식처, 거주지, 그리고 집을 갖고자 찾아 나서신 하나님에 관한 이야기이다. 그리고 세 번째 이야기는 하나님을 눈에 보이게 나타낼 하늘나라의 식민지를 개척하시기 위해 다른 세계로부터 이 땅에 오신 하나님에 관한 이야기이다.

성경상의 덧셈으로는 1+1+1은 3이 아니라 그냥 1이다. 하나님의 영원한 목적에 관한 이야기는 하나의 대하드라마다.

세 이야기가 하나로 엮여 '하나님의 이야기'를 구체적으로 표현하고 있는데, 이것은 이 땅에 하나님의 영원한 계획을 실현하게 하는 전방위 드라마라 할 수 있다. 또 이것은 우리로 하여금 성경과 그리스도인의 삶 및 우리

가 사는 이 세상에 대해 더 확실히 이해할 수 있게끔 풀어주는 위대한 이야기이다.

우리 대부분에게는, 삶이 별로 쉼도 변화도 없이 다람쥐 쳇바퀴 돌 듯 돌아가고 있다. 하지만, 이 책은 여러분의 일상의 쳇바퀴를 잠시 멎게 하고 다음과 같은 아주 중요한 질문을 던지기 위해 쓰였다. 나의 존재 목적이 무엇이며 나의 열정을 불러일으키는 것은 무엇인가? 그리고 그 목적과 열정은 하나님과 어떤 관계가 있는가?

에베소서를 통해, 우리는 삼위일체이신 하나님께서 다음과 같은 것들에 사로잡혀 계심을 알 수 있다.

- 하나님 아버지를 위한 집과 가족 _엡 2:19~22
- 아들 하나님을 위한 신부와 몸 _엡 5:25~32; 1:22~23; 2:15~16; 3:6

성령은 아버지께서 보내셨다.요15:26 따라서 그는 하나님 자신의 생명이다.롬8:2,9 더 정확하게 말하자면, 성령은 삼위일체이신 하나님의 교제 안에서 유연하게 흐르는 사랑의 결정체라 할 수 있다.롬5:5,15:30; 고후13:14) 따라서 성령님은 하나님 아버지와 아들 하나님과 함께 집과 가족과 신부와 몸을 공유한다.

이 책의 제1부는 신부, 제2부는 집, 그리고 제3부는 몸과 가족에 관한 내용이다. 흥미롭게도, 이 모든 이미지들은 하나의 실체를 각기 다른 측면에서 본 것들이다. 이들이 하나로 엮여서 이 땅에서의 하나님의 원대한 계획을 구체적으로 표현해준다.

이미지들을 위의 순서대로 나열한 것도 성경에 근거를 두고 있다. 그리고 그것은 성경 이야기의 핵심이요, 성경 전체를 하나로 묶는 역할을 해준다.

하나님 아버지께서 성령을 통해서 자신의 아들을 위해 신부를 택하시고, 하나님 아버지와 아들과 신부가 성령 안에서 함께 살게 될 집을 지으신다. 하나님 아버지와 아들과 신부가 확대된 가족으로서 그 집에 살면서 성령에 의해 자손들을 얻게 된다. 그 자손들은 가족 곧 '그리스도의 몸'이라 불리는 새로운 인류를 구성하게 된다.

당신이 교회생활을 한 지 오래되었다면 '그리스도의 신부', '그리스도의 몸', '하나님의 집', '하나님의 가족' 같은 말들을 귀가 닳도록 들었을 것이다. 아마 하도 많이 들어서 물리어버렸을지도 모른다. 진저리날 정도로 들어왔기 때문에 그 말들의 효력이 떨어지고, 그 영향력 또한 희석되었다 해도 과언이 아닐 것이다.

그리스도인들은 성경의 용어들을 꾸준히 들어왔고, 그것들이 교회 안에서는 익숙한 말이므로 입만 열면 술술 나오곤 한다. 그렇지만, 그 용어들이 가진 실체와 능력은 사라진 지 오래다.

그래서, 나는 당신이 이 책을 읽어나가는 동안, 귀에 익은 용어들에 새로운 생명이 주입되기를 간절히 바란다. 성령께서 그 말들이 갖고 있었던 원래의 아름다움을 회복시켜주심으로, 하나님을 움직이게 했던 그 영원한 목적을 새롭게 바라보는 경이로움에 사로잡히게 되기를 기도한다. 주체할 수 없을 정도로 사로잡혔으면 좋겠지만, 극적으로라도 사로잡히게 되길 바란다. 왜냐하면, 그 목적이야말로 당신이 존재하는 바로 그 이유이기 때문이다.

곧 우리 주 그리스도 예수 안에서

하나님께서 정하신 영원한 목적대로 하신 것이라

다소 사람 바울, 에베소서 3:11

1부
잊혀진 여자
그리스도의 신부

> 혁명이나 개혁은 사회를 궁극적으로 변화시킬 수 없다. 진정 사회를 변화시키려면 오히려 강한 인상을 주는 새로운 이야기를 들려주어야 한다. 설득력이 있어 낡은 신화를 깨끗이 갈아치워 버리고 사랑을 받게 된 이야기를. 포용력이 있어 우리의 과거와 우리의 현재의 모든 것을 아우르고 한결같이 하나로 묶인 이야기를. 미래에 빛을 밝혀주어서 우리가 새 출발 할 수 있도록 해주는 이야기를… 정말 사회를 바꾸고자 한다면, 전혀 다른 이야기를 들려주어야 한다.
>
> 이반 일리히, 오스트리아의 철학자

Chapter 01
성경 속에 숨겨진 로맨스

너희 마음의 눈을 밝히사…너희로 알게 하시기를 구하노라 _엡 1:18~19

이 세상이 시작되기 전에 그녀는 거기 있었다. 그녀는 온 우주에서 가장 고매한 여자이다. 그녀는 하나님만큼 오래된 존재이고, 천사들보다 먼저 있었을 뿐만 아니라, 태곳적부터, 아니 그전부터 있었다. 하지만, 그녀는 영원토록 젊기만 하다.

기절할 만큼 아름답다는 말은 그녀에게 어울리지 않는다. 하나님의 얼굴만큼이나 아름답기 때문이다. 매혹적이란 말 그 이상이고, 최면에 걸리게 또는 자석처럼 끌어당기게 하는 힘이 그녀에게 있다. 비할 데 없이 아름다운 그녀를 잠깐만 쳐다봐도 당신의 마음이 온통 그녀를 향할 것이고, 그 아름다움이 당신을 사로잡고야 말 것이다. 그녀에게선 매력이 철철 넘쳐 흐른다.

이 여자는 자유로움liberty의 정의를 내려주고, 자유freedom를 구체적으로 표현한다. 그리고 그녀는 사랑을 위해 생겨났다.

하나님의 영원한 목적이 고동치는 바로 그 한복판에 그녀가 서 있다. 그녀는 하나님의 가장 고귀한 열정이다. 하나님께서 그녀를 거룩하게 집착하신다고 해야 할까? 그녀는 당신과 내가 속해있는 우주 만물의 목적 그 자체이다. 그리고 당신의 주님은 무아지경으로 그녀와의 사랑에 빠져있다.

하지만, 이토록 아름다운 그녀가 철저하게 무시당하고 잊혀져 온 게 사실이다. 극소수를 제외하곤, 우리 대다수로부터 베일에 싸여 가려져 있었다. 바로 이것이 나로 하여금 이 책의 첫 부분을 쓰도록 만들었다. 그녀를 무대 중앙에 올려주기 위해서이다.

하나님의 궁극적인 열정

태초로부터 하나님에게는 비밀이 하나 있었다. 시간이라는 것이 생기기 전에, 전능하신 하나님은 자신의 고귀하고 거룩한 목적을 미스터리신비 속에 감싸고 계셨다. 그리고는 그 목적을 그분의 아들 안에 감추셨다. 그 목적이 하나님 안에 너무 깊이 숨겨져 있었으므로 그 누구도 그것을 알지 못했다. 그것은 비밀, 곧 만세 전부터의 비밀이었다.롬16:25; 골1:26; 엡3:4~5,9

아담은 하나님과 함께 동산을 거닐었지만, 그 미스터리를 알지 못했다. 아브라함은 하나님의 벗이었지만 그 미스터리를 알지 못했다. 모세는 하나님의 선지자였지만 역시 그 미스터리를 알 수 없었다. 다윗도, 이사야도, 예레미야도 예외는 아니었다.

그 미스터리가 사람들에게만 숨겨졌던 것이 아니라 가브리엘이나 미가엘 같은 천사들도 그것을 알지 못했었다. 그뿐만 아니라, 마귀와 그의 졸개인 귀신들도 알 수 없었다.고전2:7~8; 엡3:9~10

하나님께서 왜 자신의 목적을 그토록 오랫동안 비밀로 간직하셨을까? 아마도 그것은 그분의 목적이 영원토록 훼방 받는 것을 원치 않으셨기 때문일 것이다. 하나님의 목적은 그분의 꿈과 열정과 고동치는 심장 그 자체이다. 그래서, 하나님은 시간이 무르익어 찰 때까지 꼭꼭 숨겨놓으셨다.

먼저 구약성경의 저자들이 이 신성한 미스터리를 이야기, 모형, 그림, 그림자 등으로 선포했다. 왕과 선지자와 선견자들이 이것을 선포하기는 했지만, 그것이 무엇인지는 깨닫지 못했다.

그러다가 어느 날 드디어 때가 차서, 하나님께서 커튼을 여시고 그 비밀을 드러내신 것이다. 하나님께서 다소 사람 바울을 택하셔서 그것을 만방에 드러내셨다.골1:25~29; 엡3:1~11 사도 바울의 서신들, 특히 에베소서와 골로새서를 보면, 그가 열정적으로 이 미스터리에 대해 말하고 있음을 알 수 있다. 하지만, 바울은 이 비밀의 측량할 수 없는 깊이와 높이를 표현하는데 인간의 언어가 한계가 있음을 절감할 수밖에 없었다. 바울을 포함한 1세기 사도들과 선지자들은 "하나님의 비밀미스터리을 맡은 청지기들"이었다.고전4:1; 골1:25~26; 엡3:2~9

하나님께서 커튼을 여시고 비밀을 드러내신 그날, 하나님의 원수는 공포에 휩싸여 꼼짝도 할 수 없었다. 사단이 그런 일이 벌어지리라곤 상상조차 하지 못했었기 때문이다. 하나님께서 1세기 때 자신의 미스터리를 드러내셨지만, 2천 년이 지난 오늘날에도 여전히 수많은 그리스도인에게 이것이 비밀로 남아있다는데 문제가 있다. 성령께서 하나님 백성의 눈을 열어주셔서 모든 세대가 이 미스터리를 알게 되어야 한다. 그렇게 해서, 에베소서 1:17~23에 나오는 바울의 기도가 응답되어야 한다.

하나님의 미스터리는 전적으로 내가 앞에서 말한 여자와 관련이 있다. 이 놀라운 여자가 성경의 페이지들을 메우고 있다. 그녀는 성경의 첫 부분부터 등장해서, 중간 곳곳에 출현하다가, 끝 부분도 장식하고 있다. 성경은 이 여자의 높여진 고귀한 모습을 그녀의 흠 없는 남편과 함께 잘 보여주고 있다. 성경의 여기저기에서 그녀의 향기가 진동하고 있다.

영원한 드라마

성경은 창세기 1장과 2장에서부터 여자와 남자의 이야기로 시작한다. 그리고 요한계시록 21장과 22장에서 역시 여자와 남자의 이야기로 끝을 맺는다. 성경은 결혼식으로 시작해서 결혼식으로 끝나고, 부부관계로 시작해서 부부관계로 끝나고, 소년과 소녀의 이야기로 시작해서 소년과 소녀의 이야기로 끝을 맺는다.

당신이 가진 성경은 본질적으로 러브 스토리이다.

사실, 그것은 역사상 가장 위대한 러브 스토리이다. 아니, 이것을 모르면 사랑을 알 수 없는, 로맨스 그 자체라 해야 할 것이다. 내가 러브 스토리들의 열렬한 팬이라는 사실을 내 주변 사람들은 잘 알고 있다. 특히 나는 로맨틱한 영화를 좋아하는데, 이런 영화는 보는 사람으로 하여금 진한 감동을 불러일으켜서 때론 눈물을 쏟게 하기도 한다. 하지만, 사람이 만들어낸 어떤 진한 러브 스토리도 성경 전체에 펼쳐진 그 로맨스에 비하면 아주 초라하기 그지없다.

다음 문장을 주목하기 바란다. 사람의 마음에서 생겨난 그 어떤 러브 스토리도, 인류 역사에 등장한 그 어떤 러브 스토리도, 그것이 허구이든 실지이든 상관없이 영원에서 있었던 신성한 로맨스의 그림자요, 그것의 어렴풋한 이미지요, 그것의 희미한 초상이요, 그것의 어설픈 복사판일 뿐이다.

하나님께서는 가장 믿기지 않는 러브 스토리를 저술하셨다. 이것이야말로 그 이후에 나온 모든 로맨스 문학의 표준이 되는 러브 스토리이다. 이 세상의 위대한 작품들은 모두 다 성경의 감춰진 로맨스의 줄거리를 본뜬 것이다. 그러나 그 어떤 작품도 이것을 능가할 수는 없다.

당신과 나는 이런 로맨스를 위해 태어났다. 영원 전에 있었던 그 로맨스 말이다.

내가 지금까지 강조한 이 하늘의 로맨스가 창세기 2장에서 시작된다. 하나님께서 만물을 창조하셨던 일곱 번째 날로 가서 이 드라마가 어떻게 전개되는지를 살펴보기로 하자.

Chapter 02
남자 안에 감춰진 여자

하나님이 그가 하시던 일을 일곱째 날에 마치시니 그가 하시던 모든 일을 그치고 일곱째 날에 안식하시니라 … 여호와 하나님이 이르시되 사람이 혼자 사는 것이 좋지 아니하니 내가 그를 위하여 돕는 배필을 지으리라 하시니라 여호와 하나님이 흙으로 각종 들짐승과 공중의 각종 새를 지으시고 아담이 무엇이라고 부르나 보시려고 그것들을 그에게로 이끌어 가시니 아담이 각 생물을 부르는 것이 곧 그 이름이 되었더라 아담이 모든 가축과 공중의 새와 들의 모든 짐승에게 이름을 주니라 아담이 돕는 배필이 없으므로 여호와 하나님이 아담을 깊이 잠들게 하시니 잠들매 그가 그 갈빗대 하나를 취하고 살로 대신 채우시고 여호와 하나님이 아담에게서 취하신 그 갈빗대로 여자를 만드시고 그를 아담에게로 이끌어 오시니 아담이 이르되 이는 내 뼈 중의 뼈요 살 중의 살이라 이것을 남자에게서 취하였은즉 여자라 부르리라 하니라 이러므로 남자가 부모를 떠나 그의 아내와 합하여 둘이 한 몸을 이룰지로다 _창 2:2, 18~24

창조는 끝났지만, 하나님께는 그것이 끝이 아니었다. 아직 뭔가 남은 것이 있었다.

땅은 생명으로 가득 찼다. 식물의 생명, 새의 생명, 물고기의 생명, 동물의 생명까지. 하지만 하나님께서 창조하신 첫 사람인 아담은 혼자였다. 아주 철저하게 혼자였다.

안식이 끝나고 한 주가 시작되는 첫날인 일요일이 되었다. 즉 창조가 시작된 지 여덟 번째 되는 날이 되었을 때, 하나님께서는 아담에게 벅찬 일을 맡기셨다. 모든 들짐승들과 새들의 이름을 짓는 일이었다. 그런데 생물들이 각각 그의 앞을 지나갈 때마다 아담은 그들이 전부 다 쌍쌍으로 움직이는 것을 알아차리게 되었다. 모두 다 똑같이 생긴 한 쌍인데, 그 둘이 뭔가 좀 달랐다. 모든 생명체가 자신의 짝을 하나씩 갖고 있었던 것이다.

수사슴은 암사슴과 한 쌍을 이루고, 수사자는 암사자와 한 쌍을 이루고 있었다. 아담은 수컷 호랑이와 암컷 호랑이가 나란히 걷는 것을 보았고, 수컷 표범과 암컷 표범 역시 마찬가지였다. 한 쌍을 이룬 모든 동물들이 짝이 없는 한 외로운 사람 곁을 지나가고 있었다.

무슨 일이 벌어졌을까? 아담의 영혼에 심한 고통이 엄습하기 시작했다. 자신이 혼자라는 사실이 그 어느 때보다 뼈저리게 다가왔다. 고독 그 자체였다. 아담과 같은 존재는 하나도 없었다.

그날 아담 곁을 지나간 모든 동물 중에서 아담이 손을 건네서 잡아줄, 아담과 똑같은 손을 가진 동물은 하나도 없었다. 혹시 자신과 닮은 존재가 있을지 모른다는 기대를 하고 동물들을 하나하나씩 살펴보며 기다렸지만, 그런 존재는 나타나지 않았다. 여덟 번째 날은 그렇게 지나가고 있었다.

하나님께서 만드신 모든 동물들이 다 아담 곁을 지나간 후, 그의 고독은 더 심해졌다. 아담은 하나님의 모든 피조물 가운데 자신만이 유일하게 짝이 없는 존재임을 뼈저리게 느끼게 되었다. 우주 전체에서 그를 닮은 존재는 하나도 없고 오직 자기 자신뿐이었다. 그런데 기억해야 할 것이 있다. 창조는 이미 끝이 났다는 사실이다.

사람의 고독

당신은 외로움을 겪어본 적이 있는가? 혼자라는 고통을 느껴본 적이 있는가? 그때를 떠올려보라. 그리고 창조된 이후 아담이 이 지구상에서 느꼈을 전대미문의 고독을 상상해보라. 이 땅에 아담 이외에 사람이라곤 한 명도 없었던 그 순간을 말이다.

아담이 지구상에서 짝이 없는 유일한 존재였을 뿐만 아니라, 그에게는 다른 생물들이 가지고 있지 않은 뭔가가 있었다. 그의 안에는 절박할 정도로 자유로워지고 해방되고 싶어하는 어떤 것이 용솟음치고 있었다. 자기를 풀어달라고 아담의 가슴을 압박하는 그것, 여러분은 그것이 무엇인지 알고 있는가?

그것이 열정passion이라는 것이다.

하나님께서 고동치는 아담의 가슴 안에 자신을 송두리째 다 주고 싶어하는 강한 열정을 집어넣으셨던 것이다. 아니, 주체할 수 없는 뜨거운 사랑이라고 해야 할 것이다. 그러나 아담은 혼자였고, 그의 열정은 분출구를 찾지 못하고 있었다. 아담이 자신과는 다른 생명체를 상대로 그의 열정을 뿜어낼 수는 없었던 것이다. 그는 자신의 열정을 받아들일 배필, 즉 자신을 닮은 존재인 사람을 짝으로 원했다. 하지만, 애석하게도 온 우주에 그런 존재는 없었으므로 아담의 가슴속 깊이 타오르던 열정은 갇힌 채 흘러나갈 대상을 찾지 못하고 있었다.

그야말로 아담은 아주 깊은 절망에 빠져버렸다. 그는 열정적인 사람이었지만 그 열정을 쏟을 존재가 전혀 없었다. 하나님께서는 이런 심각한 딜레마를 보고 계셨다. 그리고 하나님께서도 그 절망을 느끼셨다. 우리가 다 알 수는 없지만, 전능하신 하나님께서도 절망에 빠진 아담과 공감하셨을 것이다. 내가 이것을 어떻게 아느냐고? 아담이 하나님의 형상을 따라 지어졌기 때문이다. 따라서 아담이 고독했던 것은 하나님 쪽에서 볼 때 하나도 우연이 아니다. 하나님의 손길이 아담의 곳곳에 퍼져있었기 때문이다.

고독과 절망으로 가득한 아담 앞에서 하나님께서는 다음과 같이 외치셨다. "사람이 독처하는 것이 좋지 못하다."

하나님께서 단호하게 말씀하셨다 "아담아, 네가 혼자인 것이 좋지 않구나. 내가 네 마음속에 집어넣은 그 열정을 쏟아 부을 배필을 네게 주겠다. 네가 사랑할 대상, 너에게 딱 맞는 짝을 허락하겠다는 말이다. 너는 너와 닮은, 그러나 너 자신이 아닌 Mrs. Adam너의 아내을 갖게 될 것이다."

여덟 번째 날에 생긴 새 생명

창조가 이미 끝났다는 사실을 상기하라. 일곱째 날은 지나갔고, 한 주의 첫째 날인 여덟 번째 날도 저물어가고 있었다.

그날 저녁에 하나님께서는 뭔가 엄청난 일을 착수하셨다. 아담을 죽음 같은 깊은 잠에 빠지게 하셨다. 이것은 아마 타락하지 않은 사람이 처음으로 경험하게 된 잠이었을 것이다. 만일 그렇다면, 아담이 경험했던 이 깊은 잠은 보통 일이 아니었을 것이다.

자, 내가 미스터리를 하나 보여주겠다. 아담 안에는 숨겨진 한 여자가 있었다.

최면에 걸린 듯 아사상태의 깊은 잠에 빠져 땅에 누워 있었을 아담을 상상해보라. 전능하신 하나님께서 오셔서 그의 옆구리를 여셨을 때 꼼짝 않고 있던 아담의 몸을 주목해보라. 곧 일어날 일에 하늘의 천사들도 눈을 가려버렸다. 주 하나님께서 아담의 속에서 또 다른 존재를 빼내셨다. 아담 속에서 아담 일부를 꺼내서 그것으로 또 다른 아담을 만드신 것이다. 하나님께서 첫 사람 속에서 다른 사람을 꺼내신 후 두 번째 사람을 지으셨다. 그리고 그 두 번째 사람은 첫 사람이 갖고 있었던 다른 모든 본성을 그 고동치는 심장 안에 그대로 갖고 있었다. 물론 첫 사람의 열정도 그대로.

아담이 잠들어 있는 동안 하나님께서는 그분의 가장 위대한 작업을 감행하셨다. 이것에 매우 중요한 의미가 담겨있다. 사람이 안식할 때 하나님은 일하신다는 것이다.

이제 하나님께서는 아담의 옆구리에서 빼낸 것으로 여자를 만드셨다.창2:22 이 여자는 첫 창조의 일부가 아니고, 창조 이후인 여덟 번째 날에 등장하게 되었다. 결과적으로, 이 여자는 새로운 피조물이라 할 수 있다.*1)

그 거친 수술이 끝나고 아담은 하나님의 마취에서 깨어났다. 눈을 비비며 일어난 그는 곧 주위를 둘러보았다. 그때 그의 눈앞에 펼쳐진 장면은 상상을 초월하는 것이었다. 바로 앞에 살아 숨 쉬며 고동치는 존재, 또 다른 사람이 서 있었던 것이다. 하지만, 이 존재는 그저 다른 사람이 아니었고 여자라는 다른 형태로 나타난 아담이었던 것이다.

즉시로, 아담은 그녀가 자신의 것과 똑같은 손손을 내밀면 잡을 수 있음을 가졌음을 알게 되었다. 그녀의 입술이 자기의 것과 똑같이 생겼지만, 더 멋지고 매력적이었다. 그 순간, 아담은 더는 혼자가 아님을 깨닫게 되었다. 자신에게 딱 맞는 짝인 배필을 갖게 된 것이다. 반사적으로, 둘은 마치 최면에 걸린 듯 서로에게 이끌려 다가갔다. 아담은 그녀와의 사랑에 깊이 빠지게 되었고, 그녀 또한 마찬가지였다.

히브리 성경 원문에 보면, 아담이 그 새로운 피조물을 만났을 때 다음과 같이 외쳤다. "마침내…이는 내 뼈 중의 뼈이고 살 중의 살이로다"창2:23 "드

---

1) 하와는 창조가 끝난 후인 창세기 2장에서야 자취를 드러낸다. 창세기 1:27과 5:2에서는, 남자가 창조되었을 당시 여자는 남자 안에 감춰져 있는 상태로 창조되었음을 암시해주고 있다. 나중에 하나님께서 "아담을 분할하셔서" 남자 속으로부터 여자를 꺼내셨지만, 그 이전엔 그들이 아담이었다.

디어…나는 더는 혼자가 아니다!" "드디어…내 마음속에서 불타고 있던 열정이 돌파구를 찾았다!" "드디어…내 가슴 속에서 고동치고 있던 사랑이 안식처를 찾게 되었다!" "드디어…."

　아담은 이 지구상에 홀로 서 있었다. 이 땅에서 가장 외로운 생명체였다. 외톨이였고 고독 그 자체였던 것이다. 하지만, 창조 이후 첫날인 지금, 그는 자신과 똑같이 생긴 존재 바로 앞에 서 있었다. 그녀는 다름 아닌 또 다른 형태의 아담이었다. 그리고 아담은 그의 번쩍이는 통찰력으로 그의 고독이 자취를 감춰버린 것을 알아차렸다. 그의 열정이 터져나갈 통로를 찾게 된 것이다. 마침내 그 열정은 해방되어 풀려났.

　아담은 새로 생긴 그의 신부를 사랑했다. 그리고 그가 그녀를 열렬히 사랑할수록 그것이 그녀의 가슴 속에 있던 그를 향한 열정을 일깨웠다. 이제 그녀의 가슴 속에서 용솟음치던 깨끗하고 순수한 열정으로, 첫 번째 여자는 그녀의 사랑을 첫 번째 남자에게 아낌없이 쏟아 부었다.

열정의 순환고리

　자, 여기서 질문 하나를 던지고자 한다. 여자가 그렇게 열정적으로 사랑할 수 있는 능력은 어디서 온 것일까? 이에 대한 답은 물론 아담에게서 있다. 그녀가 아담에서 나왔기 때문이다. 여자가 아담을 사랑하게끔 자신에게 강요했을까? 전혀 그렇지 않다. 그녀의 열정은 단지 그녀를 향한 아담의 열정에 대한 자연스런 반응이었을 뿐이다. 사실, 그것은 아담 자신의 열정이 다시 그에게로 되돌아온 것이다. 첫 번째 여자의 가슴 속에서 고동치던 그녀 남편의 열정이 그녀의 혈관을 통해서 흐르고 있었다. 그녀가 아담 자신으로부터 생겨났기 때문이다.

　그래서 드디어, 마침내, 하나님께서 창조하신 첫 사람은 짝을 만나게 되었다. 그것은 실로 첫눈에 반한, 참사랑이었다. 그녀는 당장 아담의 신부가 되었다. 하지만, 거기에서 끝난 것이 아니고, 그녀가 신부 그 이상이 될 절정의 순간이 다가왔다. 이제 그녀는 아담의 아내가 되어 둘이 하나가 되고, 아담의 가슴 속에 갇혀 터질 것 같던 열정이 넘쳐나서 그녀에게로 흘러갈 것이었다.

Chapter 03
첫 번째 하와에 대한 고찰

남자와 여자를 창조하셨고 그들이 창조되던 날에 하나님이 그들에게 복을 주시고 그들의 이름을 사람아담이라 일컬으셨더라 _창 5:2

아담의 신부인 첫 번째 여자에 대해 생각해보자. 그녀는 형언할 수 없이 멋지고 고귀한 존재이다. 우리가 상상할 수 없을 정도로 깜짝 놀랄만하다. 창세기의 첫 부분을 읽을 때 우리가 그냥 스쳐버리는 것이 있는데, 그것은 다름 아닌 그녀 안에 있는 여러 특성이다. 그 특성에 대해 좀 더 살펴보기로 하자.

- 그녀는 또 다른 형태의 아담이었다. 왜냐하면, 그녀가 아담에게서 나왔기 때문이다. 창2:23
- 그녀의 이름은 아담의 이름에서 따왔다. 창세기 5:2에 의하면, 하나님께서 남자와 여자를 '아담' 이라고 부르셨다. 타락한 후에는 아담이 그 신부의 이름을 '하와' 라고 지었지만, 타락 이전에는 그녀의 이름이 남편의 이름을 따랐었다.
- 그녀는 하나님의 걸작품이었다. 아담의 짝은 아담보다 더 아름다웠

다. 흥미롭게도, 예술가는 언제나 자신의 걸작품을 맨 나중에 만든다. 이 여자야말로 하나님의 걸작품이었다. 말하자면, 하나님의 필생의 역작이라 할 수 있다. 그녀는 하나님의 모든 피조물 중에서 초절정이었다.

- 그녀는 철저하게 아담에게 몰두해있었고 아담 또한 그랬다. 생각해 보라. 아담이 선택할 수 있는 다른 여자는 존재하지 않았다. 그는 선택의 여지가 없었다. 그녀가 아담의 전부였으므로 그에겐 관심을 가질만한 다른 여자는 없었다. 아담의 마음을 흔들리게 할 다른 여자가 없었기 때문에 그의 눈은 언제나 그녀를 향했다. 마찬가지로, 하와의 눈도 아담만을 바라보았다. 그녀가 사랑할만한 다른 남자는 존재하지 않았다. 서로를 향해 바쳐진 철저한 헌신은 흔들림이 없었다.

- 그녀는 창조된 것이 아니었다. 하와는 머리부터 발끝까지 전신이 단번에 창조되지 않았다. 그녀는 아담의 몸으로부터 본떠서 만들어진 존재였다. 그녀는 살 중의 살이고 뼈 중의 뼈였다. 그녀의 DNA는 아담의 그것과 같았다. 그녀는 아담으로 말미암고, 아담에게로 가고, 아담을 위해 존재했다. 그녀는 남편의 유전자를 갖고 있었다.

- 그녀는 흠이 없었다. 아담은 타락 이전에 창조되었다. 죄가 들어오기 전에 등장했으므로 그는 완벽했다. 그는 순전했고 죄가 없었다. 그 어떤 일에도 죄책감이나 부끄럼이 없었다. 그리고 열등의식으로 말미암은 고통도 없었다. 그렇다면, 그의 사랑스러운 신부는 어땠을까? 하나님께서 아담의 옆구리에서 하와를 꺼내셨을 때 그녀가 완벽하지 않았을까? 흠 없지 않았을까? 아니면 이 땅에 첫발을 내디뎠을 때 죄책감에 사로잡힌 모습으로 자신을 정죄하며 나타났을까? 절대로 그렇지 않다. 그녀는 남편과 동일하게 완벽했다. 흠이라곤 없었다. 하와의

아름다움을 말로는 다 표현할 수 없었을 것이다. 그녀는 숨이 멎을 만큼 멋졌고, 순수 이상으로 더 순수했고, 아름다움 자체보다 더 아름다웠다. 아담과 마찬가지로, 그녀도 빛으로 옷을 입고 영광으로 관을 썼다.시8:5 그녀는 완벽한 여자였다.

- 그녀는 아담의 몸이었다. 그녀는 그의 옆구리에서 나왔다. 그를 해부해서 꺼낸 존재가 하와라는 말이다. 그래서, 그녀는 아담과 똑같은 생명을 소유했다. 그에게서 분리될 수 없는 존재였는데, 다만 좀 달랐을 뿐이다.

- 아담은 하와의 생명의 근원이었다. 아담은 그녀의 존재의 기반이었다. 하와는 아담의 일부분이었으므로 존재할 수 있었다. 아담 없이는 그녀가 존재할 수 없었다.

- 그녀는 전적으로 아담을 위해 지어졌다. 하나님께서 아담을 창조하셨을 때 그의 안에 열정을 쏟아내서 발산하고 싶어하는 갈망을 집어넣어 주셨다. 그는 사랑하고 싶었고 또 사랑받고 싶었다. 그런 아담의 갈망에 대한 해결책이 곧 하와였다.

- 그녀는 항상 아담 안에 있었다. 그녀는 이 땅에 발을 들여놓기 전에 이미 아담 안에 존재했었다. 아담은 자신 안에 감춰져 있는 여자와 함께 돌아다녔었던 것이다. 그의 몸은 그녀가 밖으로 나오기 전까지는 그녀를 품은 태자궁와 다름없었다.

- 그녀는 아담이 확장된 것이었다. 그녀가 아담의 옆구리에서 나왔을 때 아담은 확장되었다. 그녀가 만들어졌을 때 아담은 확대되었다. 그녀가 지어졌을 때 아담은 배가가 되었다. 결국에 가서는, 그녀가 아담의 자식들을 낳아서 그의 형상이 온 땅에 가득해질 것이었다.

- 그녀는 아담과 상호의존적인 존재였다. 하나님께서 아담의 옆구리에

서 갈빗대를 꺼내셨다. 그리고는 '아담을 분할시키셔서' 더 우아하고 고상한 지체를 빼내신 후 '더 나은 반쪽'을 만드셨다. 둘이 하나가 되어 하나님의 형상을 완벽하게 닮게 하셨다.

- 그녀는 아담의 영광이었다. 고린도전서 11:7에서 바울이 "여자는 남자의 영광"이라고 했는데, 이것은 하와가 아담을 비추는 거울이라는 뜻이다. 남자를 영광스럽게 표현하는 존재가 여자라는 말이다. 그녀를 본 것은 그를 본 것이나 다름없다는 뜻이다.
- 하와는 모든 산 자의 어머니라는 뜻이다.창3:20 그녀는 모든 인류의 어머니였다.

이것이 창세 이후의 로맨스이다. 첫 번째 남자와 그의 멋진 신부의 이야기이다. 그리고 그 두 사람의 마음속에 있던, 서로를 향해 고동치는 주체할 수 없던 열정에 관한 이야기이다.

그런데 이 이야기에는 내가 아직 언급하지 않은 대목이 있다. 나는 아담과 하와의 이야기를 하는 것이 아니라, 그 이상의 더 놀라운 이야기를….

Chapter 04
영원에서의 미스터리

그러므로 사람이 부모를 떠나 그의 아내와 합하여 그 둘이 한 육체가 될지니 이 비밀미스터리이 크도다 나는 그리스도와 교회에 대하여 말하노라 _엡 5:31~32

로맨스 영화 다음으로 내가 좋아하는 것은 미스터리 영화이다. 그중에서도 내가 선호하는 것은 계속 줄거리가 얽히고 꼬이다가 마지막에 가서야 비밀이 드러나는 그런 영화이다. 그 시점이 되면 모든 것이 다 뚜렷해진다. 명석한 감독은 마지막 장면에 가서야 미스터리가 풀릴 때까지 줄거리를 숨겨 놨다가 깜짝 놀라게 하는데, 나는 이런 느낌을 즐기곤 한다.

명석한 두뇌를 가진 사람들의 상상력에 의해 나온 수많은 고전 미스터리 중에서도 가장 위대한 미스터리는 하나님 자신이 쓰신 작품이다. 전능하신 하나님께서는 로맨스의 작가이실 뿐만 아니라, 우주 역사에 있어 가장 위대한 미스터리의 작가이시기도 하다. 그것은 하나님께서 영원부터 갖고 계신 목적의 미스터리이다.

윈스턴 처칠의 말을 빌리자면, 하나님께서 자신의 영원한 목적을 "수수께끼로 포장하고 비밀에 감싸서" 숨겨놓으셨다. 아주 오래전, 시간이 생기기도 전, 창세 전에 하나님께서 계셨다. 하나님, 그리고 하나님 한 분뿐이셨다. 다른 누구도 존재하지 않았고, 다른 아무것도 존재하지 않았다. 하나님 아버지의 품 속에는 아들 하나님이 계셨다. 그리고 두 분은 하나였다. 성령도 거기서 아버지와 아들의 하나 됨을 공유하고 계셨다.

하나님의 중심에서 고동치는 것이 있었으니 그것은 신성의 본질 그 자체인 열정적인 사랑이었다. 요17:24; 요일4:16

모든 것은 하나님 아버지로부터 생겨나왔다. 하나님이 모든 것의 근원이셨다. 신성의 열정적인 사랑 또한 여기에 속한다. 언젠가 어거스틴은 다음과 같이 말했다. "하나님이 사랑이라면, 그분 안에는 사랑을 주는 이와 사랑을 받는 이와 사랑의 영이 있어야만 한다. 왜냐하면, 사랑을 주는 존재와 사랑을 받는 존재가 없다면 사랑이라는 것은 성립할 수 없기 때문이다."

하나님 안의 열정

시간이 존재하지 않던 영원 전에, 하나님 아버지께서는 그분 자신 속에 있는 열정을 쏟아 부을 대상이 있었다. 그분이 바로 하나님의 아들이셨다. 하나님 아버지는 사랑을 주는 존재였고, 아들은 사랑을 받는 존재였다. 아버지는 사랑의 근원이셨고, 아들은 그 사랑을 받고 또 그 사랑에 반응하셨다. 결과적으로, 아버지는 아들을 사랑하셨고 아들은 그 사랑을 아버지께 다시 돌려 드리셨다. 요17:24, 14:31

그렇지만, 아들에겐 그 자신의 열정을 쏟아 부을 대상이 없었다. 말하자면, 아들 자신이 근원이 되어 그분의 마음속에서 넘쳐 흐르는 폭포수 같은 열정이 빠져나갈 통로가 없었던 것이다. 아들이 아버지께 자신의 열정을 쏟아내는 동안, 아들은 그 열정의 근원은 아니었다. 다르게 표현하자면, 아들 자신에게는 대상이 없었다. 어거스틴의 말을 빌리자면, 아들에게는 그분의 '사랑을 받을 존재'가 없었던 것이다.

엄밀히 따지면, 아들 하나님은 혼자였다. 마치 아담이 혼자였던 것처럼 말이다.

아담은 오실 자의 모형그리스도를 대표하는이라 _롬 5:14b

마지막 아담그리스도은 살려 주는 영이 되었나니 _고전 15:45b

물론 아들에게는 아버지가 계셨고, 성령도 함께 계셨다. 그러나 아들의 열정에는 하나님의 영역을 넘어 쏟아 붓고자 하는 뭔가가 있었다.

고동치는 하나님 아들의 마음 깊은 곳에 자신 전부를 주고자 하는 강렬한 열정이 솟아나고 있었다. 하나님 아버지처럼, 아들 하나님도 열정의 근원이 되어 대상을 향해 그 열정을 쏟아 붓고자 하는 갈망이 있었다. 사랑을 받는 존재일 뿐만 아니라 사랑을 주는 존재도 되고 싶으셨던 것이다. 하지만, 그분의 사랑을 받을 그런 대상은 없었다. 아담이 하나님의 형상을 따라 창조되었다는 것은 곧 그리스도의 이미지를 가졌다는 뜻인데, 아담도 그를 창조하신 분이 느꼈던 고독의 강도를 아울러 느꼈다고 할 수 있다. 아들 하나님께서 영원 전에 겪었던 것을 아담도 그대로 겪었다. 실로, 첫 사람은 아직 이루어지지 않은 하나님의 사랑을 조금이나마 맛보았다.

하나님께서 사람을 만드셨을 때 이 우주에는 주체할 수 없는 열정을 발산하는 존재가 둘이 있었다. 하늘에 계신 하나님의 아들과 땅에 있던 아담이었다. 사랑으로 가득한 하나님의 억제된 열정과 그분의 형상을 따라 창조된 사람의 억제된 열정이 거기 있었다. 그런데 시간이 존재하지 않았던 그 언젠가 하나님 아버지께서는 이미 계획을 하나 세워놓으셨었다. 그것은 깜짝 놀랄만한 계획이었다. 자신의 아들에게 딱 어울리는 배필을 주시고자 하는 계획이었다. 하나님의 아들을 그대로 닮은 존재인데 아들 자신이 아닌, 하나님의 아들이 다른 형태로 생겨난 그런 존재를 생각해내셨다. 아들 하나님의 열정이 흘러나갈 대상, 즉 신성한 아내로서 걸맞은 그런 존재를 주시고자 하셨다.

이렇게 열정으로 가득한 하나님에 대해 생각해보자. 사실, 하나님은 자체도 충분하신 분이다. 하지만, 하나님이 사랑이기에 스스로 충분하신 것에 만족하시지 않는다. 이런 이유로, 아들 하나님은 자신 안에서 흐르고 있던 사랑을 쏟아 부을 대상을 원하셨던 것이다. 그 사랑은 하나님 아버지께서 아들에게 쏟아 부으신 바로 그 사랑이었다. 그래서, 하나님의 차고 넘치는 사랑은 삼위일체이신 하나님 안이 아닌, 흘러나갈 다른 그릇이 있어야 했던 것이다.

정리하자면, 짝을 원하는 아들 하나님의 욕구는 아들 자신의 부족에서 기인한 것이 아니라, 신성한 사랑이 자연스럽게 차고 넘쳐서 생긴 것이다.

그러므로 이 억제된 욕구가 아들로 하여금 짝을 원하도록 자극했고, 또 아들을 위해 뭔가를 하도록 아버지를 움직였던 것이다.

하나님 아버지께서 다음과 같이 말씀하셨을 것이다.

내 아들아, 네가 혼자 있는 것이 좋지 않구나. 내가 너를 위해 너와 교제할 배필을 만들어주겠다. 너와 닮았지만 네가 아닌 그런 존재를 말이다. 너 자신의 열정을 쏟아 부을 대상을 너에게 줄 텐데, 이것을 하려면 방법은 하나밖에 없구나. 그것은 너에게서 일부를 떼어 또 다른 너를 만드는 방법이다. 그러면 너는 더는 혼자가 아니고, 너 말고 또 다른 존재인 그녀가 생겨날 것이다. 그녀는 '또 다른 형태의 너'가 될 것이고, 억제할 수 없는 너의 열정이 흘러나갈 대상이 될 것이다. 너는 그녀를 사랑하는 존재가 되고, 그녀는 너의 사랑을 받을 존재가 될 것이다. 실로, 네가 내 열정을 나에게 돌려주었듯이 그녀도 너 자신의 열정을 너에게 다시 돌려주게 될 것이다. _ 창2:18, 롬 5:14, 엡5:31~32

바로 이런 동기에서 하나님께서는 하늘과 땅과 그 안의 모든 생명체를 창조하셨다. 하나님 아버지께서 아들에게 짝, 배필, 신부를 주시고자 모든 것을 창조하셨다고 하는 것이 타당할 것이다. 아들을 향한 하나님의 사랑이 하나님으로 하여금 모든 것을 창조하게 하였다. 폴 빌하이머의 말을 빌리자면, "신성한 로맨스는 우주의 중심이자 모든 존재의 실마리를 푸는 열쇠이다. 영원 전부터 하나님은 그분의 아들이 언젠가는 영원한 배필, 즉 요한계시록에서 '어린 양의 아내인 신부'라고 표현된 존재를 갖게 되는 계획을 세우셨다."

이 아이디어야말로 너무 놀라운 것이어서 하나님은 그것을 영원 전부터 숨겨놓으셨다. 이것은 미스터리 중의 미스터리와 맞닥뜨려야 할 상황으로 우리를 몰아간다. 영원 전에 하나님 안에는 감춰진 여자가 있었다.

외로운 독신 남자이신 주 예수님

이제 시간 속으로 들어가서 하나님께서 그분의 영원한 목적을 어떻게 성취하셨는지 알아보자. 영원하신 하나님의 아들, 주 예수 그리스도께서 이 땅에 내려오셨다. 사랑을 주는데 있어 온 우주에서 가장 으뜸인 존재가 영원과 이 땅을 분리시키는 막강한 장애물을 뚫고 시간 속으로 들어오셨다.

하나님의 아들이 육신을 입고 사람이 되어 나타나신 것이다. 하늘의 관점에서 보면, 예수 그리스도는 새로운 아담이었고, 두 번째 남자였다. 롬5:14; 고전15:45~47

당신은 예수 그리스도께서 죄인들을 구원하시기 위해 오셨다고 들어왔을 것이다. 물론 그렇다. 하지만, 신약성경은 예수님이 오신 것에 그것보다 더 깊은 뜻이 있음을 가르쳐준다. 그분은 자신의 배필을 구하러 오셨다. 신부를 찾아오신 것이다. 자신의 아내를 얻으려고 오셨다는 말이다. 영원하신 하나님의 아들이 사람이 된 것은 영원 전부터 그분의 가슴 속에서 타고 있던 열정의 분출구를 찾기 위함이었다.

당신의 주님이신 나사렛 예수를 유심히 살펴보라. 완전한 사람이고 완전한 하나님이셨다. 아더 쿠스탄스라는 사람의 말을 빌리자면, 예수 그리스도는 이 지구상의 새로운 종족이요, 새로운 인류였다. 그분은 완벽한 하나님이셨고, 또 완벽한 사람이셨다. 고대신경을 인용하면, 예수님은 "하나님 중의 하나님 그 자체이시고, 피조물이 아닌 독생하신 하나님"이시다. 예수님은 새로운 인류로서 여자의 태에서 나온 첫 사람이었고, 새로운 인류로서 이 땅에서 태어난 첫 사람이었다.

사람으로서 예수 그리스도는 외로운 독신 남자였지만, 그분 안에는 열정이 가득했다. 말로 표현할 수 없을 정도로 완전하고 흠 없는 사랑이 그분의 순결한 가슴 속에서 고동치고 있었다. 그분은 사람의 아들 곧 본질상 사람이었고, 타락하기 전의 사람의 열정을 갖고 계셨다. 하지만, 그분은 또한 하나님의 아들 곧 본질상 하나님이셨고, 그분의 영 안에서 고동치는 흠 없는 하나님의 열정을 갖고 계셨다.

요한복음의 서두에 보면, 침례세례 요한이라는 특이한 선지자가 등장한다. 연극으로 치자면, 그는 주 예수님의 서막이라고 할 수 있다. 요한은 자신의 역할을 신부에게 하나님의 아들을 소개하는 것으로 표현했다. 그는 '신랑의 친구' 곧 결혼식에서의 '들러리'였다. 요한은 예수님을 따르기로 선택한 사람들에게 침례세례를 주었다. 사실, 침례를 받은 그들은 그리스도의 신부의 지체가 되기로 작정 된 사람들이었다. 요한에 의하면, 예수 그리스도는 하늘의 신랑이었다.

> 신부를 취하는가지고 있는 자는 신랑이나…그는 흥하여야 하겠고 나는 쇠하여야 하리라 하니라 _요 3:29~30

NASB 성경에는, 요한이 '신부를 가지고 있는 자'라고 했다고 되어 있다. 이런 말은 꽤 신비로움을 자아내는 표현인데, 그것은 간단하면서도 모호한 사실을 내포하고 있다. 그리스도께서 이미 신부를 가지셨다는 말을 요한이 어떻게 할 수 있었을까? 역사적 수정주의자들historical revisionists 중에 예수 그리스도께서 이 땅에 계실 때 결혼을 하셨을 것이라는 주장을 펴는 사람들도 있지만, 그런 생각은 터무니없이 날조된 것이다. 예수 그리스도는 절대로 결혼하신 적이 없다. 그분은 독신이셨다. 그런데 신부를 가지셨다니 어떻게 그런 일이 있을 수 있단 말인가?

자, 이제 미스터리를 보여줄 때가 되었다. 예수 그리스도께서 이 땅에 계셨을 때 신랑이신 그리스도 안에 그분의 신부가 있었다. 그녀는 예수님 속에 감춰져 있던 미스터리였다. 그리고 마침내 신부가 등장했을 때 예수 그리스도는 확장되셨다.

신부를 가진 자는 신랑이나…그는 흥하여야 하겠고 나는 쇠하여야 하리라.

이제 예수님께서 이 땅에 계셨을 때 왜 결혼하지 않으셨는지를 우리는 이해할 수 있다. 그것은 예수님의 신부가 그분 안에 있었기 때문이다. 당신의 주님 안에 있었던 불타는 의지는 배필을 갖는 것이었다. 사실상, 이것이 예수님으로 하여금 사단을 멸망시키시게 한 주된 동기였다. 예수님께서 영광스러운 신부를 얻기 위해 엄청난 대가를 치르셔야만 했던 것이다.

 이것을 숙고해보라. 아담이 그의 신부를 얻은 방법이 바로 그리스도께서 그분의 신부를 얻으신 방법을 비춰주는 산 증거였다. 당신의 주님도 아담처럼 아주 깊은 잠에 빠지셨다. 죽으셨어야 했다는 말이다. 이렇게 죽으신 데는 두 가지 중요한 이유가 있다.

 첫째로, 예수 그리스도는 죽음으로 말미암아 사랑하는 신부를 얻는데 방해가 되는 모든 것들을 제거하셨다. 즉, 예수님은 자신과 신부 사이를 영원히 갈라놓으려는 죄를 멸망시키셨다. 또, 종교적인 속박과 짓누르는 정죄로 그녀를 질식시키는 율법도 폐하셨다. 예수님은 그녀의 생명을 노리는 악한 마귀의 권세를 무너뜨리셨고, 그녀의 마음을 예수님에게서 멀어지도록 유혹하는 세상도 멸망시키셨다. 그리고 예수님은 그녀를 더럽히고 타락시키려는 옛 창조를 멸하셨다.

 하지만, 가장 중요한 것은, 예수님께서 죽음 그 자체를 멸망시키신 것이다. 그것은 열정을 쏟아 부으실 대상이 절대로 죽음을 맛보지 않게 하시기 위함이다. 당신의 주님은 아예 신부가 나타나기도 전에 사랑스러운 그녀를 해칠만한 모든 것들을 확실히 제거하셨다. 이런 이유로, 예수님께서 사망을 이기신 후에야 비로소 그녀를 등장시키셨던 것이다. 배필을 얻으려고 아주 오랜 시간을 기다리셔야 했으므로, 일단 로맨스가 시작되면 절대로 끝나서는 안 되게끔 조처하셨다. 그러므로 주님은 그토록 고대하던 신부를 위해 마지막 원수인 사망을 정복하셔서 "사망이 다시는 예수님과 신부를 갈라놓지 못하게" 하셨다.

 이 얼마나 대단한 사랑인가? 이 얼마나 놀라운 열정인가? 일편단심이라는 게 이런 것이 아닌가? 예수 그리스도는 신부와 사랑을 나누면서 영원을 함께 보낼 계획을 세우셨다. 그분이 신부에게 싫증을 느낀다는 것은 상상조차도 할 수 없는 일이다. 그래서, 그분은 허니문이 끝도 없이 지속하도록 확실히 해놓으셨던 것이다.

그리스도께서 죽으신 두 번째 이유는, 인간의 머리로는 헤아릴 수 없는 불가사의에 속한다. 미스터리 그 자체, 즉 주님은 그분 안에 있던 사랑하는 신부를 밖으로 나오게 하기 위해 죽으셨다. 예수 그리스도께서는 "그 앞에 있는 기쁨"을 바라보면서 "십자가를 참으셨다."히12:2 그 기쁨이 바로 그분의 신부였던 것이다.

한 알의 밀이 증가되다

어느 날, 예수님께서 한 알의 밀을 집으시더니 그것을 자세히 살펴보시면서, 자신이 죽었다가 다시 살아나실 것을 보셨다. 그리고 예수님께서 죽음을 박차고 일어나셨을 때 그분 자신이 배가가 되는 것을 목격하셨다.

> 내가 진실로 진실로 너희에게 이르노니 한 알의 밀이 땅에 떨어져 죽지 아니하면 한 알 그대로 있고 죽으면 많은 열매를 맺느니라 _요 12:24

골고다 언덕으로 가서, 피를 흘리시며 십자가에 달려 있는 당신의 주님을 보라. 십자가에 못 박혀 돌아가시자마자 예수님의 생명은 그의 육신을 떠났다. 한 알의 밀이 죽었다. 그런데 홀로 죽었다.

그분의 상한 육신은 무덤으로 옮겨졌고, 이틀이 지나 일요일이 되었다. 그날은 한 주가 시작되는 날, 곧 여덟 번째 날이었다. 갑자기 땅이 진동하고 하늘이 흔들렸다. 주 예수 그리스도께서 무덤의 권세를 이기시고 부활하셨다. 예수님께서 사망을 정복하시고 살려주는 영이 되신 것이다.고전15:45 예수님께서 무덤에서 나오셨을 때 그리스도의 신부도 그분과 함께 나왔다.

세상에서 가장 아름다운, 예수님의 사랑을 독차지하는 여자가 탄생한 것이다. 그녀의 생일은 언제인가? 바로 안식 후 첫날인 한 주일이 시작되는 첫날이다. 그날이 여덟 번째 날이요, 부활의 날이요, 새 창조의 날이다.

무슨 일이 벌어졌는가?

한 알의 밀이 수많은 밀을 수확시켰다.

한 알의 밀이 배가가 된 것이다. 재생산이 일어난 것이다. 그것이 증가하였다.

이제 그 한 알의 밀은 더는 혼자가 아니다.

그리스도의 신부는 이 지구상에서 새로운 피조물이다. 그녀는 타락의 속박으로부터 자유로운, 해방된 존재이다. 그녀는 거룩하고, 흠도 없고, 점도 없이 태어났다. 그녀는 그녀를 멸망시키려는 모든 것들로부터 완벽하게 차단된 채로 태어났다. 따라서 그녀는 아무런 훼방 없이 구세주인 신랑을 마음껏 사랑할 수 있게 되었다. 우주 역사에서 이렇게 로맨틱한 순간은 일찍이 찾아볼 수 없었다. 예수 그리스도는 영원 전부터 그분의 품 속에 감춰 있던 여자, 즉 그분의 열정을 해방하기 위해 죽으셨다.

하와가 어디서 왔는가? 아담의 옆구리에서 나왔다.

그럼 그리스도의 신부는 어디서 왔는가? 마지막 아담인 예수 그리스도의 옆구리에서 나왔다.

이것은 갈보리에서의 마지막 순간에 새로운 의미를 부여해준다. 주 예수님께서 돌아가셨을 때 로마 병정이 그분의 옆구리에 창을 던졌다. 아담이 깊이 잠들었을 때 그의 옆구리가 열린 것을 연상케 하는 장면이다.

예수 그리스도께서 깊은 잠에 빠지신 후, 그분의 옆구리가 열리고 피와 물이 그분의 죄 없는 육체로부터 쏟아져 나왔다. 요19:32~35 피는 모든 죄에서 깨끗해짐을 의미한다. 당신의 주님은 모든 더러운 것들로부터 사랑스러운 신부를 깨끗이 씻어주시려고 돌아가셨다.엡5:25~27 물은 그리스도 자신으로부터 솟아나는 생명수를 의미한다.요4:10; 계21:6 그것은 예수님의 신부를 살아가게 할 바로 그 생명인 하늘에 속한 생명을 의미한다.

 예수 그리스도께서 죽음에서 부활하신 바로 그날, 영원 전부터 하나님의 아들 안에 억제되어 있던 열정이 풀려났다. '마침내,' 그분의 열정이 안식처를 찾아 육신의 몸을 입었다. '마침내,' 그 열정이 성육신을 해서 살아 숨쉬며 만져지게 되었다. '마침내,' 드디어 하나님의 아들은 그분의 사랑스러운 신부를 찾게 되었다. 그리고 영원 전부터 타올랐던 하나님의 열정은 집을 찾게 되었다.

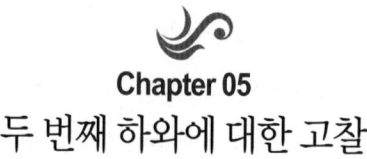
Chapter 05
두 번째 하와에 대한 고찰

우리는 그가 만드신 바라 _엡 2:10

제3단원에서, 우리는 첫 번째 하와에 대해 자세히 살펴보았다. 물론 하와는 단지 주 예수님께 속한 신부라는 실체의 그림자에 불과하다. 이제 놀라운 여자인 두 번째 하와, 곧 그리스도의 신부에 대해 생각해보자.

- 그녀는 또 다른 형태의 그리스도이다. 왜냐하면, 그녀가 그리스도에게서 나왔기 때문이다.

- 그녀는 신랑에게서 이름을 따왔다. 마치 하와가 타락 이전에 아담의 이름을 가졌었던 것처럼, 그리스도의 신부도 그리스도의 이름을 따른다. 서양에서는 여자가 결혼하면 신랑의 성을 따르는 것이 관례로 되어 있다. 고대 유대사회에서는, 사람의 이름을 그 사람의 인격과 동일시했다. 그리스도의 신부는 신랑의 이름으로 불릴 정도로 신랑과 완전히 하나였다. 고전12:12; 계22:4

- 그녀는 새로운 피조물이다. 에베소서 2:15에는, 그녀가 '한 새 사람'이라고 불린다. 문자적으로는 '한 새로운 인류'이다. 그녀의 신랑과

마찬가지로, 그녀는 이 땅에 등장한 새로운 종족이고, 새로운 피조물이고, 새로운 인종이다. 그녀는 옛 창조에 속하지 않는다. 온갖 차별로 가득한 이 땅과는 상관없다는 말이다. 고전10:32; 고후5:17; 갈3:28; 골3:11 그 대신, 이제 그녀는 그리스도 안의 새로운 피조물이다. 왜냐하면, 여덟 번째 날인 부활의 날에 등장했기 때문이다. 성경에서 8이라는 숫자는 항상 부활 곧 새로운 시작을 의미한다. 7은 완전 또는 완성을 뜻하는 숫자인데, 8이 7의 다음 숫자이므로 새 시리즈의 시작을 의미한다.

- 그녀는 하나님의 걸작품이다. 에베소서 2:10에서, 바울은 그녀를 하나님께서 만드신 작품이라고 했다. 작품이라는 말의 헬라어 단어가 *poiema*인데, 그것은 '걸작품'이라는 뜻이다. 주님께는 걸작품이 단 하나밖에 없다. 바로 그분의 사랑스러운 신부이다. 예술가는 누구든지 그 걸작품을 맨 마지막에 만든다. 그리스도의 신부는 갈보리에서 옛 창조가 종말을 고한 후에 자취를 드러냈다.

- 그녀는 철저하게 주님께 헌신하고, 주님 또한 그녀에게 완전히 바쳐졌다. 당신 주님의 눈에는 다른 여자라곤 보이지 않는다. 주님이 절망적으로 자신의 신부와 사랑에 빠졌다고나 해야 할까? 그분은 다른 존재에게는 눈길도 주지 않는다. 비할 데 없는 그분의 무한한 사랑이 그녀의 마음을 사로잡았다. 그녀는 이제 그분만을 위해 살아간다. 그리고 그녀의 모든 것을 바쳐 그분만을 사랑하기 위해 존재한다.

- 그녀는 창조된 것이 아니다. 그녀는 그리스도의 속에서 나와서 지어지고 만들어졌다. 하와가 아담의 살 중의 살이었던 것처럼 그녀도 그리스도의 영 중의 영이다. 고전6:16~17 그녀의 DNA는 예수 그리스도의 그것과 같다. 그녀는 그분으로 말미암고, 그분에게로 가고, 그분을 위해 존재한다. 그녀는 하나님의 유전자를 갖고 있다. 즉 그녀 안에 그

분의 씨가 있다.벧전1:23; 요일3:9 그리스도의 신부는 예수님의 생명을 지니고 있다. 이 생명 안에는 그분의 본성과 인격과 욕구, 그리고 성향이 다 포함되어 있다. 그녀는 하나님의 DNA를 가진 존재라 할 수 있다. 베드로의 표현에 의하면, 그녀는 '신성한 성품에 참여하는 자'이다.벧후1:4

- 그녀는 흠이 없다. 하나님의 눈에는 그녀가 그리스도처럼 거룩하고 순결하다. 하와가 이 땅에 처음 등장했을 때 완벽하고, 흠도 없고, 점도 없었던 것을 기억하라.그녀는 타락 이전에 나타났다. 마찬가지로, 그리스도의 신부도 흠이 없다. 그녀는 타락하기 이전인 창세 전에 그리스도 안에 있었다.엡1:4 따라서 그녀는 영원히 완벽한 존재인 하나님의 아들 자신에게서 나온 것이다. 아담이 자신보다 열등한 존재에게 자신의 마음을 줄 수 없었던 것처럼, 예수 그리스도도 자신보다 열등한 존재에게 자신을 다 바쳐 사랑을 줄 수 없다. 그러므로 그분처럼 순결한 그녀는 결코 정죄 받을 수 없다.

이제는 그의 육체의 죽음으로 말미암아 화목하게 하사 너희를 거룩하고 흠 없고 책망할 것이 없는 자로 그 앞에 세우고자 하셨으니 _골 1:22

그러므로 이제 그리스도 예수 안에 있는 자에게는 결코 정죄함이 없나니 _롬 8:1

누가 능히 하나님께서 택하신 자들을 고발하리요 의롭다 하신 이는 하나님이시니 누가 정죄하리요 죽으실 뿐 아니라 다시 살아나신 이는 그리스도 예수시니 그는 하나님 우편에 계신 자요 우리를 위하여 간구하시는 자시니라 _롬 8:33~34

- 그녀는 그리스도의 몸이다. 하와는 아담의 육적인 몸에서 나왔고, 새로운 하와인 예수님의 신부는 그리스도의 몸에서 나왔다. 따라서 그녀는 그리스도와 같은 생명을 소유했다. 그녀는 그분에게서 분리될 수 없는 존재인데, 다만 좀 다를 뿐이다. 그리스도께서 상속받는 모든 것을 그녀도 그대로 상속받을 만큼 그녀는 그리스도와 연합되었다.롬 8:17; 엡1:11,14,18

- 그리스도는 그녀의 생명의 근원이다. 그분은 그녀의 존재 기반이었다. 그리스도 일부분이 그녀 안에 있으므로 인해 그녀가 존재하는 것이다. 예수 그리스도께서 사랑스러운 신부 안에 거하시므로 그분은 그녀의 의로움righteousness이 된다. 그녀를 아름답게 하고, 흥분시키고, 놀라게 하는 것은 그리스도뿐이다.

- 그녀는 전적으로 그리스도만을 위해 지어졌다. 주 예수님은 자신에게 딱 맞는 배필을 원하셨다. 그분은 사랑하고 또 사랑받기를 원하셨다. 두 번째 하와가 바로 이런 소원이 성취된 존재이다. 그리스도의 굽힐 줄 모르는 헌신과 주체할 수 없는 열정의 대상이 그분의 신부이다.

- 그녀는 창세 전에 하나님의 아들 안에 감춰져 있었다. 그녀의 기원은 이 땅이 아닌, 보이지 않는 세계이다. 즉 이것은 시간이 생기기 전 그리스도 안에 있던 하늘나라를 말한다.엡1:3~4, 2:6 바울은 신성한 미스터리를 맡은 청지기로서 이렇게 표현했다. "곧 창세 전에 그리스도 안에서 우리를 택하사 우리로 사랑 안에서 그 앞에 거룩하고 흠이 없게 하시려고"엡1:4

- 그녀는 그리스도가 확장된 것이다. 예수 그리스도의 옆구리에서 신부가 나왔을 때 그분은 확장되었다. 그녀가 만들어졌을 때 그리스도는 더 넓어졌다. 그녀가 지어졌을 때 그리스도는 더 커졌다. 그녀는 궁극

적으로 그분의 형상으로 이 세상을 가득 채울 것이다.

- 그녀는 그리스도와 상호의존적인 존재이다. 하나님께서 마지막 아담의 *pleura*옆구리에서 그녀를 빼내셨다.요19:34 하나님께서 "두 번째 아담을 분할시키셔서" 신부를 꺼내신 후 그리스도의 "더 나은 반쪽"을 만드셨다. 흥미롭게도, *Septuagint*헬라어로 된 구약성경인 70인역의 창세기 2:22에는 *pleura*라는 단어가 사용되었다. "여호와 하나님이 아담에게서 취하신 그 *pleura*로 여자를 만드시고"라고 되어 있다. 이것이 요한복음 19:34에서 예수님의 옆구리를 지칭할 때 사용된 바로 그 단어이다. "그 중 한 군인이 창으로 *pleura*를 찌르니 곧 피와 물이 나오더라."

- 그녀는 그리스도의 영광이다. "영광"이라고 번역된 헬라어 단어는 *doxa*이다. 영어의 doxology송영가 이 단어에서 파생된 말이다. *Doxology*는 곡 연주의 마지막 부분, 즉 마지막의 대미를 장식하는 피날레이다. 바울에 의하면, 여자는 남자의 영광이다.고전11:7 마찬가지로, 새로운 하와는 예수 그리스도의 영광이다. 영광이란 어떤 피조물이 자신을 드러내는 표현의 극치로 이해하면 된다. 꽃이 만발했을 때 꽃의 생명이 최고조에 달한 것이다. 즉 꽃이 영광스럽게 된 것이다. 대낮에 태양이 밝게 빛날 때나 청명한 밤에 보름달이 떴을 때, 영광 중에 빛난다고 할 수 있다.고전15:41 언젠가는, 그리스도의 신부가 찬란하게 부활하여 영광을 받게 될 것이다. 그녀는 하나님의 생명을 최고조로 나타낼 것이다. 오늘날 그리스도의 신부가 자유롭게 자신을 표현할 때마다 그녀는 주 예수 그리스도를 드러낸다. 사람들이 그녀가 자유롭게 활동하는 것을 볼 때, 그들은 그리스도를 보는 것이다.고전14:24~25 통치자들과 권세들이 그녀의 드러난 모습을 볼 때, 그들은 그

들을 물리치고 승리하신 그리스도를 보는 것이다.엡3:10 이것이 바로 영광이다. 언젠가는 그리스도의 신부가 그리스도의 영광으로 온 우주를 가득 채울 날이 올 것이다.엡1:9~10

- 그녀는 두 번째 하와이고, 그리스도 안에서 살아난 모든 사람들의 어머니이다. 갈라디아서 4:26에서, 바울은 "오직 위에 있는 예루살렘은 자유 자니 곧 우리 어머니라"라고 했다. 요한계시록 21:27에는, 생명 책에 이름이 기록된 사람들이 새 예루살렘 곧 그리스도의 신부 안에 살게 된다고 되어 있다. "시온에 대하여 말하기를 이 사람, 저 사람이 거기서her 났다고 말하리니 지존 자가 친히 시온을 세우리라 하는도다"시87:5

이 여자가 누구인가?

그럼 이 사랑스러운 신부는 누구인가? 그녀가 누구이기에 당신의 주님이 죽기까지 하시면서 프러포즈를 하시고 허락을 받아내시려고 하셨는가? 그녀가 누구이기에 예수 그리스도께서 영원 전에 택하셔서 자신의 열정을 쏟으려 하셨을까?

여기에 미스터리가 있다. 그녀가 바로 교회이다. 그리고 그녀의 이름은 다름 아닌 에클레시아*ekklessia*이다. 그리고 또, 그리스도인인 당신은 그녀의 지체이다.

당신 주님의 옆구리에서 하나님께 어울리는 아내가 나왔다. 예수님께서 부활하시던 날, 예수님의 옆구리에서 나온 존재가 바로 당신이다.롬6:4; 골2:12; 엡2:5~6 결과적으로, 당신은 이제 예수 그리스도와 혈통이 같다. 당신이야말로 예수님의 뼈 중의 뼈요, 영 중의 영이다. 당신은 그분의 DNA를 물려받았다.

당신은 주님이 보시기에 거룩하고, 완전하고, 흠도 없고 점도 없는 존재이다. 하워드 스나이더의 말을 빌리자면, "교회는 고유한 유전자 구조독특한 DNA를 가진 살아있는 유기체이다." 만일 우리가 교회의 DNA 구조를 분석할 수 있다면, 그것이 그리스도의 DNA와 전적으로 같다는 것을 알게 될 것이다.

어떻게 이럴 수 있을까? 당신이 그리스도에게서 나왔기 때문이다. 그리고 그분은 거룩하고, 완전하고, 흠도 없고, 점도 없다. 덧붙이자면, 그분은 미칠 정도로, 그리고 열정적으로 당신과의 사랑에 깊이 빠져 있다.

나는 이안 토마스가 내린 DNA에 대한 정의를 좋아한다. "위로부터 온 신성한 본질the Divine Nature from Above" 토마스는 또 다음과 같이 예리하게 지적했다. 예수 그리스도는 "아버지의 DNA를 그대로 물려받고 태어나셨다. 그리고 그리스도 안에 있는 참 신자는 그리스도와 같은 DNA와 완전함을 물려받았다."

시간이 생긴 이래로, 그리고 그 이전에도, 당신의 주님은 자신 속에서 타오르던 열정을 아낌없이 쏟아 부을 대상을 간절히 바라셨는데 당신이 바로 그 대상이다. 즉, 당신은 주 예수 그리스도의 신부 안에 있는 지체요, 그분의 약혼녀요, 그분의 마음을 사로잡은 여자이다. 그리고 당신이야말로 그분이 좋아하는 바로 그 타입이다.

그래서 당신은 정죄 받을 수 없고, 당신에겐 아무런 혐의를 씌울 수도 없다. 당신은 책망받을 수 없고, 아무도 당신을 고발할 수 없다. 주님의 눈에는 당신이 거룩하고 흠이 없다. 롬8:1,33~34; 골1:22; 엡5:27

당신이 정죄 받도록 했던 사건이 역사상 단 한 번 일어났었는데, 그것이 바로 예수 그리스도께서 정죄 받으신 그날 있었던 일이다. 어째서? 그것은 당신이 그리스도 안에 있기 때문이다.

그리스도께서 영원히 정죄받으실 수 없어서 당신 또한 정죄받을 수 없다.

그녀가 아름답지 않은가?

찰리 리치의 말을 빌리자면, 교회는 '세상에서 가장 아름다운 여자'이다. 하나님께서 창조하신 하늘과 땅과 바다에 있는 모든 것들을 살펴보라. 입이 딱 벌어질 만큼 아름다움을 뽐내고 있지 않은가? 하지만, 그것들 중 '하나님의 걸작품'이라 불리는 것은 하나도 없다. 놀랍게도, 하나님께서 창조하신 것들 중 가장 아름다운 것은 그분의 교회이다. 그녀만이 하나님의 걸작품이다.엡2:10 그녀는 그분의 무한하신 자비가 만들어낸 최고봉이다.

아담이 에덴동산을 걷고 있을 때, 그의 몸 안에는 걸작품이 감춰져 있었다. 마찬가지로, 예수 그리스도께서 이 땅에 오셨을 때 그분의 몸 안에도 걸작품이 감춰져 있었다.

그런데 나나 당신이나 개인은 그 걸작품이 아니다. 우리가 지체로 있는 교회가 바로 주님의 은혜로 빚어진 그 걸작품이다. 그녀야말로 하나님의 모나리자라고 할 수 있다. 그녀는 다빈치나 미켈란젤로나 렘브란트 같은 사람들의 필생의 역작보다 더 아름다운 존재이다. 교회야말로 하나님께서 만드신 그 어떤 것들보다 더 뛰어나고, 더 장관인 존재이다. 그녀는 영광스런 하나님의 아들 안에서 조각되고, 다듬어지고, 색이 입혀졌다. 그렇게 됨으로써, 그녀는 우아함과 아름다움의 극치가 되었다.

이것을 한 문장으로 줄여본다면, 사랑이 가득한 주님의 눈에는 온 우주에서 당신보다 더 매혹적인 존재가 없다. 그렇다면, 이렇게 놀라운 진리 앞에서 어떻게 당신 자신을 무가치하다고 생각할 수 있단 말인가? 이런 질문은 내가 믿는바 우리 주님께서 지금 이 순간까지 겪고 계시는 좌절과 우리를 맞닥뜨리게 할 것이다.

Chapter 06
하나님께서 느끼셨을 법한 좌절감

남편들아 아내 사랑하기를 그리스도께서 교회를 사랑하시고 그 교회를 위하여 자신을 주심 같이 하라 이는 곧 물로 씻어 말씀으로 깨끗하게 하사 거룩하게 하시고 자기 앞에 영광스러운 교회로 세우사 티나 주름 잡힌 것이나 이런 것들이 없이 거룩하고 흠이 없게 하려 하심이라 _엡 5:25~27

한 남자가 한 여자와 사랑에 빠지면, 그녀를 위해서라면 깨진 유리조각 위를 걷는 것도 마다하지 않을 것이다. 그의 마음은 온통 그녀의 생각으로 꽉 차 있고, 완전히 사로잡혀 그녀의 사랑의 포로가 되어 있을 것이다. 그는 졸지에 능동적인 사람이 되어, 사랑하는 그녀에게 자신의 애정을 표현할 온갖 방법들을 강구하게 될 것이다. 사람의 마음이 사랑이라는 것의 열정에 감염되면, 이건 치료불능이다.

나는 고등학교 교사로 재직했었다. 나를 위로할 사람들은 내 우편함으로 위문편지를 보내주기 바란다.미국의 고등학교 교사가 그만큼 힘들다는 뜻임.-역자주 고등학교 시절은 소년, 소녀들의 마음에 '첫 사랑'이 무르익게 되는 아주 짧은 기간이다. 여기에 그런 사랑 이야기를 하나 소개하려 한다. 제이미와 캔디스에 관한 이야기이다.

제이미는 클래스에서 캔디스를 처음 만났다. 둘 다 졸업을 앞두고 있던 고등학교 3학년생이었다. 제이미는 학교 레슬링팀의 스타였으므로 꽤 인기가 있었다. 그 학교 팀은 주 전체 학교 대항 레슬링 대회에서 여러 번 우승했었다. 캔디스는 줄곧 A만 받아온 우등생이었고, 공부 외에 다른 어떤 활동도 하지 않는 학구파였다. 따라서 그녀의 스케줄은 우등생 과정과 상급과정미국에선 우수한 고등학생들에게 대학 수준의 클래스들을 제공함.-역자 주으로 꽉 차 있었다.

그런데 제이미가 캔디스에게 빠지게 되었다. 막말로 "뿅 갔다"는 말로는 설명이 안 될 정도로 그녀에게 온통 마음을 빼앗기고 말았다. 얼마나 사랑이 깊었던지, 그녀의 마음을 얻기 위해서라면 그의 인생 전체를 송두리째 불살라버릴 정도였다. 제이미에게 있어 그녀가 가장 중요한 존재가 되어버렸다. 그의 가장 가까운 친구들이 이것을 알게 되었고, 캔디스의 친구들은 물론, 심지어 교사들까지도 이 사실을 알게 되었다.

캔디스는 수줍음이 많고 내성적인 학생이었다. 그리고 아주 수수한 소녀였다. 그런데 한편으로는, 자신이 무가치하다는 생각과 심한 열등감이 그녀를 괴롭히고 있었다. 몇몇 남학생들은 그녀를 매력적이라고 생각했지만, 정작 그녀는 스스로에 대해 그렇게 생각지 않았다.

이런 까닭에, 캔디스는 자신을 따라다니는 제이미를 늘 피하곤 했다. 어떤 때는 공공연하게 피했고, 어떤 때는 눈에 띄지 않게 피해버렸다. 당연히 제이미는 그녀의 마음을 종잡을 수 없어 미칠 것만 같았다. 하지만, 캔디스는 언제나 제이미가 가까이 오지 못하도록 거리를 두면서 그를 피해 다녔다.

　그러다가, 제이미는 마침내 캔디스와 맞닥뜨려 그녀에게 사랑을 고백했다. 그런데 그녀의 반응은 그가 기대했던 것과는 영 딴판이었다. 캔디스는 그가 망상에 사로잡히지 않았다면 자신에게 관심을 둘 리 없다고 그에게 말했다. 그녀는 자신에겐 매력이 없어서 제이미든 누구에게든 아무것도 줄 것이 없다고 했다. 그래서 자기는 결혼 같은 것은 할 생각이 없다고 했다. 그녀는 자신이 성격적으로 결함이 많고 신체적 결점도 많은 여자라고 했다. 이런 여자에게 관심을 갖는 제이미야말로 망상에 빠져 있음을 다시 한 번 상기시켜 주었다. 그리고는, 다음과 같이 비장의 에이스 카드를 던지면서 우리 식으로 하면 '확인사살' 이라는 뜻.-역자 주 자신에 대한 자아비판을 마무리했다. 그녀는 절대로 제이미의 타입이 될 수 없다.

　제이미는 너무 충격을 받은 나머지 어안이 벙벙해졌다. 한 대 얻어맞은 듯 멍해지기까지 했다. 그의 자존심이 산산조각 나버렸다. 잠시 후 진정을 되찾았을 때, 그는 젊은 날의 가장 큰 좌절을 맛보게 되었다. 그는 진심으로 캔디스를 사랑했는데, 그녀는 그의 사랑을 받아들일 생각조차 하지 않았다. 그녀를 향한 제이미의 불타는 사랑은 분출구를 찾지 못했다.

　이 이야기에 소중한 교훈이 들어 있다. 한 여자가 한 남자의 조건 없는 사랑을 받아들이려면, 여기엔 뭔가 아름다운 것이 작동돼야 한다. 결과적으로 남자의 그 사랑이 그에게로 되돌아와야 한다. 머지않아, 그의 사랑이 그녀의 마음을 사로잡게 되고, 여자는 그녀 안에서 일깨워진 자신의 사랑으로 다시 그를 사랑하게 될 것이다. 이것은 혈관 속 깊이 각인된 우주의 법칙이라 해도 무방할 것이다.

　그렇지만, 여기엔 예외가 있다. 그것은 여자가 의도적으로 남자의 사랑을 거절할 경우이다. 만일 여자가 남자의 사랑에 자신의 마음을 열지 않는다면, 그의 사랑은 분출구를 찾지 못하게 될 것이다. 그 사랑이 그의 안에 갇힌 상태로 심한 좌절을 겪게 될 것이다.

여기서 잠깐, 제이미와 캔디스의 이야기로 돌아가 보자. 캔디스가 제이미의 사랑을 거절했을 때 제이미의 마음속에서 무슨 일이 벌어지고 있었을지를 생각해보라. 아주 심한 좌절, 채워지지 않는 기대, 슬픔, 또는 절망 같은 것들이 아니었을까? 만일 캔디스가 그녀에 대한 제이미의 진실한 사랑을 믿고 제이미가 그녀를 보는 그대로 자신을 받아들여 그에게 마음을 열었다면, 제이미의 사랑은 안식처를 찾게 되었을 것이다. 그리고 그 사랑은 결국 그에게로 되돌아왔을 것이다. 이것은 나중에 실지로 이루어졌다. 제이미와 캔디스는 고등학교를 졸업하고 결혼에 골인했다.

하나님의 사랑이 겪은 좌절

나는 주님께서 꿈에 그리던 여자인 그의 신부와의 관계에서 똑같은 좌절을 맛보셨을 것이라고 믿는다. 내 생각엔, 제이미의 좌절이 주님이 아주 오랫동안 경험하신 것을 흐릿하나마 보여주는 이미지이다.

주님이 좌절을 맛보셨다는 말을 그분의 능력을 과소평가한다든지, 그분의 절대적 주권을 모독한다든지 하는 말로 오해하지 않기를 바란다. 주님은 미래를 완벽하게 주관하시므로 결국 자신이 얻고자 하는 것을 다 성취하실 것이다. 하지만, 잠시나마 주님은 절망감을 느끼셨을 수 있다.

여기에 주님이 이 땅에 계셨을 때 억제된 사랑으로 말미암은 고통을 맛보셨던 예가 있다.

예루살렘아 예루살렘아 선지자들을 죽이고 네게 파송된 자들을 돌로 치는 자여 암탉이 제 새끼를 날개 아래에 모음 같이 내가 너희의 자녀를 모으려

한 일이 몇 번이냐 그러나 너희가 원하지 아니하였도다 _눅 13:34

"내가 간절히 원하였으나…너희가 원하지 아니하였도다"라는 표현을 주목하라. 이런 것이 바로 주님의 좌절이다. 고로, 내가 믿기에는 주 예수 그리스도가 온 우주에서 가장 좌절을 많이 겪은 존재이다.

인생살이에서 별로 알려지지 않은 사실을 하나 들려주고 싶다. 그것은 오래전에 어떤 나이 많은 여자분이 내게 해준 비밀 이야기이다. 아이러니한 것은 그것을 아는 여자들이 별로 없다는 사실이다. 사실 아주 가끔이지만, 그 이야기를 여자들에게 해주었을 때 그것을 듣고는 정말 그게 사실이냐고 어이없어했다. 그래서, 이 책을 읽는 모든 여성들을 위해 아주 괜찮은 삶의 지혜 한 토막을 선사하고자 한다.

자매들이여, 결코, 절대로, 절대로 당신이 사랑하는 남자에게 당신의 신체적 결함을 알려주지 말라. 다시 한 번, 결코, 절대로, 절대로 당신이 사랑하는 남자에게 당신의 신체적 결함을 알려주지 말라. 왜냐고? 그 이유는 당신이 그에게 말하기 전에는 그가 그 결함을 알 수 없기 때문이다.

하나님께서 남자들을 이렇게 창조하신 것 같다. 남자는 사랑하는 여자가 그에게 말해주기 전에는 그녀의 신체적 결함에 대해 거의 주의를 기울이지 않는다. 그런데 여자가 그것을 말해버리면 그다음부터는 어쩔 수 없이 그 결함을 보게 된다.

한 남자가 한 여자와 사랑에 빠지게 될 때, 그의 눈에는 그녀가 세상에서 가장 아름다운 여자로 보인다. 당신이 아무리 애를 써서 그렇지 않다고 그를 설득해도 소용이 없을 것이다. 그 사랑이 그녀에게 있는 어떤 흠도 보이지 않게끔 글자 그대로 그의 눈을 멀게 하기 때문이다. 그의 영혼이 무슨 마법에 걸린 것처럼 되어버린다. 어느 정도냐 하면, 그가 그녀를 볼 때마다 그녀가 거울에 비친 자신의 모습을 보는 것과는 완전히 딴판으로 눈에 콩깍지가 낀 것처럼 보게 되는 것이다.

여기에 너무나도 중요한 진리가 들어 있다. 인간이 가진 이런 신비스런 힘은 그리스도의 신부에 대한 그분의 사랑을 어렴풋하게나마 보여주는 이미지이다. 예수님은 우리들의 눈으로 우리를 보시지 않는다. 주님은 아주 다른 눈으로 우리를 보신다.

요점

사랑스러운 신부를 향한 그리스도의 사랑은 눈이 먼 사랑과도 같다. 주님은 그녀에게서 어떤 흠도 보시지 않는다.

제발 이 놀라운 진리를 희석시켜 'positional truth'로 부르는 실수를 범하지 말라(Positional truth: 예수님과의 연합이 경험이 아닌 성경의 사실을 믿음으로만 가능한 것이라는 기독교의 어떤 부류의 주장임.-역자 주. 이것은 신학적인 미사여구로 옷 입은 해로운 사상이다. 제이미가 캔디스를 보고 세상에서 가장 아름다운 여자로 여겼을 때 그가 그녀를 positional truth로 보았을까? 이것이야말로 우습기 짝이 없는 생각이다. 제이미가 캔디스를 본 것은 actual truth이다. 캔디스가 아름답다는 사실을 믿은 게 아니고 제이미의 눈에 실지로 캔디스의 아름다움이 경험되었다는 뜻임.-역자 주 제이미에게 있어 그것은 실제적 상황이었다.

이것은 그리스도인에게 있어서도 같다. 예수 그리스도는 당신을 그분 자신의 일부로 보신다. 거룩하고 흠이 없는 존재로 말이다. 당신이 당신 자신에 관해 믿는 바와 다른 사람들이 평가하는 당신의 모습은 순전히 거짓이다.

거짓을 믿음

내가 말하고자 하는 포인트를 설명하기 위해 이야기 하나를 더 들려주겠다. 빌리라는 이름을 가진 그림 그리기를 좋아하는 일곱 살짜리 아이가 있었다. 그런데 이 아이는 그림 그리기 좋아하는 또래의 다른 일곱 살짜리와는 달리 예술적 자질이 탁월한 아이였다. 사람들이 빌리가 스케치한 그림을 넋을 잃고 볼 정도로 그 아이의 실력은 대단했다.

빌리의 부모는 도덕적으로 엄격한 사람들이었다. 그리고 그들은 아들의 재능에 대해 지나칠 정도로 무관심했다. 빌리가 커가면서 자신의 예술적 재능을 알고 교만해질까 싶어 두려웠다. 더구나, 그들의 눈에는 예술가라는 직업이 그리 탐탁해 보이지 않았다. 그래서 빌리의 부모는 그에게 그림이 별로 신통치 않으니 그림 그리기를 그만두라고 타일렀다.

그래서 빌리는 그 말대로 따랐다.

빌리는 크레용과 색연필과 마커를 치워버렸다. 10년이 지난 후, 고등학생이 된 빌리는 선택과목으로 보건을 택했다. 어느 날 보건 수업시간에 선생님이 주관적 적성검사를 실시했다. 학생들에게 각자의 인생에서 가장 행복했던 순간과 가장 슬펐던 순간을 그림으로 그려보라고 했다. 빌리는 10년 동안이나 손을 놓고 있던 것을 하는 자신에게 놀라버렸다. 자기가 그림을 그리고 있었던 것이다.

그림을 다 그렸을 때, 빌리의 옆에서 그의 손놀림을 지켜보고 있던 학생 네 명이 그의 솜씨에 놀란 나머지, "세상에, 빌리야 너 정말 대단하다! 와~ 넌 진짜 재능을 가졌구나!"라고 외쳤다.

이때 오히려 놀란 것은 빌리였다. 그는 친구들이 자기를 놀린다고 생각해서, "그래 그래. 나 그림 못 그린다 그래. 그만 좀 하지!"라고 응수했다. 그 중 하나가 선생님을 향해 손을 흔들며 "이리 오셔서 이 그림 좀 보세요"라고 말했다.

이에 빌리의 책상으로 온 선생님의 눈이 휘둥그레졌다. 그리고 그에게 이렇게 말했다. "빌리야, 네 그림은 내가 본 것 중 최고다. 넌 정말 재능을 타고났어. 미술 클래스를 택해보지 않겠니?"

그러나 빌리는 아직 자기가 들은 말이 믿기지 않았다. 왜 그런가? 지난 10년 동안 그의 부모에게서 그림 못 그린다는 말을 끊임없이 들어왔기 때문이다. 하지만, 그간 변하지 않은 것은 빌리에게 예술적 재능이 있다는 사실이다. 그렇지만, 그는 자신을 그렇게 보지 않았다. 그에게 진실만을 말해줄 것이라고 철석같이 믿은 사람들로부터 반복적으로 들은 말이기 때문에, 거짓을 그대로 믿기가 쉬웠던 것이다.

이것은 오늘날 그리스도의 신부도 마찬가지이다. 우리는 하나님께서 우리를 어떻게 보시는지에 대해 수도 없는 거짓말을 들어왔다. 실로, 당신의 하나님께서는 우리가 이해하거나 상상하는 것보다 더 강력한 사랑이 있다. 그리고 그 사랑은 당신과 나를 향하고 있다. 하지만, 이게 전부가 아니다. 그 사랑이 밖으로 표출되기를 갈망하고 있다는 사실이다.

마침내 해방되다

이 세상에 사람을 자극해서 움직이게 하는 큰 힘이 두 가지가 있는데, 하나는 죄책감이고 다른 하나는 사랑이다. 불행하게도, 죄책감은 사랑을 아주 심하게 훼방 놓는다. 예수 그리스도의 신부는 그의 옆구리에서 나왔고, 당신과 나는 이 신부의 지체이다. 다르게 표현하자면, 우리는 그리스도 자신의 일부분이다. 이것에 대해서는 나중에 자세히 살펴볼 것이다.

주님께서 보시듯 당신을 보지 않는다면, 당신과 주님 사이에 언제나 불안한 기운이 감돌게 될 것이다. 불안은 우리 쪽에서 생기지 주님께로부터 오지 않는다. 주님께서 우리를 그분처럼 정결하게 해주셨기 때문에 우리는 그런 불안감을 느낄 자격이 없다. 우리에겐 열등의식을 가질 권리도, 끊임없는 죄책감을 느낄 자격도 없다. 또, 우리에겐 자신을 무가치하게 여길 권리도, 양심의 가책에 의해 끈덕지게 괴롭힘을 받을 권리도 없다.

하지만, 당신은 "프랭크, 난 너무 가치 없는 하찮은 존재예요."라고 할 것이다. 당신 말이 맞다. 당신은 아무런 가치가 없는 존재이다. 우리가 모두 다 그렇다. 그러나 이제 당신은 당신 자신 안에 있지 않고 그리스도 안에 있다. 그리고 정결함 그 자체인 그리스도 안이 하나님께서 당신과 나를 보시는 자리이다.

주 예수 그리스도께서 하늘 아래 있는 모든 연인 중 가장 위대한 연인이다. 열정적으로 사랑하는 데 있어 그 누구도 그분을 따라갈 수 없다. 그리고 그분의 사랑과 열정은 단 하나의 인격체에로만 향한다. 그것은 바로 당신과 내가 속해 있는 그분의 신부이다. 따라서 주님께서는 자신의 마음속에 갇혀 있는 폭포수 같은 사랑을 쏟아 붓고자 하는 주체할 수 없는 욕구가 있다. 자신의 사랑을 받을 최고의 대상인 신부에게 아낌없는 사랑을 주시고자, 주님은 거룩한 관심에서 나온 강한 추진력을 갖고 계시다. 결과적으로, 주님을 가장 슬프게 하는 것은 자신의 신부가 주님의 사랑을 받아들이지 않는 것이다. 이것 때문에 하나님께서 좌절하시며 긴장상태에 계신 것이다.

이것에 대해 지금 당장 그리고 앞으로 영원히 마음에 확정하라. 주 예수 그리스도께서 동이 서에서 먼 것처럼 당신의 죄를 제하여 주셨다.시103:12 주님께서 흘리신 피에 의해 주님의 눈에는 이제 당신이 흠 없이 깨끗하다.롬5:9; 골1:20~22; 엡1:7, 2:13; 히9:14, 22; 벧전1:18~19 그러므로 하늘을 향해 당신의 눈을 들어 주님의 시각으로 보라. 다른 산 위에 올라가서 주님의 의견을 받아들이어라. 주님은 당신을 전적으로, 그리고 완전하게 받아 주셨다. 주님의 사랑은 당신의 행위가 아닌 그분의 하신 일에 기초를 두고 있다. 당신의 마음을 열고 주님의 열렬한 사랑을 받으라. 이렇게 해서, 당신은 그 사랑을 주님께 되돌려 드리게 될 것이다.

우리는 하나님의 눈으로 보도록 초대받았다. 하나님의 눈 바로 뒤에서 그분이 보시듯 보게 하기 위함이다. 진실로, 그것은 보기에 놀랄만한 광경이다.

결과적으로, 당신에겐 선택권이 있다. 주님의 눈으로 보느냐 아니면 당신의 눈으로 보느냐이다. 나는 당신이 주님의 눈으로 보기를 간절히 바란다.

당신은 무엇인가? 무엇보다 먼저, 당신은 흠 없는 그리스도의 신부에 속한 지체이다. 당신은 주님의 눈에 넣어도 아프지 않은 존재이다. 당신은 주님의 가슴을 두근거리게 하는 존재이고, 주님의 다리를 후들후들 떨리게 하는 존재이다. 당신은 주님의 심장을 고동치게 하는 존재이다. 그리고 언젠가는 주님이 당신과 결혼하게 될 것이다.

주님은 무엇을 찾고 계실까? 그리스도 안에 있을 사람들을 찾고 계신다. 자신이 그리스도의 사랑스러운 신부에 속한 지체임을 담대하게 믿는 사람들을 주님은 찾으신다. 자신의 육적인 눈으로 보기를 거부하고 주님의 눈으로 보고자 하는 사람들을 찾으신다. 주님께서 그들을 보시듯 그들 자신을 주님의 의로움의 프리즘을 통해 보는 사람들을 찾으신다. 즉, 그런 프리즘을 통해 그들 자신을 타락이 제거된 새 창조에 속한 존재로 보는 사람들을 찾고 계신다. 하나님의 원대한 계획을 성취하려면 이것에서 시작하는 것이 필수이다. 이것 외에 다른 시각으로 보게 되면, 사랑에서 우러나오는 것 대신에 죄책감과 종교적 의무, 또는 야망 같은 것으로 하나님을 섬기게 된다.

그리스도의 십자가가 당신과 나를 위해 해놓은 엄청난 역사를 보라. 그것이 하나님께서 다시는 우리의 죄를 기억하시지 않을 정도로 타락의 잔재를 완전하고 철저하게 파괴해 버렸다.히8:12, 10:17 그래서 우리가 의롭게 여김을 받게 되었고하나님께서 우리를 마치 한 번도 죄지은 적이 없는 것처럼 의롭게 보신다, 하나님 보시기에 영광스러운 존재가 되었다.롬8:30

이것을 주목하라. 예수 그리스도는 열등한 존재와는 결혼하시지 않는다. 주님이 자신과 어울리지 않는 품위가 낮은 여자와 결혼하실 리가 만무하다. 주님의 마음 안으로 담대히 들어가서 주님이 당신을 보시듯 당신 자신을 보기를 바란다. 그리고 아무리 믿기지 않더라도, 주님의 관점을 받아 들이라.

신부의 목적은 신랑을 드러내는 것이다. 그리스도의 신부는 신랑이신 그리스도의 사랑과 채우심과 보호하심과 풍성하심의 산 증거로서 이 땅에 존재한다. 그녀를 통해서, 주님의 매혹적인 아름다움과 강렬한 열정과 엄청난 매력이 드러나 이 세상에 보이게 된다.

그러나 오늘날 이 땅엔 무엇이 있는가? 말하기조차 부끄러울 정도이다. 그 누구와도 비교할 수 없는 예수 그리스도의 신부가 철저하게 무시당해버렸다. 눈부신 그녀의 예쁘고 사랑스러운 자태는 자취를 감추었고, 그녀의 영광과 순결함과 아름다움은 잊혀졌다.

그뿐만 아니라, 그녀는 상품화되어 품위가 떨어져 버렸다. 자신이 무가치한 존재라는 생각에 시달리고 세뇌되었다. 하나님의 호의와 사랑을 얻어내기 위해 수고하고 땀 흘리고 애써야 한다고 믿게끔 프로그램이 되어버렸다.

신부는 자신이 누구인지, 신랑이 자기를 얼마나 깊이 사랑하는지를 깨달을 때 비로소 신랑을 자유롭게 사랑할 수 있다. 그리고 그녀가 두려움과 죄책감과 종교적 의무에서 철저하게 해방되어 자신을 주님의 눈으로 볼 때라야 신랑을 자유롭게 사랑할 수 있다.

어떤 남편이 자기 아내가 두려움과 죄책감과 의무감으로 사랑하기를 바라는가? 제정신을 가진 사람 중에선 그런 사람을 찾아볼 수 없을 것이다. 당신의 주님에게도 이것은 마찬가지이다. 주님은 당신이 신부의 다른 지체들과 함께 그분을 자유롭게 사랑하기를 원하신다. 절대로 잊지 말라. 우리는 주님의 신부이지, 노예나 하인이 아니다.

우주에서 가장 호감 가는 여자

당신이 속해 있는 예수 그리스도의 신부는 하나님의 호의를 얻으려고 노력하지 않는다. 그녀는 이미 하나님의 호의를 받았다. 하나님은 바로 지금 그녀를 기뻐하신다. 왜냐하면, 그녀가 주님의 것이고, 주님으로 말미암았고, 주님에게로 돌아가는 존재이기 때문이다. 그래서, 하나님의 마음은 그녀를 향한 거룩한 열정의 불꽃과 끊임없이 솟아오르는 애정으로 가득 차 있다. 믿기지 않는다면, 에베소서 5:25~27을 묵상해보라. 아래에 알기 쉽게 풀어 써놓았다.

> 예수 그리스도께서 자신의 신부를 사랑하시고 그녀를 위해 죽으심으로 자신을 주셨다. 그가 그녀를 자기 자신의 피로 정결케 하시고 그녀가 지은 모든 죄와 그녀가 지을 모든 죄를 깨끗하게 씻으셨다. 그가 그녀를 정결케 하시고 깨끗이 씻으셔서 자기 앞에 영광스러운 교회로 세우셨다…하늘의 영광이 가득한 교회로. 그녀에게는 티나 주름 잡힌 것이 없다. 즉, 그녀에겐 낡거나 늙은 것이라곤 없다. 그녀는 새롭고, 영원토록 젊고, 타락으로 말미암아 생긴 노화과정에서 자유롭다. 그녀에겐 점도 없고, 주름도 없고, 또

는 '그런 종류의 것들', 즉 사마귀나 티눈이나 상처나 군살 등도 없다. 당신이 속해 있는 예수 그리스도의 신부는 철저하게 흠이 없다. 그녀는 하나님의 얼굴처럼 거룩하고… 아무런 결점도 없다.

당신을 창조하신 주님은 당신을 아주 고귀하게 보신다. 우리가 상상하는 것 그 이상으로 당신을 높게 보신다. 그리스도의 신부는 하나님의 영원한 목적이다.

이 지구상 어디서나, 신부는 그 존재가 드러나기를 기다리고 있다. 그녀는 죄책감이라는 난공불락의 성에서 해방될 날을 기다리고 있다. 그녀는 그녀를 옥죄는 사람이 만든 족쇄에서 풀려나기를 고대하고 있다. 그녀가 자유롭게 될 때 이 세상이 그녀의 아름다움을 보고 감탄하게 될 것이다. 그렇게 될 때 남편의 전염성 강한 열정에 그녀가 점화되어 활활 타게 될 것이다. 그렇게 될 때 그녀는 모든 것에서 벗어나서 주님이 받으시기에 합당한 경배를 주님께 드리게 될 것이다.

그녀가 해방된 모든 곳에서, 성령은 측량할 수 없는 예수 그리스도의 영광을 볼 수 있도록 그녀의 눈을 열기 시작하실 것이다. 결국, 그녀는 어느새 신랑만이 가진 압도적이고 막강한 카리스마에 넋을 잃고 말 것이다. 그리고 그녀는 자기 가슴 속에 있는 살아계시고, 부활하시고, 높임을 받으시고, 승리하셔서, 보좌에 앉으신 주님의 불가항력적인 사랑에 압도되어 놀라버린 자신을 발견하게 될 것이다. 그녀가 주님의 위대하심을 보게 되면, 자기가 누구인지 그리고 주님이 자기를 얼마나 귀하게 여기시는지 금방 이해하게 될 것이다. 결론적으로, 그녀는 주님의 형상을 지니고 주님의 영광이 밖으로 드러나도록 그 영광을 비추게 될 것이다.

나는 우리가 지금 제2의 종교개혁의 한복판에 있다고 믿고 있다. 혁명이라고 하는 게 더 맞는 말일지도 모른다. 첫 번째 종교개혁은 성경을 해방했었는데, 새로운 종교개혁은 신부를 해방하는 것이다. 그녀만이 이 땅에서 하나님의 형상을 드러내는 존재이다. 그리고 신비스럽게 들릴 수도 있겠지만, 이 아름다운 여자는 자신들을 오직 예수 그리스도께만 드려 그분이 전부가 된, 그분의 눈으로 자신들을 보는 그리스도인들의 무리 안에서 태어나게 된다.

영광스러운 그녀, 그렇지만 잊혀진 이 여인은 단순히 성경에 나오는 비유나 신학적인 이론이 아니다. 그녀는 실지로 존재하는 인격체이다. 그리고 그녀는 이 지구상의 어떤 도시를 막론하고 그곳에서 태어나기만을 기다리고 있다. 그녀는 방방곡곡 어느 마을에서든지 거기서 자신을 드러낼 날만 기다리고 있다.

당신은 그녀의 해산의 고통을 느끼고 있는가? 그녀가 울부짖는 소리를 듣고 있는가?

Chapter 07
타락했지만 소중한 존재

의인을 위하여 죽는 자가 쉽지 않고 선인을 위하여 용감히 죽는 자가 혹 있거니와 우리가 아직 죄인 되었을 때에 그리스도께서 우리를 위하여 죽으심으로 하나님께서 우리에 대한 자기의 사랑을 확증하셨느니라 _롬 5:7~8

지금까지 우리는 하나님의 위치에서 본 교회의 모습을 살펴봤다. 그리스도의 신부의 하늘 쪽 모습을 보았다고 할 수 있다. 이 단원에서는, 땅에서 본 그녀의 모습에 초점을 맞추고자 한다.

나는 다음과 같은 질문을 던지며 시작하겠다. 주님은 어디서 그의 신부를 취하셨는가? 시간이 존재하기 전에 하나님 아들의 옆구리에서 취하셨다.엡1:4 이제 질문 하나 더, 시간과 공간이 존재하는 창조 이후에는 그의 신부를 어디서 취하셨을까? 타락해서 더럽고 부패한 이 세상에서 취하셨다.

이것은 요한복음 3:16을 새로운 시각으로 보게 해준다. "하나님이 세상을 이처럼 사랑하사 독생자를 주셨으니" 하나님 아버지께서 자신의 아들을 이 타락한 세상에 주셔서, 이 세상에서 아들의 신부를 얻게 하셨다. 아버지께서 아들에게 "내게 구하라 내가 이방 나라를 네 유업으로 주리니"시2:8 라고 말씀하셨다.

한편으론, 교회는 전혀 타락을 경험한 적이 없다. 그녀는 창세 전에 이미 그리스도 안에 있었다. 타락 이전에 하와가 아담 안에 있었듯이 교회도 영원토록 그리스도 안에 있는 존재이다. 그런데 다른 한편으론, 교회는 타락한 사람들로 이루어져 있다. 상당히 모순된 얘기가 아닐 수 없다.

신부와 고대 이스라엘

하나님께서 그리스도의 신부의 모형을 창조하신 것은, 타락한 본성이 있음에도 하나님이 그녀를 얼마나 사랑하시는지를 우리 모두에게 보여주려 하심이다. 그 모형이 이스라엘이었다. 구약성경의 선지자들은 이스라엘이 하나님께서 사랑하시는 신부이고 하나님 자신이 그녀의 남편이심을 끊임없이 선포했다. 사54:4~8, 61:10, 62:4~5; 렘2:2, 3:6~7, 12~14; 겔16:3~9; 호2:2, 16~20

하나님과 이스라엘 간의 결혼 관계는 항상 살얼음판을 걷듯 불안한 상태였다. 어떤 때는 비참하기까지 했다.

전능하신 하나님께서 그녀를 어릴 적부터 사랑하셨다. 하나님은 그녀를 비참했던 삶에서 구출해주셨다. 그리고 그녀와 결혼하셔서 위대한 나라의 고귀한 왕비가 되게 하셨다. 그러나 비극적으로, 그녀가 하나님으로부터 등을 돌리고 말았다. 그녀는 첫 사랑을 떠나 흑심을 잔뜩 품은 다른 남자들을 따라다녔다. 한두 번도 아니고 이것이 아예 몸에 배어 있었다.

그 결과, 주님은 질투로 가득한 남편처럼 극심한 고통을 겪을 수밖에 없었다. 그럼에도, 비탄에 빠진 하나님께서는 이런 부정한 여자를 끈질기게 찾아다니셨다. 하나님은 그녀가 어찌 되었든 상관없이 그녀를 사랑하셨고 그녀를 포기하실 생각이 없으셨다. 하나님께서 이스라엘과 갈라서서 자신의 정당성을 주장하실 수도 있었다. 그녀에게서 등을 돌리시고 그녀가 죄 가운데서 비참하게 살도록 내버려두실 수도 있었다. 그러나 오히려 주님은 그녀를 소중히 여기시고, 더럽고 추한 상태에 있는 그녀를 그대로 받아주셨다. 그리고 마침내, 하나님의 조건 없는 사랑은 그녀의 마음을 감동시켜서 그분께로 돌아오게 했다. 사그라질 줄 모르는 하나님의 열정이 그녀의 마음을 움직여 결국 그녀는 남편에게로 돌아왔다.

그리스도께서 탄생하시기 약 8백 년 전에, 이스라엘이 남편에게 준 고통의 극심함을 드러내시려고 하나님께서 한 선지자를 부르셨다. 하나님께서 호세아에게 고멜이라는 창기와 결혼할 것을 명하셨는데, 그녀는 호세아에게 등을 돌리고 간음하기를 밥 먹듯 할 여자였다. 놀랍게도, 하나님은 호세아에게 부정한 그녀를 한결같이 사랑하라고 하셨다. 아래의 성경 말씀은 그의 백성을 향한 하나님의 흔들리지 않는 사랑을 이해하도록 도우미 역할을 해줄 것이다.

> 여호와께서 너희를 기뻐하시고 너희를 택하심은 너희가 다른 민족보다 수효가 많기 때문이 아니니라 너희는 오히려 모든 민족 중에 가장 적으니라 _ 신 7:7

이것을 쉽게 풀어쓰면 "내가 너희를 사랑한 것은 너희가 무엇을 잘해서가 아니다. 내가 너희를 택한 이유는 너희와 사랑에 빠졌기 때문이다. 그게 전부다." 이 말씀으로 모든 부담이 사라져버리지 않는가?

내가 좋아하는 러브 스토리 중에 니콜라스 스팍스가 만든 *The Notebook*이라는 영화가 있다. 내가 특히 좋아하는 로맨스 영화이다. 이 감동적인 영화에서, 노아는 꿈에 그리던 여인인 알리를 만난다. 처음엔 알리가 그에게 별 관심이 없었지만, 얼마 지나지 않아 둘은 깊이 사랑에 빠지게 된다.

그들의 짧은 연애기간 동안, 알리는 자기가 꿈꾸는 집을 나중에 지어줬으면 하고 노아에게 그 소원을 얘기했다. 그리고 그 집에 대해 자세히 설명을 해주었다. "나는 하얀 집에 파란 대문이 있었으면 해. 또 강이 내려다보이는 방에서 그림을 그리면 좋겠어."

노아가 "다른 것은 없어?"라고 물었다.

"아, 또 있지."하며 알리는 말을 이었다. "집 전체를 빙 둘러 큰 발코니가 있으면 좋겠어. 거기서 우리가 차도 마시고 저녁노을도 보고 할 수 있으니까."

노아의 대답은 짧지만 단호한 "오케이"였다.

이에 알리가 물었다. "약속할 수 있어?"

노아는 다시 짧게 "약속할게."라고 대답했다.

그런데 둘의 관계를 못마땅히 여기는 알리 어머니의 반대로 둘은 헤어져야만 했다. 여러 해 동안, 그들은 연락이 끊어진 채로 각자의 길을 가게 되었다. 알리는 다른 남자와 사랑에 빠졌지만, 알리를 사랑하는 노아의 마음은 멀리 떨어져 있어도 변치 않았다. 오랫동안 연락이 두절된 채로 지냈지만, 노아는 마음속 깊이 언젠가는 알리가 그에게 돌아올 것이라고 믿고 있었다. 그래서, 그는 알리가 꿈꿨던 집을 짓기 시작했다. 물론 그녀가 말해준 그대로.

이 이야기의 결말을 얘기해서 아직 영화를 보지 않은 사람들의 흥미를 반감시키고 싶지는 않지만, 이것은 전형적인 첫 사랑의 이야기이다. 그리고 이런 노아의 사랑은 신부타락했지만 거룩한 존재를 향한 그리스도의 조건 없는 사랑을 보여주는 모형이라 할 수 있다.

당신과 나는 창세 전에 그리스도 안에서 거룩하고 흠 없는 존재로 택함을 받았다. 우리가 하나님 아버지의 사랑스러운 아들 안에 있으므로, 우리는 하나님의 끊을 수 없는 사랑의 대상이다. 그러나 시작 때 마지막을 보시고 마지막 때 시작을 보시는 하나님께서, 당신과 내가 태어나지도 않았을 때 이미 이 지구상에 사는 우리를 보셨다.

우리의 끈질긴 추적자

우리가 이 세상에 올 때 우리는 죄 중에서 태어났다. 타락했고 불의한 상태로.롬3:10~23 그러나 하나님은 한결같이 우리를 사랑하셨다. 사실, 하나님은 우리를 찾고 또 찾으셨다. 그리고 열정적인 그분의 사랑은 날로 강렬해져 갔다. 바울이 전한 복음에 귀 기울여보라.

> 의인을 위하여 죽는 자가 쉽지 않고 선인을 위하여 용감히 죽는 자가 혹 있거니와 우리가 아직 죄인 되었을 때에 그리스도께서 우리를 위하여 죽으심으로 하나님께서 우리에 대한 자기의 사랑을 확증하셨느니라 _롬 5:7~8

> 율법이 들어온 것은 범죄를 더하게 하려 함이라 그러나 죄가 더한 곳에 은혜가 더욱 넘쳤나니 이는 죄가 사망 안에서 왕 노릇 한 것 같이 은혜도 또한 의로 말미암아 왕 노릇 하여 우리 주 예수 그리스도로 말미암아 영생에 이르게 하려 함이라 _롬 5:20~21

> 전에는 우리도 다 그 가운데서 우리 육체의 욕심을 따라 지내며 육체와 마음의 원하는 것을 하여 다른 이들과 같이 본질상 진노의 자녀이었더니 긍휼이 풍성하신 하나님이 우리를 사랑하신 그 큰 사랑을 인하여 허물로 죽은 우리를 그리스도와 함께 살리셨고 너희는 은혜로 구원을 받은 것이라 _엡 2:3~5

우리가 아직 타락한 상태로 있었을 때, 우리의 영혼을 사랑하시는 주님께서 우리를 끈질기게 찾으셨다. 우리가 하나님을 거역했을 때도 그분의 사랑은 변함없었다. 실은, 우리가 태어나기도 전에 하나님은 우리가 하나님을 거역할 것을 알고 계셨다. 하지만, 그것이 그리스도 안에서 우리를 택하셔서 자녀로 삼으시려는 하나님의 사랑을 막을 수는 없었다.

여기서 잠깐 당신의 인생에서 가장 끔찍했던 날을 떠올려보라. 당신이 가장 후회하는 일을 했던 그 순간으로 가보라. 이제 당신은 다음의 한 가지 사실에 큰 위로를 받게 될 것이다. 당신의 하나님 아버지께서는 창세 전에 그분의 아들 안에서 당신을 택하셨을 때 그날을 보고 계셨다. 시간이 존재하지 않은 그때, 하나님은 당신과 나의 가장 후회스러운 순간을 보시고 그리스도의 신부 지체로 우리를 택하셨다. 이 얼마나 놀라운 주님인가! 이것이 기쁜 소식이 아니라면, 무엇이 그렇단 말인가?

주 예수 그리스도는 여전히 당신과 나를 찾고 찾으시는 끈질긴 추적자이시다. 예수님과 함께 지냈던 제자들 중에 요한이 예수님과 가장 친밀한 관계를 맺었던 것 같다. 그는 종종 '사랑의 사도'라고 불린다. 그 이유는? 신약성경에 등장하는 '사랑'이라는 단어의 40퍼센트가 요한이 쓴 책들에 있기 때문이다. 이것에 덧붙여, 요한복음에 보면 요한이 다섯 번씩이나 자신을 '예수께서 사랑하시는 제자'라고 표현했다. 요13:23, 19:26, 20:2, 21:7,20

신앙이 어렸을 때 나는 이것이 꽤 궁금했었다. 어째서 요한이 주님의 마음에 그런 중요한 자리를 차지하고 있었을까? 이 질문에 대한 답을 요한에게서 직접 들어보자.

태초부터 있는 생명의 말씀에 관하여는 우리가 들은 바요 눈으로 본 바요 자세히 보고 우리의 손으로 만진 바라 이 생명이 나타내신 바 된지라 이 영원한 생명을 우리가 보았고 증언하여 너희에게 전하노니 이는 아버지와 함께 계시다가 우리에게 나타내신 바 된 이시니라 우리가 보고 들은 바를 너희에게도 전함은 너희로 우리와 사귐이 있게 하려 함이니 우리의 사귐은 아버지와 그의 아들 예수 그리스도와 더불어 누림이라 _요일 1:1~3

그리고,

하나님이 우리를 사랑하시는 사랑을 우리가 알고 믿었노니 하나님은 사랑이시라 사랑 안에 거하는 자는 하나님 안에 거하고 하나님도 그의 안에 거하시느니라 이로써 사랑이 우리에게 온전히 이루어진 것은 우리로 심판 날에 담대함을 가지게 하려 함이니 주께서 그러하심과 같이 우리도 이 세상에서 그러하니라 사랑 안에 두려움이 없고 온전한 사랑이 두려움을 내쫓나니 두려움에는 형벌이 있음이라 두려워하는 자는 사랑 안에서 온전히 이루지 못하였느니라 우리가 사랑함은 그가 먼저 우리를 사랑하셨음이라 _요일 4:16~19

마지막 문장을 주목해보라. "우리가 사랑함은 그가 먼저 우리를 사랑하셨음이라" 요한은 그를 향한 주님의 사랑을 아주 깊이, 그리고 분명하게 알고 있었다. 이런 깨달음이 요한에게 얼마나 실제적이었던지, 그는 예수님께서 다른 제자들보다 그를 더 사랑한다고 느꼈다. 이것이 요한의 마음속에서 주님을 향한 그의 열정적인 사랑을 불러일으켰던 것이다.

그 결과, 요한의 주님께 대한 헌신은 흔들림이 없었다. 그는 예수님께서 돌아가시는 순간에 남자 제자로서는 유일하게 예수님과 함께 있었다. 다른 제자들은 다 도망가버렸을 그때. 여자 제자들은 그때 함께 있었다. 다음은 요한 일서 1:1~3과 4:16~17을 알기 쉽게 풀어 써본 것이다.

나는 예수 그리스도 안에서 하나님의 사랑을 보았고, 만졌고, 경험했다. 나는 4년 가까이 예수님과 함께 살았다. 이 영광스러운 주님을 알게 된 것은 직접적인 체험에서 나온 것이다. 나는 나를 향한 주님의 사랑을 맛보았다. 그것은 한결같은 사랑이었다. 나는 그 사랑에 압도되었고 사로잡혔다. 그래서, 이 영광스러운 주님의 사랑을 거부할 힘이 내게는 없었다. 그저 주님을 사랑할 수밖에 없었다. 주님은 내 마음을 사로잡으셨고 나의 존재를 송두리째 소유하셨다. 아낌없이 낭비하시는 주님의 사랑이 나를 삼켜버렸다. 내가 아는 한, 나는 주님이 가장 사랑하시는 존재이다. 주님은 그 무엇보다, 그 누구보다 나를 사랑하신다.

요한복음 전체에서, 우리는 상사병에 걸린 듯한 하나님의 못 말리는 열정을 보게 된다. 예를 들면, 요한복음 17:23에서 예수님을 믿는 모든 자들을 위해 기도하시는 예수님을 만나게 된다. 그 기도에서 예수님은 다음과 같은 놀라운 말씀을 하셨다. "아버지께서 나를 사랑하신 것 같이 그들도 사랑하십니다" 그리고 요한복음 15:9에서는, 주님께서 다음과 같이 말씀하셨다. "아버지께서 나를 사랑하신 것 같이 나도 너희를 사랑하였으니"

다음의 질문을 생각해보라. 아버지께서 어떻게 예수님을 사랑하셨는가? 완전한 사랑으로 사랑하셨다. 이 사랑 안에 무슨 두려움이 있었는가? 예수님께서 아버지를 두려워하셨는가? 예수님께서 아버지를 무서워하셨는가? 이 질문들에 대한 대답은 절대로 '아니다' 이다.

이제 아버지께서 예수님을 사랑하신 것처럼 예수님도 자신의 신부를 사랑하신다. 두려움의 고통이 없는 이런 사랑이 완전한 사랑이다.

나는 하나님을 두려워하는 그리스도인들을 만날 때마다 가슴이 아프다. 당신이 하나님의 자녀라면, 당신의 주님을 무서워해야 할 이유가 없다. "하나님을 경외함fear of the Lord"이라는 성경의 말씀은 공포나 두려움과는 관계없다. 그것은 하나님을 향한 거룩한 경외심과 하나님의 능력에 대한 경탄과 존중을 의미한다. 하나님의 사랑을 받는 사람은 하나님을 경외한다. 그리고 하나님의 능력에 감탄한다. 그렇지만, 하나님의 대적들은 하나님을 두려워한다. 그리고 하나님의 능력 앞에 무서워서 벌벌 떠는 것이다.

절대로 이 둘을 혼동하지 말라.

비극적인 것은 많은 그리스도인이 두려움과 공포심을 하나님과 연관시킨다. 그들의 눈에 하나님은 하늘에 있는 큰 'Soup Nazi'이다. 완벽한 절차를 따라 수프를 주문하지 않으면 이내 쌀쌀맞게 소리를 지른다. "No soup for you!"당신에겐 수프를 줄 수 없어! 이것은 미국 TV 드라마인 Seinfeld에 나오는 괴팍한 식당 점원이 손님을 무례하게 대하는 행동에서 따온 것임. 하도 못되게 굴어서 손님들이 '수프 담당 나치' 히틀러 때의 나치를 빗댄 말라는 별명을 붙여줌.-역자 주

만일 당신이 하나님을 이런 분이라고 생각한다면, 이것은 아주 잘못된 생각이다.

다른 한편으로, 어떤 사람들은 또 하나님이 긴 수염을 달고, 빨간 모자를 쓰고, 항상 웃고, 온갖 좋은 선물을 담은 큰 주머니를 가진 분인 줄 안다. 산타클로스처럼 생각한다는 말이다. 이것도 똑같이 뒤틀린 하나님의 이미지이다.

하나님을 두려워하는 것은 우리를 마비시킨다. 그것은 사랑으로 충만하신 우리 하나님을 낯설고 생소한 분으로 만들어버린다. 그렇지 않다. 당신과 나를 향한 주님의 사랑은 완전한 사랑이다. 하나님 아버지께서 자신의 아들을 사랑하시는 것 못지않게 우리를 사랑하신다. 하나님께서 우리를 사

랑하시는 사랑은 비할 데 없는 사랑이고, 불타오르는 열정적인 사랑이고, 굽힐 줄 모르는 사랑이고, 파괴될 수 없는 사랑이다.

지식에 넘치는 그리스도의 사랑을 알고 _엡 3:18

하나님의 변치 않는 사랑

아마 당신은 이런 생각을 할지도 모른다. 내가 하나님께 죄를 지으면 어쩌지? 당신의 죄는 당신을 향한 하나님의 사랑을 한 치도 바꿀 수 없다. 당신이 죄를 지어 넘어지면, 뒤로 넘어지지 말고 앞으로 넘어지도록 하라. 당신을 향한 하나님의 사랑은 절대로 변하지 않으므로, 죄를 지으면 주님께로 달려가라. 주님으로부터 도망치지 말고.

당신이 잘못을 범하기 전에 하나님께서 당신의 그 잘못을 보셨다는 사실을 기억하라. 그 말은 하나님께서는 그것들을 보시고 놀라시지 않는다는 말이다. 당신이 죄를 짓는다고 해서, 당신을 어머니의 태 안에 생기기도 전에 택하셨다는 사실이 무효가 되는 것은 아니다. 사실, 죄책감과 정죄로 하나님을 멀리 하는 것이 그런 감정을 만들어낸 죄 자체보다 하나님 마음을 더 아프게 한다. 이것을 깊이 묵상해보라.

당신에게 자녀가 있다면 어떤 것이 당신의 마음을 더 아프게 할지 따져보라. 당신을 불순종해서 제멋대로 한 행동인가, 아니면 그 잘못된 행동 때문에 당신이 자기를 버리고 말 것이라는 두려움인가? 대다수 부모에겐 아마 후자일 것이다.

주님으로부터 도망쳐 숨는 것은 영적인 전염병이다. 그것은 우리의 피와 골수 속에 흐르고 있다. 이것은 부끄러운 나머지 하나님으로부터 자신의 모습을 숨겼던 첫 사람에서 시작되었다.창3:8~10 그러나 아담에게 하셨던 것처럼 하나님은 당신의 벌거벗은 수치를 가려주셨다. 짐승의 가죽이 아닌, 하나님의 아들의 의로 옷 입혀주셨다. 이런 이유로, 주님은 당신이 타락한 것에 개의치 않으시고 당신이 주님을 사랑하도록 초청하신다.

> 하나님이 죄를 알지도 못하신 이를 우리를 대신하여 죄로 삼으신 것은 우리로 하여금 그 안에서 하나님의 의가 되게 하려 하심이라 _고후 5:21

이것을 마음에 깊이 새기도록 하라. 주님은 아무런 단서나 조건이 없이 우리를 사랑하신다. 그리고 주님을 향한 당신의 사랑이 당신을 향한 주님의 사랑을 늘이거나 줄이거나 할 수 없다. 당신에게 선한 행실이 많건 부족하건 간에 그것은 당신을 향한 주님의 사랑에 아무런 영향을 끼칠 수 없다. 하나님은 자신의 아들 안에서 당신을 택하셨다. 그리고 하나님은 그의 아들을 조건 없이 사랑하신다.

그래서, 당신이 사랑받을 자격이 없다고 느낄 때에도 하나님은 당신을 사랑하신다. 다른 사람이 당신을 버려도 하나님은 당신을 사랑하신다. 주님은 영원무궁한 사랑으로 당신을 사랑하신다.렘31:3 그리고 사랑받지 못하는 사람을 불러 사랑받게 하시는 것이 하나님의 본성이다.롬9:25

주님은 타락한 우리 인간들과는 다르다. 하나님의 사랑은 눈에 보이는 어떤 것과도 얽매여있지 않다. 자신의 백성을 향한 하나님의 애끓는 열정은 인간의 사랑과는 차원이 다르다. 당신이 말하거나 행하는 그 어떤 것도 그 열정을 축소할 수 없다. 그 열정은 하나님의 신성함에서 나온다. 우리가 사랑스럽지 않을 때도 하나님은 먼저 우리를 사랑하셨다. 그리고 이것은 절대 변치 않는다.

성경은 하나님의 독특한 사랑을 펼쳐보여준다. 우리는 이 캄캄한 세상에서 구출되어 "그의 사랑의 아들"골1:13의 나라로 옮겨졌다. 그 이유는? "하나님이 우리를 사랑하신 그 큰 사랑"엡2:4 때문이다. 하나님께서 자신의 백성에게 약속하신 말씀에 귀를 기울여보라.

내가 영원한 사랑으로 너를 사랑하기에 인자함으로 너를 이끌었다 하였노라_렘 31:3

고로, 힘을 내라. 당신은 하나님이 "이처럼 사랑하사"라고 하신 그 사랑의 대상이다. 하나님은 자신에게로 당신을 이끄셨다. 당신이 하나님께로 향할 때마다, 변치 않는 자비로 충만하신 하나님께서 활짝 웃는 얼굴로 당신을 맞아주실 것이다. 당신은 자신이 무가치하다는 생각에 빠져있는가? 당신의 죄 때문에 낙담하고 있는가? 이것을 기억하라. 당신의 주님이 피로 얼룩진 십자가에 달리셨을 때, 주님은 당신과 내가 처한 어떤 것보다 더 심각한 상황을 겪으셨다. 예수님은 말 그대로 죄가 되셨다. 사53:4; 고후5:21 극단적이고 과격한 표현처럼 들리지만 이렇게 표현할 수밖에 없다. 세상의 모든 죄들, 즉 과거, 현재, 미래의 죄가 몽땅 예수님께 놓였다. 그리고 예수님은 죄의 화신이 되셨다. 하지만, 그럼에도 하나님 아버지께서는 예수님을 여전히 사랑하셨다.

정리하자면, 당신이 가장 무가치하다고 느끼는 바로 그 순간이 당신이 가장 환영받는 때이다.

그러므로 우리는 긍휼하심을 받고 때를 따라 돕는 은혜를 얻기 위하여 은혜의 보좌 앞에 담대히 나아갈 것이니라_히 4:16

우리가 그 안에서 그를 믿음으로 말미암아 담대함과 확신을 가지고 하나님께 나아감을 얻느니라 _엡 3:12

만일 우리가 우리 죄를 자백하면 그는 미쁘시고 의로우사 우리 죄를 사하시며 우리를 모든 불의에서 깨끗하게 하실 것이요…나의 자녀들아 내가 이것을 너희에게 씀은 너희로 죄를 범하지 않게 하려 함이라 만일 누가 죄를 범하여도 아버지 앞에서 우리에게 대언자가 있으니 곧 의로우신 예수 그리스도시라 그는 우리 죄를 위한 화목 제물이니 우리만 위할 뿐 아니요 온 세상의 죄를 위하심이라 _요일 1:9, 2:1~2

우리 형제들을 참소하던 자 곧 우리 하나님 앞에서 밤낮 참소하던 자가 쫓겨났고 또 우리 형제들이 어린 양의 피와 자기들이 증언하는 말씀으로써 그를 이겼으니 _계 12:10~11

결과적으로, 만일 '형제들을 참소하던 자'가 당신과 나의 죄 때문에 참소한다면, 주님은 다음과 같이 대답하실 것이다. "너무 늦었구나. 사단아. 내가 벌써 그들과 사랑에 빠졌단다. 늦어서 어쩌지? 내가 나의 중심에 있는 자비로 이미 그들에게 은혜를 베풀었단다. 이제 너무 늦었다. 그들은 이제 무죄이다. 그들은 이미 용서를 받았다. 내 아들의 피가 그들을 깨끗하게 씻어주었다."

이것이 당신의 마음을 움직여야 하고, 당신을 감동시켜야 한다. 이것이 당신을 가만있지 못하게 하고, 당신을 압도해야 한다. 오, 상상할 수 없이 깊은 그리스도의 사랑이여! 이 얼마나 놀랄만한 사랑인가? 이 얼마나 완벽한 사랑인가? 이 얼마나 요지부동한 사랑인가? 이 얼마나 변치 않는 사랑인가? 이것이 바로 하나님께서 당신을 사랑하신 그 사랑이다.

  이 사랑을 받아들이라, 그리고 이 사랑을 하나님께 돌려드리라.

  마지막 때, 예수 그리스도께서 주님 되심을 모든 사람에게 알게 하셔서 그들의 무릎을 꿇게 하실 것이다.롬14:10~11; 빌2:10 그러나 예수 그리스도의 무릎을 꿇게 할 존재가 이 우주에 딱 하나 있다. 바로 찬란하게 빛나는 그분의 신부이다. 왜냐하면, 그분이 그녀에게 프러포즈했기 때문이다.

  그러므로 기뻐하라. 당신은 주님의 사랑을 독차지하는 이 여자의 지체가 되고자 선택받았기 때문이다.

Chapter 08
낭비하는 사랑

이러므로 내가 네게 말하노니 그의 많은 죄가 사하여졌도다 이는 그의 사랑함이 많음이라 사함을 받은 일이 적은 자는 적게 사랑하느니라 _눅 7:47

신약성경에서 여자들의 이야기가 차지하는 비중은 꽤 높다. 그들은 예수님의 사역에 필요한 재정을 지원했다.눅8:1~3 또 예수님의 남자 제자들보다 더 충성스러웠다. 예수님께서 십자가에 달려 돌아가시는 순간까지도 그와 함께 있던 것을 보면 이를 알 수 있다. 그런데 신약성경에 나오는 여자들 중 막달라 마리아에 필적할 만한 사람은 아마 없을 것이다.

막달라는 갈릴리 호숫가에 있었던 마을이다. 그곳은 매우 불결하고 난잡한 마을로써 매춘이 성행하는 곳으로 알려졌었다. 그 마을의 여자들 중 상당수는 어릴 적부터 죄짓는 것이 자연스럽게 몸에 배어 있었다. 마리아가 바로 그런 여자였다. 어린 나이에 마리아는 몸을 팔아 사는 법을 익혔던 것 같다. 그녀는 매춘부, 곧 밤의 여자가 되었다.

이런 절망적이고, 죄 많고, 귀신 들린 창기가 그녀의 영혼을 사랑하시는 주님을 만나게 될 줄은 아무도 몰랐다. 그리고 그 결과로, 역사상 수많은 사람이 그녀의 얘기를 듣게 될 줄을 어떻게 알았겠는가?

약간의 상상력신성한 상상력?을 발휘해서 이 여자의 얘기를 재구성해보려 한다. 이제 1세기 때로 돌아가서 놀라운 주님을 대면하는 이 놀라운 여자를 만나보자.2)

절망적인 사람이 신성한 충만을 만나다

때는 AD 28년, 팔레스타인 땅에 살던 사람 대부분처럼 막달라 마리아도 나사렛 예수라는 선지자가 기적을 행한다는 소식을 들었다. 예수라는 사람이 어디를 가든지 병자를 고치고 귀신을 내쫓는다는 내용이었다. 최근에 마리아는 갈릴리의 나인이라는 마을로 이사했는데, 이 즈음 그녀의 영혼은 절망으로 가득했다. 그녀는 십 대 때부터 몸을 팔아 생계를 유지해왔기 때문에, 항상 우울증과 자살 충동에 시달렸고 여러 해 동안 일곱 귀신에 시달려왔었다.눅8:2 성인이 된 그녀의 삶에 남아 있는 것이라곤 고통과 좌절과 불결함뿐이었다.마12:45

마침내 그날이 왔다. 마리아는 예수님께서 나인에 오셨다는 소식을 들었다. 아울러, 예수님이 죽은 사람을 살려내셨다는 소문이 그녀에게 속속 날아들었다.눅7:11~17 이에 그녀는 집을 나섰고 곧 예수님을 찾아냈다. 그리고 예수님 말씀의 권위에 압도되어 그 자리에서 꼼짝 않고 듣고 있었다. 그녀는 또 이제까지 어떤 남자에게서도 보지 못했던 자비와 순결함을 그에게서 느꼈다.

예수님은 말씀을 마치시고 병자들을 위해 기도하기 시작하셨고, 그때 마리아는 겁도 없이 예수님께로 다가갔다. 다정한 눈으로 그녀를 쳐다보시

---

2) 대부분의 전통적인 학자들과 고대 교회 역사의 증언에 따르면, 막달라 마리아는 누가복음 7:36~50에 등장하는 이름을 알 수 없는 여인이라고 한다. 그녀와 베다니의 마리아, 즉 예수님의 공생애 마지막 부분에 나사로의 집에서 주님께 기름을 부은 여자와 혼동하면 안 된다.

던 예수님에게 그 순간 번뜩이는 계시가 임했다. 마리아를 기억해내신 것이다. 그녀가 창세 전에 자신의 영광스러운 신부의 지체로 택함 받은 사실을 기억하셨다.

이에 예수님께서 그의 손을 마리아의 머리 위에 얹으시자, 그녀의 눈에서는 눈물이 흘러내리기 시작했다. 주님은 비상한 권위로 짧게 외치셨다. "악한 귀신아, 내가 명하노니 그녀에게서 나와서 다시는 들어가지 말지어다!"

즉시로, 마리아는 큰 소리로 울부짖으며 의식을 잃은 것처럼 예수님 앞에 쓰러졌다. 지켜보던 사람들은 그녀가 죽었다고 생각했지만, 주님은 그녀가 잠을 잔다고 하셨다. 얼마 후에 깨어난 마리아는 자신이 깨끗해지고 온전해졌음을 느끼게 되었다. 천진난만 했던 어린 시절 이후 이런 느낌은 처음이었다. 그녀의 눈에서 다시 하염없는 눈물이 흘러내렸다.

마리아는 곧 예수님을 찾았지만, 그는 벌써 어디론가 가버리고 없었다. 누군가 그녀에게 예수님이 어떤 바리새인의 저녁식사에 초청받아 가셨다고 일러주었다. 감사의 눈물과 기쁨으로 충만한 그녀는 곧장 예수님을 찾아 나섰다. 마리아에게는 그녀가 가장 아끼는 소중한 자산이 하나 있었는데, 그것은 그녀의 목에 걸려 있던 비싼 향유로 가득 찬 옥합호리병이었다. 그 옥합은 그녀의 저축통장 같은 것으로써, 몸을 팔아 번 돈으로 틈틈이 향유를 사서 그 안에 담아두었다. 마리아는 이것을 예수님께 대한 감사의 표시로 드리고 싶었다. 앞뒤 사정 안 가리고 아무런 계산도 없이 그냥 드리고 싶은 마음뿐이었다.

마리아가 부지런히 예수님 계신 곳을 찾고 있을 때 누군가가 손으로 바리새인 시몬의 집을 가리켰다. 시몬이 예수님을 저녁식사에 초대했던 것이다. 이제 시몬의 집으로 가서 무슨 일이 벌어지고 있는지를 지켜보자.

수치를 모르는 사랑의 스캔들

시몬은 평소에 소문이 자자한 예수라는 이름을 가진 선지자에게 지대한 관심이 있었다. 예수님에 관해 많은 이야기를 들었기 때문이다. 시몬은 바리새파라고 불리는 소위 '죄인이 아닌' 부류에 속했다. 그들은 자칭 하나님 나라의 감시자였고, 죄를 다루는 데 있어 sin management 전문가 집단이라고 자처하고 있었다. 스스로 보기에 자신들은 죄 위에 있으며, 다른 사람들이 죄를 덜 짓도록 관리해주는 것이 그들의 '사역'이라고 믿었다. 이제 시몬과 그의 바리새파 동료는 나사렛 출신 선지자를 아주 가까이에서 보고 인터뷰할 기회를 얻게 되었다.

예수님은 그날 최고의 손님으로 그 자리에 참석하셨다. 그러나 시몬은 유대인들이 의례적으로 손님에게 베푸는 호의를 다 생략해버렸다. 예수님을 입맞춤으로 맞이하지 않았고, 머리에 기름을 바르지도 않았으며, 발을 씻어주지도 않았다. 시몬이 자신의 집으로 모신 분이 그가 평생 섬겨왔던 바로 그 하나님이라는 사실을 주목하라. 하지만, 안타깝게도 그는 그것을 알지 못했다. 예수님은 시몬이 집주인으로서 자신에게 무례를 범한 것에 대해 한 말씀도 하시지 않았다. 그냥 시몬과 그의 동료와 함께 식탁에 기대어 앉으셨다.

그때 문이 열리고 막달라 마리아가 걸어 들어왔다. 그녀는 초대받은 적이 없었지만, 아무런 부끄럼도 없이 나타났다.*

마리아는 들어와서 금방 예수님을 알아보고, 이내 눈물을 흘리기 시작했다. 그리고는 곧장 예수님께로 다가가더니 가능한 한 제일 높은 위치에 자리를 잡았다. 바로 예수님의 발 앞이었다. 마리아가 예수님 앞에 무릎을 꿇었을 때 그녀의 눈물이 그의 발 위로 떨어졌다. 그리고 목에 걸고 있던 비싼 향유를 담은 옥합을 열어 주님의 발에 쏟아 부었다. 이에, 떨어져 내리던 눈물과 향유가 범벅되어 예수님의 발을 흥건히 적셨다. 그다음, 마리아는 도가 지나친 행동을 하기 시작했다. 아니, 스캔들 나기에 딱 맞는 행동이라고 해야 할 것이다. 예수님의 발에 입을 맞추기 시작했던 것이다. 그리고 얼마 동안 그치지 않고 계속했다. 헬라어 원문에 보면, 마리아가 예수님의 발을 입맞춤으로 "덮어씌우다시피 했다"는 의미가 담겨있다.

그런데 그다음에 벌어진 일은 시몬과 그의 바리새파 동료를 경악시키기에 충분했다. 마리아가 머리를 풀어헤치더니 그 머리털로 주님의 발을 씻었던 것이다. 그 당시엔 여자가 공개적인 장소에서 머리를 푸는 행위는 보통 스캔들이 아니었다. 오늘날로 치면 여자가 웃통을 벗은 것이나 다름없다.

바리새인들은 충격을 받고 굴욕감을 느꼈다. 그녀의 외모를 봐서 창기임이 틀림없었다. 그 당시에 창기는 죄인의 대명사였다. 의심의 여지가 없었다. 이에 그들은 격노했다. 왜 그랬을까? 그들이 뻔뻔스러운 도색적인 행위 머리를 풀고 발에 입맞추는 것라고 생각하는 짓을 소위 선지자라는 예수가 제지하지 않았기 때문이다.

이것을 주목하라. 예수님께서 전혀 그녀를 꾸짖지 않으셨다.

바리새인들은 속으로 예수라는 이 사람은 선지자일 리가 만무하다고 생각했다. 만일 그렇다면 그 죄인이 자신에게 그런 남부끄러운 짓을 하도록 내버려두지는 않았을 것이기 때문이다. 예수님께서 그들의 생각을 감지하셨지만, 그것을 개의치 않으셨다. 주님은 그녀가 누구인지를 정확히 아셨다. 그녀는 창세 전에 주님 안에서 택함을 받은 주님의 영광스러운 신부의 지체였다. 그리고 그녀는 신부가 응당 해야 할 일을 행한 것뿐이다. 부끄럼 없이 주님을 사랑하는 것. 열정적으로 주님을 사랑하는 것. 자신의 것을 다 바쳐 주님을 사랑하는 것. 당신의 주님은 이런 사랑에 대해 전혀 불쾌해하시지 않는다.

예수님은 그의 공생애 전체를 통틀어 이런 사랑을 받아보신 적이 한 번도 없었다.

마리아는 무엇을 하고 있었는가? 그녀는 단지 예수님께서 먼저 베풀어주신 사랑을 그분께 돌려 드렸을 뿐이다.

시몬과 다른 바리새인들은 무엇을 하고 있었는가? 그들은 그녀를 판단하고 정죄하기에 바빴다. 그들의 좁은 생각에, 자신들은 그런 여자와는 질이 다른 부류의 사람들이었다. 그녀는 죄인이고, 그들은 죄와 상관없는 사람들이었다. 사실, 그들은 한심하기 짝이 없는 짓을 하고 있었다. 자기들도 모르는 사이에 그들 자신이 애써 섬겨온 하나님을 판단하고 있었던 것이다.

예수님께서 비유를 들어 말씀하셨다. "빚진 자가 둘이 있는데, 하나는 빚을 많이 졌고 다른 하나는 빚을 조금 졌다. 돈을 빌려준 사람이 마음이 넓어서 둘 다 탕감해주었다." 그리고 나서, 예수님은 시몬에게 다음과 같은 질문을 던지셨다. "시몬아, 그 둘 중 누가 더 사랑하겠느냐?"

시몬이 마지못해 대답했다. "제 생각엔 빚을 더 많이 졌던 사람입니다."

예수님께서 시몬이 정답을 말했다고 칭찬하시고는 다음과 같이 책망하셨다. "내가 네 집에 들어왔을 때 너는 입맞추지 않았지만, 이 여자는 내가 들어올 때부터 내 발에 입맞추기를 그치지 않았다. 시몬아, 너는 내 머리에 기름을 바르지 않았지만, 이 여자는 그녀가 아끼는 향유를 내 발에 부었다. 시몬아, 너는 나에게 발 씻을 물도 주지 않았지만, 이 여자는 눈물로 내 발을 적시고 머리카락으로 닦아주었다. 이 여자의 많은 죄가 사하여졌으므로 그녀가 많이 사랑하는 것이다. 그러나 사함을 받은 일이 적은 자는 적게 사랑한다."

이 비유로 예수님은 바리새인에게 역공을 취하셨다. 하나님께서 손을 들어주신 사람은 시몬이 아니었다. 시몬은 하나님의 사랑이 그의 식탁 바로 앞에 와있었지만, 그 사랑을 알아보지 못했다. 여기서 우리가 복음의 위대한 진리 하나에 직면하게 된다. 당신이 만일 '죄인'이라 불리는 부류에 속하지 않는다면, 당신은 하나님의 은혜 밖에 있는 사람이다.

이 이야기는 바리새인의 마음이 어떤 상태였는가를 엿볼 수 있게 해준다. 바리새인은 자신이 죄인이라는 사실과 완전히 동떨어진 사람이었다. 바리새인은 전능하신 하나님의 자리에 앉아서 다른 사람들을 죄인이라고 정죄하고 있었다. 바리새인은 자기가 죄 중에서도 가장 큰 죄, 즉 자기 의를 내세우고 남을 판단하고 정죄하는 죄를 짓고 있으면서도, 자신을 죄인으로 보지 않았다.

회개 이외에는 그 어떤 것도 구원에 이르게 할 수 없다. 그리고 영적으로 교만한 사람에게는 회개라곤 찾아보기가 어렵다. 따라서 자신이 죄인이라는 사실을 깨닫기 전에는 바리새인에게 구원이라는 것은 있을 수 없다. 왜냐하면, 오직 죄인들에게만 하나님나라에 들어갈 기회를 줬기 때문이다. 스스로 의롭다고 생각하는 사람은 그 기회를 박탈당하고 마는 것이다.

죄 중에서 가장 큰 죄

복음서들을 유심히 살펴보면, 다음과 같은 사실을 꿰뚫어 볼 수 있다. 예수 그리스도는 죄인들의 친구이며 그들의 옹호자이다. 그가 하나님나라로 영접한 사람들은 세리와 강도와 창기와 간음한 여자 같은 사람들이었다. 반면에 예수님은 종교적인 사람들과 스스로 의롭다고 믿는 사람들과 자신이 도덕적으로 흠이 없다고 생각하는 사람들은 심하게 책망하셨다. 이런 것들로는 하나님나라에 들어갈 자격을 얻을 수 없기 때문이다.

당신의 주님은 스스로 의롭다고 믿는 종교적 엘리트들의 화를 돋우는 데 있어 전문가였다. 추측하건대, 복음서의 이야기들에구약은 말할 것도 없이 도덕적으로 흠이 없는 사람들이 별로 등장하지 않는 이유가 아마 이것 때문일 것이다. 복음서에서 도덕적 영웅을 찾기란 쉽지 않다.

이제 예수님과 막달라 마리아와 바리새인들이 함께 있던 그 현장에 현대의 그리스도인이 방문했다고 가정해보자. 스스로 의롭다고 믿는 그리스도인은 아마 다음과 같이 반응할 것이다.

"음… 예수님, 저 여자가 주님께 용서해달라고 빌었나요? 그녀에게서 창기로 살아온 것에 대해 죄송하다는 말을 못 들었는데요. 그녀가 진정으로 회개했는지를 어떻게 알 수 있습니까? 그녀에게 이것에 대해 좀 물어봐도 괜찮겠습니까?"

이것이 바로 바리새인의 태도이다. 우리는 예수 그리스도를 그런 식으로 배운 적이 없다.

재차 강조한다. 다른 어떤 죄보다 더 큰 죄는 자기 의라는 죄와 남을 판단하고 정죄하는 죄이다. 이런 죄들이 하나님나라에 들어가지 못하도록 훼방을 놓는 것이다.

이런 맥락에서, 온 우주에 스스로 의롭다고 할 자격이 있는 존재는 오직 하나뿐이다. 바로 예수 그리스도이시다. 그런데도 그분 안에는 자기 의가 전혀 없다. 우리 주님이 스스로 의롭다 하시지 않는 것을 감사하자. 만약 주님이 그런 태도를 가지셨다면, 우리에겐 아무런 소망도 없다.

나는 주님께서 마리아에게 아무것도 요구하지 않으셨다는 사실에 깊은 감명을 받는다. 주님은 그녀의 부끄럼 없는 당돌한 행동을 그분에 대한 사랑의 증거로 보셨다. 마리아는 비싼 대가를 치르며 예수님을 사랑했다. 그녀는 초대받지도 않고 그 집에 들어가서, 자신을 정죄하는 바리새인들의 따가운 시선에도 아랑곳하지 않고 주님께 사랑을 표현했다.

마리아는 "하나님나라를 침노했고", 부끄럼도 없이 염치불구하고 주님을 사랑했다.마11:12; 눅16:16 하지만, 더 충격적인 것은 자신의 그런 행동을 예수님께서 사랑의 증거로 받아 주실 거라고 그녀가 굳게 믿고 있었다는 사실이다. 마리아는 주님께 대해 두려움이 조금도 없었다. 오직 사랑뿐이었다. 이것만 봐도 예수님께 대한 그녀의 사랑이 어땠는지를 알 수 있다.

누가는 이 이야기를 예수님께서 마리아에게 하신 다음과 같은 말씀으로 마무리했다. "네 죄 사함을 받았느니라. 네 믿음이 너를 구원하였으니 평안히 가라."

여러 해를 그리스도인으로 살아오면서, 나는 다음과 같은 사실을 주시해 왔다. 당신이 잘 아는 다른 그리스도인에게 불행이 닥치기 전에는, 당신 안에 자기 의가 있는지 없는지 알 수 없다. 당신이 아는 사람이 기대에 어긋난다든지, 실수를 한다든지, 좋지 못한 소문에 휩싸인다든지 할 때, 그때가 바로 자기 의만일 이게 당신에게 있다면가 고개를 쳐드는 순간이다.

당신이 의롭다고 생각하고 남을 정죄한다면 하나님나라에 들어갈 자격을 스스로 박탈하는 것이다. 그것은 당신이 다른 사람들과 마찬가지로 은혜라는 줄에 간신히 매달려 있는 죄인임을 부정하는 것이다. 만일 당신이 당신 안에 있는 속성과 맞닥뜨린다면 아주 중요한 발견을 하게 될 것이다. 당신이 다른 사람들 못지않게 타락한 존재이고, 또 하나님의 은총을 받기에 합당치 않은 존재라는 것도 다른 사람들과 매한가지이다. 이것을 알게 되면 당신에게서 판단하고 정죄하는 태도가 싹 사라져버릴 것이다.

막달라 마리아의 이야기는 여러 면에서 고무적이다. 하지만, 내게 가장 인상적인 것은 막달라 마리아가 어떤 사람이었느냐 하는 것이다. 내 생각엔, 그녀가 타락의 심각성을 구체적으로 표현해주는 좋은 예이다. 그녀는 매춘부에다가, 죄에 팔렸고, 일곱 귀신이 들렸었다. 그렇지만, 이런 형편

없는 조건에도, 그녀는 그리스도의 흠 없는 신부의 지체로 택함을 받았다.

더 놀라운 것은, 이렇게 비참한 상황에서도 그녀 자신이 예수 그리스도를 사랑하기에 합당한 존재라고 믿고 있었다는 사실이다. 아무튼, 마리아는 주님의 은혜를 경험했다. 어쨌든, 그녀는 주님의 눈에서 그녀를 사랑하시는 그녀에 대한 그분의 사랑을 읽었다. 그리고 자유분방하고 뻔뻔스럽게 보일지라도, 그녀는 주님의 용서를 받아들였고 물불을 가리지 않고 열정적으로 주님을 사랑했다.

주님께 대한 마리아의 사랑은 단지 그녀에 대한 주님의 사랑을 되돌려 드린 것뿐이었다.

이 이야기는 주님께서 그녀에게 "평안히 가라"라고 하신 말씀에서 끝났다. 이 말씀대로 그녀는 평안히 갔다. 실로, 마리아는 여생 동안 화평의 화신 화평이 육신이 되어 오신 분을 좇았다. 그녀가 주님의 가장 충성스런 제자 중 하나가 된 것이다. 눅8:1~3

그칠 줄 모르는 헌신

마리아가 주님께 바친 헌신은 정말 놀랄만하다. 왜냐하면, 그것이 예수님께서 돌아가신 후에도 지속하였기 때문이다. 우리는 예수님의 무덤 앞에서도 여전히 주님을 사랑하고 있는 그녀를 만나게 된다. 거기에 있던 것은 그녀가 사랑했던 주님의 싸늘한 시신뿐이었다. 하지만, 이 헌신적인 여인은 변함없이 주님을 따르고 있었다. 예수님은 돌아가셨을지라도 그녀는 계속해서 주님을 섬기고 있었다. 막16:1

주님을 직접 보지 못한 우리에게 이 얼마나 큰 교훈인가? 마리아는 예수님이 돌아가셨어도 그분을 사랑했다. 어쩌면 이것이 하나님께서 부활하신 그리스도의 첫 목격자가 되는 특권을 그녀에게 주신 이유인지도 모른다. 요

20:12~16

진실로, 막달라 마리아는 그칠 줄 모르는 사랑의 연구대상이다.

여기서 질문 하나, 무엇이 이런 변치 않는 헌신을 불러 일으켰는가? 그것은 생각보다 간단하다. 마리아는 주님이 그녀를 보시는 그대로 믿었다. 그녀는 자신의 견해를 묵살하고 그녀에 대한 주님의 견해를 받아들였다. 그렇게 함으로써, 그녀의 마음속에 있던 주님께 대한 사랑이 깨어났다.

부활의 현장은 에덴동산을 강하게 연상시킨다. 첫 번째 아담은 동산에서 신부를 얻었다. 그녀가 아담의 옆구리에서 나왔을 때 그는 그녀를 '여자' 라고 불렀다.창2:23 그러나 첫 번째 아담은 그의 죄로 말미암아 그의 인생이 무덤에서 끝나고 말았다.창2:17, 5:5

마지막 아담인 예수 그리스도는 무덤에 장사 되었지만, 동산에서 다시 살아나셨다.요19:40~20:15 부활하신 주님을 제일 처음 본 사람은 마리아였다. 그때 주님께서 그녀에게 하신 말씀은 의미심장하다. "여자여"요20:15

마리아가 주님을 알아봤을 때 그녀는 주님을 붙잡으려 했다. 그러나 아직 결혼할 날이 아니었으므로 주님은 그녀를 말리셨다.요20:16~17

이 얼마나 아름다운 장면인가? 첫 번째 아담은 그의 신부인 첫 번째 여자를 동산에서 만났지만, 그는 동산을 무덤으로 바꾸어버렸다. 두 번째 아담은 한때 무덤이었던 동산에서 그의 신부인 두 번째 여자를 얻었다.

그렇다면, 막달라 마리아는 누구인가? 그녀는 바로 당신이고, 그녀는 바로 나다. 심히 타락한 존재이다. 그러나 창세 전에 그리스도 안에서 거룩하고 흠 없는 존재로 택함을 받은 존재이고, 이 세상에서 가장 사랑스러운 여자의 지체이다.

막달라 마리아가 주님을 사랑할 수 있었고, 주님 앞에서 담대하게, 거리낌 없이, 모든 것을 다 바쳐서, 부끄럼 없이, 거침없이 그의 임재를 누릴 수 있었다면, 당신도 그렇게 할 수 있다. 그리고 나도 할 수 있다.

그래서, 언제라도 당신이 당신의 과거 때문에 죄책감이 든다면, 이것 하나를 꼭 기억하라. 부활하신 주님을 처음 목격한 사람은 이전에 창기였던 사람이다.

하나님은 창세 전에 막달라 마리아가 어떤 삶을 살지를 아시고도 그녀를 택하셨다. 또한, 하나님은 우리가 이 세상에서 범하게 될 잘못들을 너무나 잘 아시면서도 창세 전에 당신과 나를 택하셨다.

당신에겐 당신을 소중히 여기시는 주님이 있다. 당신의 타락한 본성이나 당신이 지은 죄들은 그분에게 걸림돌이 될 수 없다. 주님은 그의 죽으심과 부활하심으로 그것들을 철저하게, 완벽하게, 기꺼이 처리하셨다.

이것을 절대로 잊지 말라. 당신의 하나님은 바리새인의 집에서 한 창기가 자신을 다 바쳐낭비하는 사랑으로 주님을 사랑하도록 허락하셨다. 이것이 바로 모든 그리스도인들이 사로잡혀야 할 신성한 로맨스의 경이로움이다. 고로, 평안히 가라. 그리고 마리아가 했던 것처럼 당신의 주님을 사랑하라.

Chapter 09
신부가 준비 됨

우리가 즐거워하고 크게 기뻐하며 그에게 영광을 돌리세 어린 양의 혼인 기약이 이르렀고 그의 아내가 자신을 준비하였으므로 _계 19:7

성경은 자신의 신부를 위한 하나님의 영원한 대장정의 장엄한 광경을 우리에게 소개하고 있다. 이 대장정의 중심에 믿기지 않는 놀라운 러브 스토리가 있다. 모든 러브 스토리는 의도적이든 그렇지 않든 이 하늘의 로맨스를 본떠서 나온 것이다.

이 단원에서 나는 창세기에 등장하는 다섯 명의 특별한 여자들을 소개하고 싶다. 다섯 명 모두 그리스도의 신부의 그림자라 할 수 있다. 물론 완벽한 그림자는 하나도 없겠지만, 각 사람은 하나님께서 사랑하시는 신부를 독특한 방식으로 예시해준다.

첫 번째 여자는 하와이다. 창2:22 이하 그녀는 교회의 거의 완벽한 이미지이다. 하와는 하나님의 관점으로 교회를 예시해주고 있다. 그녀는 거룩하고, 흠이 없고, 점이나 주름도 없다. "주름이 없다"는 것은 타락으로 말미암은 노화현상에 반전이 일어났음을 암시하고 있다. 그녀는 주름 제거 크림을 바르거나 보톡스를 맞을 필요가 없다. 하와는 또한 마지막에 주님이 얻게 될 영광스러운 교회, 즉 예수 그리스

도와 결혼하게 될 소중한 여인을 보여주고 있다. 계21~22장

두 번째 여자는 아브라함의 아내인 사라이다. 창11:30 이하 사라는 회복된 그리스도의 신부의 그림자라고 할 수 있다. 잠깐 그녀에 대해 살펴보자. 그녀는 90세였고, 남편 아브라함은 99세였다. 지금쯤이면 그들에게 사회보장제도의 혜택도 끊어졌을 것이고, 정부의 의료보조에 의지해서 살아갈 나이이다. 그들의 천막에는 아마 영양보충제가 두 상자쯤은 있었을 것이다. 사라는 늙었고, 몸은 축 늘어지고, 온몸에 주름투성이고, 눈은 움푹 들어가 있었다. 그녀의 태는 일찍이 기능을 멈췄다. 그리고 그녀에겐 자녀가 없었다.

어느 날, 하나님께서 아브라함에게 나타나셔서 다음해에 사라가 임신하게 될 것이라고 말씀하셨다. 이 말씀을 들은 사라는 속으로 웃으며 "이렇게 늙은 내가 남편과 무슨 재미를 본다고…"라고 중얼거렸다.

그러던 중 어느 잊지 못할 밤에, 아브라함은 돌아눕다가 소스라치게 놀라버렸다. 앗, 내가 엉뚱한 천막에 잘못 들어왔구나! 그리고는, 그의 옆에 누워있는 여인을 보고 한 마디를 내뱉었다. "세상에, 이게 도대체 누군데 여기에 들어왔지?"

무슨 일이 벌어졌는가? 하나님께서 사라로 하여금 이전의 아름다움을 되찾게 하신 것이다. 주님께서 그녀를 젊은 시절로 되돌리셔서 매력이 철철 넘치게 하셨다. 그녀는 이제 더는 할머니가 아니고, 아름답고 생기발랄한 여자였다.

우리가 이것을 어떻게 알 수 있는가? 이방의 왕인 아비멜렉이 사라를 취하려고 했던 것을 보면 알 수 있다. 창20:1 이하 상식적으로 볼 때, 90살 된 여자를 취하려 하는 남자는 있을 수 없다. 그 여자가 90살보다 훨씬 더 젊어 보이기 전에는 그렇게 하기가 어려울 것이다.

하나님께서 사라를 만점짜리로 만드셨다. 젊은 시절의 아름다움을 되찾은 사라와 남편 아브라함은 달콤한 두 번째 허니문을 즐겼다. 그 결과로 이삭이 태어나게 된 것이다. 그로 말미암아서, 사라는 주님이 오실 때 준비시키실 회복된 신부의 그림자가 된 것이다.계19:7 주님이 오실 때 영광스러운 혼인예식을 통해 그리스도의 신부가 하나님의 아내가 될 것이다.이 주제는 나중에 다루게 될 것이다.

세 번째 여자는 이삭의 아내인 리브가이다.창24:15 이하 리브가는 준비된 신부이다. 이 단원에서 나중에 그녀에 관해 심도 있게 살펴볼 것이니 잠시만 기다리라.

네 번째 여자는 야곱의 아내인 라헬이다.창29:6 이하 라헬은 고생을 달고 살았던 양치기의 신부이다. 야곱은 양을 치는 목자였는데, 미친 듯이 라헬과 사랑에 빠졌다. 그는 그녀를 아내로 삼으려고 보통 고생을 해야 했던 것이 아니다. 야곱은 영원부터 마음속에 소중히 품어왔던 여자를 얻고자 고통을 감내하신 예수님의 적절한 그림자라 할 수 있다.

다섯 번째 여자는 요셉의 아내인 아스낫이다.창41:45 이하 아스낫은 이방인이었다. 당신이 이방인 그리스도인이라면 요셉의 아내가 이방인이었다는 사실에 감사해야 마땅하다. 요셉은 성경에서 예수 그리스도의 가장 적절한 그림자라 할 수 있다. 아스낫은 애굽이집트에서 요셉을 낳았다. 그녀는 세상에서 부름 받은 교회를 예시해준다.나중에 우리는 애굽이 세상을 상징한다는 것에 대해 살펴볼 것이다.

이 다섯 명의 여자 모두 다 그리스도의 신부를 예시하는 그림자이다. 아래의 다른 여자들도 마찬가지이다.

- **모세의 아내 십보라.**출2:21 이하 그녀는 광야에 있는 교회를 예시한다.

- **보아스의 아내 룻.** 룻1:4 이하 기업 무를 친족인 그리스도와 결혼하는 교회의 그림자이다.
- **다윗의 아내 아비가일.** 삼상25:3 이하 하나님의 군대에 입대한 교회의 그림자라 할 수 있다.
- 잠언 31장의 현숙한 여인은 교회의 품성을 말해준다.
- 아가서에 나오는 신부인 술람미 여자는 그리스도에게 사로잡혀서 상사병이 난 교회의 그림자라 할 수 있다.
- 시편 45편의 왕비는 왕의 오른편에 앉아 있는 왕후로서의 교회를 예시한다고 볼 수 있다. 시편 45편 전체가 왕의 결혼 송가이다.
- 시편 46편에 있는 하나님의 성도성은 생명수가 흐르는 하나님의 거처로서의 교회를 보여주는 그림자라고 볼 수 있다.
- 끝으로, 요한계시록 21장과 22장의 새 예루살렘은 마지막에 그리스도와 연합하게 될 완벽하고 영광스러운 교회의 그림자이다.

출연진 소개

성경 전체에서 그리스도의 신부를 가장 아름답게 그린 것 중의 하나를 살펴보자. 바로 리브가에 관한 이야기이다. 리브가는 준비된 신부를 상징한다. 요한계시록 19:7을 보면, "우리가 즐거워하고 크게 기뻐하며 그에게 영광을 돌리세 어린 양의 혼인 기약이 이르렀고 그의 아내가 자신을 준비하였으므로"라고 되어 있다. 창세기 24장은 하나님의 성령이 어떻게 예수님의 신부를 이끄셔서 하늘의 결혼예식을 위해 준비시키셨는지를 우리에게 가르쳐주는 가슴 뭉클한 이야기이다. 이 따뜻한 러브 스토리에 다음과 같이 네 명의 인물이 등장한다.

- 아브라함. 그는 하나님 아버지의 그림자이다. 아브라함은 재물이 풍부한 사람이었다. 성경에서 재물이 풍부하다는 것은 돈과 소유한 자산이 많다는 뜻인데, 아브라함은 이 둘 다 풍부했다. 그는 산림의 짐승들과 뭇 산의 가축을 다 소유하신 하나님 아버지를 연상시킨다. 시 50:10

- 이삭, 아브라함의 아들. 이삭은 예수님을 그린 멋진 그림이라 할 수 있다. 예수님과 이삭 둘만이 성경 전체에서 '독자' 독생자the only begotten son라고 불린다. 요1:18; 히11:17 이삭과 예수님 둘 다 '약속의 씨'라고 표현되어 있다. 둘 다 부유한 아버지를 두었고, 둘 다 기적적으로 출생했으며, 둘 다 죽기까지 충성했다. 둘 다 산에서 자신의 아버지에 의해 희생제물로 바쳐졌다. 그리고 둘 다 아버지로부터 모든 것을 상속받았다.

- 리브가. 그녀는 가장 아름다운 여자인 그리스도 신부의 종합적 이미지이다.

- 아브라함의 종. 이 이야기에서 그는 매력적인 배역을 맡았다. 그는 아브라함에 의해 보냄을 받게 되는데, 하나님 아버지에 의해 보내심을 받은 성령을 상징해준다. 그는 아브라함에게서 모든 권한을 위임받았다. 그는 아브라함의 아들의 신부가 될 여자에게 그 아들을 소개하는 임무를 띠고 아브라함의 이름으로 보냄을 받았다. 이야기 전체에서 그의 이름은 한 번도 언급되지 않는다. 우리는 창세기 15장을 통해 그가 엘리에셀, 즉 '하나님은 우리를 돕는 자'라는 뜻의 이름을 가진 사람이라는 것을 알고 있다. 의미심장하게도, 성령이 '옆에서 돕는 자'라는 뜻이 있는 '보혜사'로 불린다. 이 이야기에서 아브라함의 종이 자신에 대해 말하는 것은 찾아볼 수 없다. 리브가와의 첫 만남에서부

터 그는 그가 어디서 왔으며 무엇을 위해 왔는지를, 그리고 이삭과 아브라함에 대해서만 얘기했다. 간단히 말하자면, 그의 임무는 오직 신부에게 자기 자신이 아닌 신랑에 관한 얘기를 해주는 것이었다. 마찬가지로, 성령도 자기 자신에 관해서 말씀하시지 않는다. 그는 신랑이신 그리스도와 하나님 아버지를 높이고 드러내신다. 그리고 그는 그리스도의 신부를 그리스도께 안내하고 이끌어주신다. 요15:26, 16:13~14

위의 네 명의 등장인물을 염두에 두고, 이 아름다운 로맨스가 어떻게 펼쳐지는지를 보자. 아브라함은 그의 아들이 독신으로 사는 것이 좋지 않음을 알았다. 그래서 그는 아들의 배필을 구하려고 자신의 종을 보냈다. 아브라함은 종에게 이삭에게 적합한 배필을 찾는 데 있어 세 가지 기준을 제시했다.

첫째, 그녀는 가나안 족속과는 아무런 관련이 없는 아브라함의 가문에서 나와야 한다. 사도 바울은 갈라디아서 3:29에서, "너희가 그리스도의 것이면 곧 아브라함의 자손이요"라고 했다. 가나안이라는 말은 낮은 곳, 곧 저급한 나라를 의미한다. 하나님께서 노아의 손자인 가나안을 저주하셨다. 낮은 곳에 속한 사람들, 즉 이 타락한 인류는 그리스도 신부의 지체가 될 자격이 없다. 그러므로 그녀는 마땅히 위로부터 나야 한다. 그녀는 하나님 아버지로부터 다시 태어나야 한다. 하나님의 핏줄로, 하나님의 자녀로 태어나야 한다. 리브가는 실제로 아브라함의 손자뻘 되는 친척이었다.

둘째, 그녀는 자기 고향인 갈대아를 기꺼이 떠나야만 한다. 갈대아의 다른 이름은 바벨론이다. 바벨론과 예루살렘 사이에 수 세기 동안 전쟁이 끊이지 않았다. 이것은 마치 실처럼 창세기부터 요한계시록까지 끊어지지 않고 이어지고 있다. 이 책의 제2부에 가서 바벨론의 영적인 의미를 살펴볼 것이다. 그런데,

하나님의 말씀은 언제나 바벨론에 사는 사람들에게 거기서 나오라는 것이다. 그렇게 해서, 아브라함과 리브가가 그랬듯이 그리스도의 신부도 마땅히 바벨론을 떠나야 한다.

셋째, 그녀는 기꺼이 아브라함의 종을 따라야 한다. 종은 이삭의 신부를 그녀가 한 번도 보지 못했던 곳으로 인도할 것이다. 그리고 신부는 기꺼이 종을 따라 그곳으로 가야 한다. 낯선 땅으로 선뜻 나서려는 그녀의 의지가 이삭이 결혼할 여자인지 아닌지를 가늠하게 해주는 표시가 될 것이다. "무릇 하나님의 영으로 인도함을 받는 사람은 곧 하나님의 아들이라"롬8:14

이야기가 전개되면서, 아브라함의 종은 해질 무렵 우물가에서 리브가를 만났다. 그 우물은 생수가 나오는 우물이었다. 이곳에 가면 언제나 그리스도의 신부를 찾을 수 있는 그런 곳이다. 그녀는 거기서 영적 갈증을 해소한다. 갈증은 영적인 갈급함을 뜻한다.

이 이야기에서, 종은 리브가에게 물을 달라고 했다. 이 장면은 요한복음 4장에 나오는 예수님과 사마리아 여자와의 대화를 연상케 해준다. 아브라함의 종이 리브가에게 물을 달라고 했듯이, 예수님도 여자에게 물 좀 달라고 하셨다.

요점

예수님은 신부를 찾기에 갈급하시다. 그리고 하나님의 성령은 그 갈급함을 알게 해주신다.

이제 리브가가 어떤 특성이 있었는지 살펴보자.

- 그녀는 정말 아름답다. 그리스도의 신부는 성령과 아들의 눈에 아름다운 존재이다. 그녀는 흠이 없고, 주름도 없고, 점도 없고, '이런 것

들'이 없다. 엡5:27

- 그녀는 처녀이다. 그녀는 다른 남자들과 놀아난 적이 없다. 그녀는 다른 신들을 섬긴 적이 없다. 예수님의 신부는 더럽혀지지 않은 순결함 그 자체이다. 그녀는 그리스도와 정혼한 정결한 처녀이다. 고후11:2~3
- 그녀는 친절하고, 마음이 넓고, 부지런하다. 리브가는 아브라함의 종뿐만 아니라 열 필이나 되는 낙타에게까지 물을 길어 마시게 했다. 낙타는 한 번에 무려 150리터의 물을 마실 수 있다. 리브가가 수도꼭지를 틀어 물을 받은 게 아니다. 자기 손으로 우물에서 직접 물을 길어야 했다. 그녀가 얼마나 힘들었을지 상상해보라. 리브가는 이런 여자였다. 사랑스러운 여자이다. 장시간 줄을 붙잡고 물을 긷느라 그녀의 손에서는 분명히 피가 났을 것이다. 그녀의 등과 어깨는 빠져나갈 듯했을 것이다. 그리고 중노동 탓에 땀이 비 오듯 해서 온몸이 흠뻑 젖었을 것이다. 새로 신은 스타킹도, 마스카라도 다 흘러내렸을 것이다. 그리스도의 신부도 남편처럼 부지런하고, 마음 씀씀이가 남다르다.
- 그녀는 아브라함의 종을 영접해서 그가 그녀의 집에서 묵을 수 있게 했다. 그리스도의 신부도 성령을 자신의 삶으로 영접한다.

하나님께 합당한 아내를 얻다

이야기가 무르익어 가면서, 아브라함의 종은 리브가에게 흔쾌히 선물을 꺼내주었다. 그리고 나서, 그는 그녀의 아버지 집에서 하룻밤을 묵게 해달라고 부탁했고, 그녀는 이를 허락했다.

다음날 아침, 아브라함의 종은 그가 그곳에 온 이유를 설명했다. 그는 아브라함이 아들의 배필을 구하고자 자신을 보내게 된 경위와, 그가 하나님께서 그 배필로 리브가를 택하셨다고 믿게 된 이유에 대해 자세히 설명했다. 그리고 나서, 그는 리브가의 부모에게 아브라함의 아들에게로 그녀를 데려가도록 허락해달라고 했다. 그녀의 가족은 이것에 동의했지만, 그녀가 떠나기 전에 적어도 열흘은 가족과 함께 있어야 한다고 했다.

이 제안에 대한 종의 대답을 들어보라. "나를 만류하지 마소서." 다른 말로 하면, "나를 막지 마십시오. 그녀가 당장 가든지 아니면 아예 가지 않든지 둘 중의 하나입니다."이다. 이에 부모는 리브가에게 물었다. "네가 이 사람과 함께 가려느냐?" 그녀의 대답은 가히 충격적이었다. "가겠나이다."

리브가를 만류한 사람들이 그녀와 가장 가까운 사람들이었다는 사실을 주목하라. 이것은 당신에게 있어서도 마찬가지이다. 하나님의 성령이 당신에게 "오라, 끝까지 나를 따르라." 하실 때 선택은 당신에게 있다. 그렇지만, 방해공작이 만만치 않을 것을 예상하라.

리브가는 아브라함의 종을 따라가고자 대가를 지급했다. 그녀는 익숙하고 친숙했던 모든 것들과 결별해야만 했다. 그리고 그녀는 종으로 하여금 그녀가 전혀 가본 적도 없는 곳으로 데려가도록 그에게 자신을 맡겼다.

이 시대에 그리스도의 신부에게 주어진 사명이 무엇인가? 바로 이것이다. 당신은 편안한 삶을 떠날 수 있는가? 당신에게 익숙한 것들과 결별할 수 있는가? 이삭의 풍성함을 누리려고 갈대아를 떠나겠는가? 하나님의 성령으로 하여금 당신이 가본 적이 없는 곳으로 데려가시도록 그에게 온전히 맡길 의향이 있는가? 아브라함의 종을 따라 선뜻 나서고자 했던 리브가의 그 마음이 그녀를 귀하고 아름답게 만든 것이다. 그녀는 본적도 없는 신랑을 만나고자 아브라함의 종을 따르기 위해 그녀가 알고 있던 모든 것을 기꺼이 포기했다.

이런 얘기는 상식적으로 이해하기가 어렵다. 다음과 같은 궁금증을 자아내는 이야기이다. 리브가로 하여금 그런 과격한 결정을 내리도록 했던 것은 진정 무엇이었을까? 그 대답, 그것은 바로 아브라함의 종이 증거한 내용이었다. 종은 그녀가 이삭과 결혼하기 위해서 모든 것을 떠날 수 있다고 그녀를 이해시켰다. 사실, 그가 증거한 내용이 얼마나 믿을만했던지, 그녀가 이삭을 만나기도 전에 그와 사랑에 빠지기 시작했던 것이다.

이런 리브가의 결단이 얼마나 감동적인지를 좀 더 살펴보자. 아름답고 젊은 여자가 있었다. 그녀는 본적도 없는 남자와 결혼하고자 한 번도 가본 적이 없는 타향으로 가기 위해 낯선 누군가의 종이라는 사람을 따라 부모와 다른 식구들, 그리고 고향을 떠났다. 이 얼마나 엄청난 믿음인가? 이 얼마나 담대한 믿음인가?

믿기 어려운 이야기이겠지만, 당신에게 그리 낯선 얘기는 아닐 것이다. 당신의 주님 말씀을 들어보라.

> 너는 나를 본 고로 믿느냐 보지 못하고 믿는 자들은 복되도다._요 20:29

베드로도 같은 맥락으로 이렇게 말했다.

> 예수를 너희가 보지 못하였으나 사랑하는도다 이제도 보지 못하나 믿고 말할 수 없는 영광스러운 즐거움으로 기뻐하니 _벧전 1:8

아브라함의 종에 대한 리브가의 반응이 그녀의 운명을 결정했다. 그녀가 종을 신뢰했던 바로 그 순간, 그녀는 자신이 이삭의 신부로 적합하다는 것을 증명했다. 그러자 종은 낙타에 싣고 왔던 선물 꾸러미를 열어, 금 코걸이와 금 손목 고리를 그녀에게 주었다. 이 선물은 금으로 만든 것이었다. 금은 신성한 성품을 가리키는데, 우리는 이 신성한 성품에 참여하도록 만들어진

존재이다. 벧후1:4

이것은 하나님의 선물 곧 영적 은사들을 상징한다. 성령을 대표하는 종은 리브가에게 값없이 선물을 주었다.

이 선물의 목적은 무엇이었는가? 선물은 측량할 수 없는 이삭의 풍부함을 나타내는 징표로 사용되었다. 그가 갖고 있던 엄청난 재물을 상징하는 것이다. 또 선물은 결과적으로 그녀의 기업이 될 것에 대한 약속과 보증과 맛보기로 주어진 것이다. 고린도후서 1:22과 5:5, 그리고 에베소서 1:3~14과 4:30에 보면, 성령이 우리가 받을 기업에 대한 약속과 보증으로 부르심을 받았다고 했다.

유감스럽게도, 오늘날의 많은 그리스도인은 성령의 은사에 집착하고 있다. 그들은 은사를 받는데 인생을 낭비하고 있고 또 이것 자체에 상당히 만족하고 있다. 리브가가 선물을 구하지 않은 것이 내게는 무척 인상적이다. 그 선물은 단지 그녀에게 주어진 것일 뿐, 그녀가 그것을 얻으려고 애를 쓴 것이 아니다.

더구나, 리브가는 선물에 만족하지 않았다. 그녀는 종에게 "와, 이런 멋진 선물을 주셔서 감사합니다. 제 감사의 뜻을 이삭에게 전해주세요. 나중에 또다시 이곳을 방문하시게 되면 저를 꼭 찾아주세요. 그때 함께 식사 한번 하시지요."

아니다. 그녀는 선물로 만족하지 않았다. 선물은 단지 이삭의 부에 대해 증거한 종의 말이 전부 다 사실이라는 것의 표시일 뿐이었다. 리브가는 선물이 아닌, 그 선물을 준 사람에게 관심이 있었다.

또 다른 요점, 리브가는 이삭의 사랑을 쟁취한 것이 아니었다. 또 그의 선물을 받으려고 애쓴 적도 없다. 그녀에게 요구된 것이라곤 아무것도 없었다. 그녀는 단지 종을 따라가도록 초청받았고, 그래서 이삭과 함께 있게 된 것이다. 그녀는 이삭의 종도, 하녀도 아니었다. 그녀는 이삭의 신부가 될 사람이었다. 그리고 결국 그녀는 그의 아내가 되었다.

오래 기다린 만남

이 이야기의 막바지에 이르러, 리브가의 가족은 아브라함의 종과 함께 가겠다는 그녀의 결정을 존중하고 축복했다. 그리고 나서, 종은 리브가를 이삭에게 데려가고자 그녀와 함께 '먼 여행길'에 올랐다. 이 여정에 매우 중요한 의미가 담겨있다.

이 여행이 얼마나 어려운 것인지 상상해보라. 나홀리브가의 고향과 이삭이 살던 곳의 거리는 약 8백 킬로미터나 되었다. 낙타를 타고 가려면 적어도 35일에서 40일은 족히 걸리는 여행이었다. 낙타를 타고 가는 게 얼마나 힘든지 아는가? 기진맥진이라는 표현은 약과이다. 당신이 만일 꼬박 한 달 동안 낙타를 타고 여행을 한다면, 아마 척추교정을 해서 전신을 다시 맞춰야 할 것이다.

상상해보라. 낙타를 타고 한 달 이상이나 가야 했다. 하지만, 여행 중 벌어진 일이 그 여행을 보람되게 했을 것이다. 여행하는 내내, 아브라함의 종은 리브가에게 그의 주인인 이삭의 성품과 사람됨에 관해 얘기해주었을 것이다.

리브가가 이삭을 한 번도 만난 적이 없다는 사실을 기억하라. 그들은 전화통화를 한 적이 없고, 인터넷 채팅도 한 적도 없고, 이메일을 주고받은 적도 없고, 서로 사진을 교환했던 적도 없었다. 리브가는 오직 종의 증거를 통해서만 이삭을 알게 되었다.

> 기록된 바 하나님이 자기를 사랑하는 자들을 위하여 예비하신 모든 것은 눈으로 보지 못하고 귀로 듣지 못하고 사람의 마음으로 생각하지도 못하였다

함과 같으니라 오직 하나님이 성령으로 이것을 우리에게 보이셨으니 성령은 모든 것 곧 하나님의 깊은 것까지도 통달하시느니라 _고전 2:9~10

그 여행 내내, 아브라함의 종은 이삭에 관한 모든 것을 리브가에게 얘기했다. 내 생각엔, 종이 리브가에게 이삭의 아버지가 지상에서 가장 부자라는 것을 말해주었을 것이다. 육안으로는 그가 소유한 땅을 다 볼 수 없다고 했을 것이다. 또 이삭이 상속자로서 아버지의 재산을 전부 다 물려받을 것도 얘기했을 것이고, 이삭이 얼마나 사랑이 많고, 친절하고, 똑똑하고, 재미있는 사람인지에 대해서도 알려주었을 것이다. 그리고 이삭의 생김새와 성격과 얼마나 신부를 사모하고 있는지도 다 설명해주었을 것이다.

리브가는 입가에 미소가 떠올랐고, 그녀의 마음은 뛰기 시작했다. 그녀는 이삭의 모습을 상상해보며 마음속에 그려보았다. 아브라함의 종이 이삭에 대해 해준 얘기가 리브가의 가슴 속에 흥분과 믿음과 추측과 기대를 불러 일으켰다. 그녀는 들떴고, 매혹되었고, 흥분했고, 황홀하기까지 했다.

이삭에 대해 알게 된 사실만으로도 리브가의 마음은 이삭에게 사로잡혀 있었다. 이렇게 대단한 사람과 결혼해서 그의 아내가 될 생각에 그녀의 마음은 기쁨과 기대로 가득 차서 두근거렸다.

이 놀라운 이야기 안에 이런 것들이 다 내포되어 있다. 하지만, 그것은 진짜 신부의 마음속에서 벌어질 일들을 희미하게 비춰줄 뿐이다. 성령이 그리스도이삭은 근처도 못 따라오는를 그 진짜 신부에게 계시하실 때 그녀의 마음속에서 일어날 일들을 상상해보라.

예수님과 그의 측량할 수 없는 풍성함을 당신과 나에게 계시하는 것이 바로 성령의 역사이다. 요14:13~15, 15:26; 고전2:9~10,12 그리고 그렇게 해서, 성령은 우리의 신랑이신 그리스도의 풍성을 상징하는 작은 징표보증를 은사gifts

라는 형태로 우리에게 주신다. 이런 은사들을 통해 우리가 "장차 나타날 나라의 권능[내세의 능력을 맛보고]" 마지막에 있을 결혼예식에 대해 감을 잡게 되는 것이다. 엡1:9~14, 4:30; 히6:5

내가 성경 전체에서 가장 감동적이라고 생각하는 장면을 소개하면서 이 단원을 마무리하고자 한다. 아래에 인용된 본문은 성경을 읽을 때마다 나를 울리는 유일한 구절들이다. 심장을 멎게 할 정도로 감동적인 장면이다.

이삭이 저물 때에 들에 나가 묵상하다가 눈을 들어 보매 낙타들이 오는지라 리브가가 눈을 들어 이삭을 바라보고 낙타에서 내려 종에게 말하되 들에서 배회하다가 우리에게로 마주 오는 자가 누구냐 종이 이르되 이는 내 주인이니이다 리브가가 너울을 가지고 자기의 얼굴을 가리더라 종이 그 행한 일을 다 이삭에게 아뢰매 이삭이 리브가를 인도하여 그의 어머니 사라의 장막으로 들이고 그를 맞이하여 아내로 삼고 사랑하였으니 이삭이 그의 어머니를 장례한 후에 위로를 얻었더라 _창 24:63~67

하나님 아버지께서 찾고 계신 것은 무엇인가? 그분의 독생자의 신부를 찾고 계신다. 신랑의 주체할 수 없는 열정에 반응하여 그 거리가 아무리 멀지라도 꼭 가고야 말겠다는 무모한 여자를 찾고 계신다.

아들이신 그리스도께서 찾고 계신 것은 무엇인가? 그의 은혜 안에서 마음껏 즐기고, 그의 사랑을 받고, 그 사랑을 되돌려 드릴, 보기 드문 헌신으로 그를 사랑할 동반자를 찾고 계신다.

당신과 나의 주님이신 예수 그리스도는 그를 보기도 전에 흠모해서 상사병에 걸린 '리브가'와의 로맨스를 애타게 기다리고 계신다.

Chapter 10
최후의 결혼식

또 내가 새 하늘과 새 땅을 보니 처음 하늘과 처음 땅이 없어졌고 바다도 다시 있지 않더라 또 내가 보매 거룩한 성 새 예루살렘이 하나님께로부터 하늘에서 내려오니 그 준비한 것이 신부가 남편을 위하여 단장한 것 같더라 _계 21:1~2

내가 이 책을 쓰게 된 주요 목표 중의 하나는 교회를 보는 당신의 시각을 하늘로 높여주기 위함이다. 예수 그리스도의 교회는 사람이 고안해낸 것이 아니다. 또 하나님께서 계획에도 없던 것을 나중에 생각해내신 것도 아니다. 우리가 고동치는 하나님의 마음을 꿰뚫어본다면, 그 마음속 깊은 곳에 하나님의 영원한 목적이 새겨져 있는 것을 보게 될 것이다.

우리 그리스도인들은 현재의 편협한 시각에서 해방되어, 우리의 있어야 할 자리가 하나님의 영원한 목적이 펼쳐지는 영원한 드라마 안이라는 것을 발견해야 한다.

하나님의 목적의 중심에 교회가 서 있다. 하나님의 목적은, 일단 그것을 보게 되면, 여생 동안 우리를 사로잡고야 말 것이다. 간단히 말해서, 우리에게 주님을 향한 사랑이 있다면 우리는 주님의 영원한 목적에 관심을 두게 될 것이다.

당신은 얼마 동안 비밀을 지킬 수 있는가? 무슨 얘기를 들으면 반나절도 비밀을 지키지 못하는 사람도 있을 것이다. 그러나 하나님은 아주 오랫동안 비밀을 지키셨다. 그런데 그 비밀이 밝혀졌는데도 수많은 그리스도인이 그 비밀이 무엇인지 알지 못하는 게 현실이다.

그 비밀의 한쪽 큰 부분을 차지하는 것은 이것이다. 창세 전에 하나님 안에 감춰져 있던 여자가 있었다. 그리고 당신과 내가 그 여자의 지체이다. 이 세상을 창조하실 때 하나님의 고동치는 마음속에 있던 소원은 로맨스에 대한 꿈이었다. 하나님은 그의 아들에 어울리는 배필을 원하셨다. 모든 그리스인들은 이 로맨스에 참여하도록 부르심을 받았다. 그렇지만, 불행하게도, 이것을 알지 못하는 그리스도인들이 너무나도 많은 것 같다. 아담에게 있어 하와는 어떤 존재였는가? 그녀는 그의 기쁨이었고, 그가 갈망하던 대상이었고, 그의 만족이었고, 그의 열정이었고, 그의 완전함이었고, 그의 삶의 향료였다. 당신과 나도 예수 그리스도께 바로 이런 존재이다.

당신과 내가 그리스도의 영광스러운 신부의 지체들이지만, 우리 각 사람은 주님의 깊은 열망을 감지할 수 없다. 그것은 그녀의 몫이다. 그리스도의 신부 곧 집합적인 여자가 그것을 해야 한다. 그녀는 많은 지체로 이루어진 몸이다. 그러므로 그리스도를 표현하고 그분의 충만하심으로 그분을 드러내기 위해, 특정한 곳에 있는 그녀 곧 공동체 또는 집합체가 있어야 한다. 개인으로서의 당신은 이것을 절대로 할 수 없다. 당신의 손가락이나 발가락이 당신이 어떤 사람인지를 보여줄 수 없는 것이나 매한가지이다.

예수 그리스도는 미칠 듯이 사랑에 빠진 열정적인 신랑이다. 주님이 이 땅에 오셨을 때 그의 마음은 온통 결혼하실 생각으로 꽉 차 있었다. 예를 들면, 요한복음 2장에서 예수님은 그 첫 번째 기적을 혼인 잔치에서 행하셨다.

요한복음 3장에서, 침례세례 요한은 이스라엘에게 예수님을 그녀의 신랑으로 소개했다. 마태복음 9장에서는, 예수님께서 자신을 신랑이라고 표현하셨다. 마태복음 22장에 보면, 예수님께서 혼인 잔치의 비유를 들어 설명하셨다. 그리고 예수님의 이 땅에서의 마지막 메시지가 기록되어 있는 마태복음 25장에서는, 신랑을 맞이하려 자신을 준비하는 열 처녀의 비유를 말씀하셨다. 물론 여기서 신랑은 의심할 여지 없이 예수님 자신을 지칭한다. 복음서들에 언급된 이런 내용은 고대 유대인의 결혼식을 배경으로 하고 있다.

하나님의 결혼 들여다보기

이제 유대인들의 결혼식 풍습에 대해 알아보자. 어쩌면, 그것은 하늘도 고대하고 있는 그리스도와 그의 사랑스러운 신부 사이에 벌어질 진짜 결혼식을 예시하는 유일한 예가 될 것이다.

- 신랑의 아버지가 결혼을 준비한다. 그는 미리 생각하고 심사숙고해서 그의 아들에게 적합한 신부를 선택한다.

내가 그들을 위하여 비옵나니 내가 비옵는 것은 세상을 위함이 아니요 내게 주신 자들을 위함이니이다 그들은 아버지의 것이로소이다 _요 17:9

- 신랑은 아버지가 택한 여자에게 청혼한다. 청혼은 그녀와 그녀의 아버지에게 정혼약혼을 위한 결혼 약조를 함으로써 성립된다. 그 청혼이 받아들여졌는지 아닌지를 확인하기 위해 신랑은 잔에 포도주를 부어

서 그 잔을 여자에게로 밀어 건네준다. 만일 그녀가 청혼을 받아들였다면 그것을 마실 것이고, 다른 남자를 기다리기 원한다면 포도주 잔을 그녀에게서 멀리 밀어버릴 것이다.

또 잔을 가지사 감사 기도 하시고 그들에게 주시며 이르시되 너희가 다 이것을 마시라 이것은 죄 사함을 얻게 하려고 많은 사람을 위하여 흘리는 바 나의 피 곧 언약의 피니라 _마 26:27~28

- 만일 여자가 청혼을 받아들이면 신랑은 그녀를 위해 값을 지급한다. 신부를 맞이하려고 지급하는 값을 가리켜 혼인지참금이라고 부른다. 그는 그 혼인지참금을 그녀의 아버지에게 건넨다.

값으로 산 것이 되었으니…너희가 알거니와 너희 조상이 물려 준 헛된 행실에서 대속함을 받은 것은 은이나 금 같이 없어질 것으로 된 것이 아니요 오직 흠 없고 점 없는 어린 양 같은 그리스도의 보배로운 피로 된 것이니라 _고전 6:20; 벧전 1:18~19

- 그다음, 신랑은 신부에게 특별한 선물을 준다. 이 선물을 주는 목적은 신부에 대한 신랑의 감사를 표시하고자 함이다. 또 선물을 주는 것은 기나긴 정혼 기간에 그녀가 신랑을 기억할 수 있도록 하는 의도도 포함되어 있다. 그 선물 중에는 나중에 신방에서 사용될 옷가지들도 포함되어 있을 수 있다. 선물은 신부의 아름다움을 돋보이게 한다.

보혜사 곧 아버지께서 내 이름으로 보내실 성령 그가 너희에게 모든 것을 가르치고 내가 너희에게 말한 모든 것을 생각나게 하리라…그러므로 이르기를 그가 위로 올라가실 때에 사로잡혔던 자들을 사로잡으시고 그 사람들에게 선물을 주셨다 하였도다 _요 14:26; 엡 4:8

- 이제 두 사람은 공식적으로 정혼한 관계가 된다. 그들은 영적인 깨끗함을 상징하는 정결의식을 각자 따로 거행한다. 이제부터 그녀는 '신부'로 불리고, 그는 '신랑'으로 불린다. 그들은 법적으로 묶여있다. 그들이 갈라서려면 이혼수속을 밟아야 한다. 그렇지만, 결혼은 일 이 년 안에는 이루어지지 않는다. 그리고 그 기간에는 신부와 신랑이 서로 만나지 않는다. 신부는 이 기간을 결혼을 위해 자신을 준비하는 기간으로 삼는다. 그녀는 공적인 장소에서 베일을 써야 한다. 이것은 그녀가 미래의 남편을 위해 선택되었고, '구별' 또는 '정결케' 되었음을 상징한다.

우리를 구원하시되 우리가 행한 바 의로운 행위로 말미암지 아니하고 오직 그의 긍휼하심을 따라 중생의 씻음과 성령의 새롭게 하심으로 하셨나니…그리스도께서 교회를 사랑하시고 그 교회를 위하여 자신을 주심 같이 하라 이는 곧 물로 씻어 말씀으로 깨끗하게 하사 거룩하게 하시고…내가 너희를 정결한 처녀로 한 남편인 그리스도께 드리려고 중매함이로다 _딛 3:5; 엡 5:26~26; 고후 11:2

- 신랑은 신부를 위해 그의 아버지 집에 신방을 마련한다. 신방은 신부와 신랑이 둘의 결혼을 완성하는 장소이다. 즉 신방은 그들의 허니문 스위트honeymoon suite이다. 고로, 이 방은 아름답게 꾸며져야 하고, 신

부의 아버지가 원하는 요구조건에 맞아야 한다.

내 아버지 집에 거할 곳이 많도다 그렇지 않으면 너희에게 일렀으리라 내가 너희를 위하여 거처를 예비하러 가노니 가서 너희를 위하여 거처를 예비하면 내가 다시 와서 너희를 내게로 영접하여 나 있는 곳에 너희도 있게 하리라 _요 14:2~3

- 신랑이 신방 꾸미기 작업을 마치면 이제 신부를 데려올 때가 된 것이다. 신랑은 신부에게 자기가 대략 언제쯤 나타날 거라는 것은 알려주지만 정확한 날과 시간은 알려주지 않는다. 신부는 깨끗하게 목욕을 한 후 신부의상을 입고 신랑을 기다린다. 그녀는 아름다움을 돋보이려고 아낌없이 근사한 옷을 사서 치장한다. 신랑과 그의 일행은 신부를 데려가려고 밤에 나타난다. 그는 가장 좋은 옷을 차려입고 머리에는 관을 쓰고 온다. 신부와 신부 들러리들은 등잔에 기름을 채워 불을 밝히고 매일 밤 신랑이 오기를 기다린다.

그러나 그날과 그때는 아무도 모르나니 하늘의 천사들도, 아들도 모르고 오직 아버지만 아시느니라…이는 곧 물로 씻어 말씀으로 깨끗하게 하사 거룩하게 하시고…그때에 천국은 마치 등을 들고 신랑을 맞으러 나간 열 처녀와 같다 하리니…또 내가 보니 흰 구름이 있고 구름 위에 인자와 같은 이가 앉으셨는데 그 머리에는 금 면류관이 있고…또 내가 보매 거룩한 성 새 예루살렘이 하나님께로부터 하늘에서 내려오니 그 준비한 것이 신부가 남편을 위하여 단장한 것 같더라 _마 24:26; 엡 5:26; 마 25:1; 계 14:14, 21:2

- 신랑과 그의 일행이 신부의 집에 가까이 왔을 때 신랑은 크게 소리지르며 나팔을 분다.

주께서 호령과 천사장의 소리와 하나님의 나팔 소리로 친히 하늘로부터 강림하시리니 그리스도 안에서 죽은 자들이 먼저 일어나고 _살전 4:16

- 신랑은 신부를 신방으로 데리고 간다. 신랑의 친구는 결혼이 완성되었음을 알리기 위해 '신랑의 음성'을 들으려고 신방 앞에서 기다린다. 결혼이 완성되었음을 선포하면, 결혼식에 온 하객들이 잔치를 한다. 그러나 신랑과 신부는 이레 동안 단둘이 신방에서 지낸다. 하객들과 신랑 신부의 가족은 두 사람이 신방에서 나올 때까지 그 집에 머무르며 잔치를 한다.

신부를 취하는 자는 신랑이나 서서 신랑의 음성을 듣는 친구가 크게 기뻐하나니 나는 이러한 기쁨으로 충만하였노라 _요 3:29

- 7일이 지난 후, 신랑과 신부는 신방에서 나온다. 그리고 모든 하객들과 더불어 결혼만찬을 시작한다. 이제 신부는 더는 신부가 아니다. 그녀는 신랑의 아내이다.

우리가 즐거워하고 크게 기뻐하며 그에게 영광을 돌리세 어린 양의 혼인 기약이 이르렀고 그의 아내가 자신을 준비하였으므로 그에게 빛나고 깨끗한 세마포 옷을 입도록 허락하셨으니 이 세마포 옷은 성도들의 옳은 행실이로다 하더라 천사가 내게 말하기를 기록하라 어린 양의 혼인 잔치에 청함을

> 받은 자들은 복이 있도다…이리 오라 내가 신부 곧 어린 양의 아내를 네게 보이리라 _계 19:7~9, 21:9

신랑 신부의 사랑이라는 주제는 사람들에게 주신 하나님 계시의 한복판에 놓여있다. 그리고 삼위일체이신 하나님이 이것에 깊이 관여하신다.

성경에 나와 있는 삼위일체에 관한 이야기를 살펴보면, 하나님 아버지께서 계획하시고, 아들은 그것을 성취하시고, 성령은 그것을 적용해서 이행하신다. 더 구체적으로 말하면, 하나님 아버지께서 사랑스러운 아들을 위해 주권적으로 신부를 선택하신다. 아들은 보이지 않는 세계를 떠나 사람의 수준으로 자신을 낮추신다. 그는 신부를 위한 결혼지참금을 지급하시고자 피로 얼룩진 끔찍한 죽음으로 값을 치르셔서, 신부를 자신이 계셨던 하늘로 데리고 올라가신다. 그리고 성령은 아들의 매력적인 아름다움을 신부에게 드러내서 그녀의 마음을 설레게 하고, 그녀를 매혹하고 사로잡는다.

이것이 바로 신성한 로맨스의 핵심이요, 본질이다.

온 우주의 역사는 하나의 결혼식을 향해 즐겁게 흘러가고 있다. 역사 전체가 하늘의 신랑과 땅의 신부 사이의 영원한 사랑의 완성을 향해 움직이는 것이다. 다음 단원에서는, 이 영광스러운 결합과 그것이 당신과 나에게 주는 의미에 대해 깊이 고찰해볼 것이다.

Chapter 11
하나님의 아내

이리 오라 내가 신부 곧 어린 양의 아내를 네게 보이리라 _계 21:9

    어떤 주석가들은 아가The Song of Solomon를 '신부의 노래'라고 부른다. 이 감동적인 구약성경의 책 이야기 내용은 매우 단순하다. 어떤 군주가 술람미 처녀와 사랑에 빠진 이야기이다.
    그녀는 가난한 시골처녀였고, 그는 모든 것을 가진 왕이었다. 상식적인 기준으로는 이 둘은 전혀 어울리지 않는다. 그녀는 그에게 합당치 않았다. 하지만, 왕의 눈에는 그녀가 세상에서 가장 귀한 존재였다. 그래서 그는 그녀와 못 말리는 사랑에 빠져버렸다. 이 이야기야말로 신데렐라 이야기의 원조라 할 수 있다. 그리고 우리 그리스도인들이 함께 살며 경험해야 할 바로 그 이야기이다.
    아가의 처음부터 끝까지, 왕은 그가 얼마나 신부의 아름다움에 매혹되었는지를 노래한다. 그가 그녀의 사랑스러움에 대해 칭송할 때, 그는 그녀의 몸 구석구석에 대해 자세히 묘사한다. 아가 4장과 7장을 보라 왕이 신부의 몸의 각 지체를 생생하게 묘사하는 것을 보면서, 우리의 왕이신 주 예수 그리스도의 눈에 당신과 내가 어떻게 보이는지에 대한 통찰력을 갖게 된다.

부유한 군주와 그의 비천한 처녀

신랑과 신부의 인간적 조건에 너무나도 큰 차이가 났지만, 그 둘은 서로에 대해 "사랑해서 병이 날 정도로" 깊이 사랑에 빠졌다. 파도처럼 밀려오는 사랑의 힘으로, 왕은 주체할 수 없는 그의 사랑을 사랑스러운 신부에게 고백했다. NIV 성경과 NLT 성경은 사랑하는 자왕와 그의 사랑스러운 신부 처녀 중 누가 말하고 있는지를 분명하게 구분해서 잘 배치해놓았다. 이 로맨스 이야기의 정열이 넘치는 대화를 아래에 발췌했다.

왕 : 내 사랑아, 너는 어여쁘고 어여쁘다…여자들 중에 내 사랑은 가시나무 가운데 백합화 같도다…나의 사랑 너는 어여쁘고 아무 흠이 없구나…내 누이, 내 신부야 네가 내 마음을 빼앗았구나 네 눈으로 한 번 보는 것과 네 목의 구슬 한 꿰미로 내 마음을 빼앗았구나! 내 누이, 내 신부야 네 사랑이 어찌 그리 아름다운지 네 사랑은 포도주보다 진하고 네 기름의 향기는 각양 향품보다 향기롭구나…… 사랑아 네가 어찌 그리 아름다운지, 어찌 그리 화창한지 즐겁게 하는구나 .아가 1:15, 2:2, 4:7,9~10, 7:6

처녀 : 내게 입맞추기를 원하니 네 사랑이 포도주보다 나음이로구나…내가 사랑하므로 병이 생겼음이라…내 사랑하는 자는 내게 속하였고 나는 그에게 속하였도다…너희가 내 사랑하는 자를 만나거든 내가 사랑하므로 병이 났다고 하려무나…입은 심히 달콤하니 그 전체가 사랑스럽구나…나는 내 사랑하는 자에게 속하였도다 그가 나를 사모하는구나. 아가 1:2, 2:5,16, 5:8,16, 7:10

아가가 우리에게 알려주는 가장 중요한 사실 중 하나는 주님의 사랑의 대상이 그의 신부만이 아니라 그녀의 몸에 속한 모든 지체들이라는 것이다.

여기에 미스터리가 있다. 그리스도께서 그의 신부를 집합적으로 사랑하신다. 하지만, 그는 또 그녀의 몸의 각 지체를 사랑하신다. 온몸 전체를 사랑하시는 것과 동일하게 지체 하나하나를 사랑하신다.

노파심에서 다시 한 번 강조하겠다. 그 각 지체가 바로 당신과 나이다. 아가에서 왕이 그의 입을 열 때마다, 그의 사랑스러운 신부의 몸에 있는 지체들 각각에 대한 그의 사랑과 칭송을 생생하게 묘사하고 있다. 우리의 왕인 그리스도께서 당신과 나를 사랑하시는 그 사랑을 어디다 비교할 수 있겠는가?

신약성경에서, 요한사랑의 사도은 우리가 이 하늘의 로맨스에 대해 알 수 있도록 두 권의 책을 우리에게 남겼다. 이 두 책을 하나로 엮으면 영원한 빛의 세계로 통하는 문이 열린다.

첫 번째 책은 요한복음이고, 두 번째는 예수 그리스도의 계시를 기록한 요한계시록어리둥절케 하고 불안하게 하는 책?이다. 요한복음과 요한계시록은 신랑과 그의 사랑스러운 신부에 대한 합성된 그림을 보여준다. 이 둘을 같이 읽으면, 거기서 우리 하나님의 영원한 목적에 대한 놀랄만한 사실들이 쏟아져나올 것이다.

요한복음은 새로운 창세기라 할 수 있다. 그 안에 에덴동산에서 있었던 아담과 하와의 러브 스토리가 새로운 버전으로 담겨있다. 또 야곱과 라헬의 러브 스토리도 재현되어 있다. 그렇게 함으로써, 요한은 예수 그리스도를 새로운 아담과 새로운 야곱으로 그리는 것이다. 같은 러브 스토리가 요한계시록 안에도 다른 모양으로 그려지고 있다.

요한복음과 창세기와 요한계시록을 합쳐 한목소리를 내게 하면, 우리는 하나님의 마음속에서 고동치는 아름다운 그림을 보게 될 것이다. 또, 화려하고 다채로운 결혼식의 이미지가 메아리처럼 이 책과 저 책을 넘나들며 울려 퍼지는 것을 보게 될 것이다. 그리고 이 책들에 반복해서 등장하는 어휘들이 주님의 뜨거운 열정에 대한 신선한 시각을 우리에게 제공해줄 것이다.

창세기와 요한계시록을 가이드 삼아서 요한복음에 있는 이야기들을 풀어보자.

창세기와 요한복음

요한복음 1장

요한은 창세기 1장의 언어와 이미지를 사용해서 요한복음을 시작한다. 그렇게 해서, 예수 그리스도께서 새로운 창조를 시작하셨다는 사실을 보여주려 하고 있다. 다음을 비교해서 읽어보라.

요한복음 1:1 "태초에 말씀이 계시니라…이 말씀은 곧 하나님이시니라"
창세기 1:1 "태초에 하나님이"

요한복음 1:5 "빛이 어둠에 비취되 어둠이 깨닫지 못하더라"
창세기 1:4 "그 빛이 하나님의 보시기에 좋았더라 하나님이 빛과 어둠을 나누사"

요한복음 1:9 "참 빛 곧 세상에 와서 각 사람에게 비취는 빛이 있었나니"
창세기 1:17 "하나님이 그것들을 하늘의 궁창에 두어 땅에 비취게 하시며"

요한복음 1:12 "영접하는 자 곧 그 이름을 믿는 자들에게는 하나님의 자녀가 되는 권세를 주셨으니"

창세기 1:27 "하나님이 자기 형상 곧 하나님의 형상대로 사람을 창조하시되 남자와 여자를 그들을 창조하시고"

요한복음 1:29 "보라 세상 죄를 지고 가는 하나님의 어린 양이로다"
창세기 1:24 "하나님이 가라사대 땅은 생물을 그 종류대로 내되 육축과 기는 것과 땅의 짐승을 종류대로 내라 하시고"

요한복음 1:32 "내가 보매 성령이 비둘기같이 하늘로서 내려와서 그의 위에 머물렀더라"
창세기 1:2 "하나님의 신은 수면에 운행하시니라"

요한복음 2장

요한복음 2장은 가나의 혼인 잔치로 시작된다. 이 혼인 잔치는 마지막 때에 있을 그리스도 자신의 결혼식을 예시해주고 있다.

그 당시 유대인들에게, 결혼식에 온 하객들을 위해 넉넉한 포도주를 제공하는 것은 신랑의 책임이었다. 가나의 혼인 잔치에서 포도주가 다 동이나 버렸다. 그러자 예수님의 어머니가 그 문제의 해결을 예수님께 맡기려고 했다.

이에 대한 예수님의 반응은 의미심장한 것이었다. "내 때가 아직 이르지 못하였나이다." 주님은 자신이 결혼할 때가 아직 오지 않았다는 의미로 말씀하신 것이다. 그럼에도, 주님께서 신랑으로서의 역할을 떠맡아서 하객들을 위해 새 포도주를 공급하셨음을 우리는 볼 수 있다. 요2:7~11 여기서 예수님은 자신을 그의 사람들을 위해 오신 진짜 신랑으로 소개하시고 있다.

요한복음 3장

침례세례 요한은 예수님이 하늘의 신랑, 즉 배필을 찾아 나선 새로운 아담이라는 것을 세상에 공포했다. 요3:29

요한복음 4장

요한복음 1장부터 4장까지에서, 요한은 창세기 28장에서 30장까지에 걸쳐 있는 야곱에 관한 흥미로운 이야기를 잘 엮어내고 있다. 다음을 비교해서 읽어보라.

야곱은 장차 육신의 이스라엘을 이루게 될 열두 아들을 두었고, 창30 예수 그리스도는 영적 이스라엘을 이루게 될 열두 제자를 택하셨다. 요1:27~51, 20:24

야곱은 그의 아버지 집을 떠나 신부를 얻고자 먼 나라로 여행을 했다. 창28:1~5 예수 그리스도는 그의 아버지 집을 떠나 신부를 얻으려고 이 땅으로 오셨다. 요1:1,14, 3:29

야곱은 하늘과 땅을 연결하는 사다리에 관한 꿈을 꾼 다음 돌 위에 기름을 부었다. 창28:12~18 예수 그리스도는 돌을 택하여 기름을 부으시고요1:42 자신을 야곱이 꿈에서 본 사다리와 동일시하셨다. 요1:51

야곱과 다른 족장들은 그들의 신부를 얻는 데 있어 놀라울 정도로 똑같은 방식을 따르고 있다. 이것이 그 방식이다. 남자가 집을 떠나 먼 나라로 여행을 간다. 그는 우물가에서 한 여자를 만난다. 남자와 여자의 대화가 그 뒤를 따른다. 이 소식이 마을 전해지고 남자는 여자의 가족과 함께 머무르게 된다. 그리고 결혼에 골인한다. 창24:1~67, 29:1~30; 출2:15~21

요한복음 4장에서, 우리는 예수님이 새로운 야곱으로 등장하셨음을 선명하게 볼 수 있다. 약간의 상상력을 발휘해서 이 장면을 재구성해보자. 야곱이 그의 신부인 라헬을 우물가에서 만났다는 사실을 기억하라. 그녀를 처음 만났던 때는 정오쯤이었다. 창29:1~30

그로부터 2천 년쯤 후에, 하늘의 신랑이신 예수 그리스도께서 우물가에 앉으셨다. 그리고 거기도 야곱의 우물이었다. 시간도 정오쯤이었다. 요4:6

이것에 무슨 의미가 있는지는 하나님만 정확히 아실 것이고 우리는 상상을 할 뿐이지만, 이때 천사들이 하늘의 난간에 걸터앉아 뭔가를 보고 싶어서 기다리고 있었을 것이다. 그들이 하나님께서 그의 영광스러운 아들에게 딱 맞는 신부로 택하신 존재가 누구인지 보고 싶어하지 않았을까?

드디어 여자가 우물에 도착했다. 그런데 이게 웬 일인가? 그녀는 천사들이나 사람들이 기대했던 여자가 아니었다. 그녀는 라헬처럼 아름답지도 않았고, 리브가처럼 순결하지도 않았고, 사라처럼 우아하지도 않았다. 이들과는 거리가 먼, 상처투성이의 여자였다. 그녀는 여기저기서 버림받은, 비참한 과거를 지닌 여자였다. 순결하기는커녕, 남자들에게 이용당해서 망가진 인생이었다.

아마 천사들이 속으로 이렇게 생각했을 것이다. "이 여자가 완전하신 하나님 아들의 신붓감이 될 수 있을까? 하나님께 합당한 아내가 될 수 있을까?" 천사장 미가엘이 미간을 찌푸리며 이 질문을 곱씹고 있었을지도 모른다. 하지만, 놀랍게도 이 질문에 대한 대답은 의심의 여지 없이 '그렇다' 이다. 사랑스럽지도 않고 비참하기 짝이 없는 이 사마리아 여자가 예수님께서 택하셔서 자신의 것으로 삼으시는 존재이다.

이 여자를 자세히 보라. 그녀는 남편이 다섯이나 있었다. 그리고 지금 함께 사는 여섯 번째 남자는 그녀의 남편이 아니었다. 그러나 예수 그리스도께서 말도 안 되는 일을 하셨다. 자신을 그녀의 새 남편으로, 일곱 번째 남자로, 다른 남자들이 주지 못한 사랑으로 그녀를 사랑하는 하늘의 청혼자로 소개하신 것이다. 이제 그녀의 비극적인 삶을 정결한 삶으로, 다 타버린 재와 같은 그녀를 아름다움으로, 그녀의 불행을 환희로 바꿔주실 분임을 선언하신 것이다.

이 여자는 사마리아인이었다. 사마리아인은 반은 유대인이고 반은 이방인인 혼혈 족이었다. 다른 말로 하면, 그녀의 몸에는 유대인과 이방인의 피가 반반 흐르고 있었다. 그녀는 유대인과 이방인으로, 즉 타락한 인류, 비참한 인류로 이루어진 예수 그리스도의 신부의 그림자이다. 측량할 수 없는 하나님의 은혜로 말미암아 걸작품으로 새롭게 창조된 존재를 드러내는 그런 그림자와 같다. 엡2:10~15

정말 감동적이지 않은가?

예수 그리스도는 이 여자의 인생의 방향을 바꾸셔서 그의 정결함과 완전함으로 그녀를 초청하셨다. 이런 것이 하나님 사랑의 본질이다. 그것은 죄로 물든 삶의 방향을 바꿔주고 모든 추한 것들을 원상태로 되돌려준다.

첫 번째 아담은 그의 신부가 타락했을 때 자신을 그녀로부터 멀리 했다. 그러나 두 번째 아담인 예수 그리스도는 그의 신부가 그릇된 길을 가더라도 그녀를 절대 떠나시지 않는다. 오히려 주님은 다음과 같은 약속과 함께 그녀를 배필로 맞으신다. "내가 영원한 사랑으로 너를 사랑하기에…" 렘31:3) 그녀에 대한 주님의 결혼서약은 이것이다. "내가 결코 너희를 버리지 아니하고 너희를 떠나지 아니하리라." 히13:5 진실로, 요한복음은 아담보다 크시고 야곱보다 크신 예수 그리스도를 신랑으로 칭송하고 있다. 이 얼마나 놀라운 주님인가?

요한복음 19장

요한복음 19장부터는 창세기 1장과 2장에 나오는 이야기의 탄탄한 버전이라 할 수 있다. 요한복음 19장에서 예수님은 자색 옷을 입으시고 사람들 앞에 구경거리가 되셨다. 빌라도는 주님을 조롱하면서 "보라, 너희 왕이로다."라고 했다. 그날은 금요일, 곧 여섯 번째 날이었다. 창세기 1장에서 '사람' 이라는 말이 처음 등장하는데, 하나님께서 그를 세상에 밝히 드러내셨다. 하나님께서 금요일 곧 여섯 번째 날에 사람을 창조하신 것이다.

요한복음 19장에서 예수님은 "다 이루었다."라고 하시며 일곱 번째 날인 안식일에 무덤 안에 누워계셨다. 창세기 2장에서는 하나님께서 창조를 '마치시고' 일곱 번째 날인 안식일에 안식하셨다.

요한복음 20장

창세기 2장에 보면, 하나님께서 아담을 깊이 잠들게 하시고 그의 옆구리를 여셨다. 그리고 나서 그의 상처를 낫게 하셨다. 아담은 깨어나서 빼어난 아름다움의 소유자인 그의 사랑스러운 신부를 처음으로 보게 되었다. 이것은 한 주의 시작인 일요일에 벌어진 일이었다. 하와는 새로운 창조이다.

요한복음 20장에서 요한은 예수님의 죽음을 이 땅에서 얻으신 예수님의 신부를 위한 결혼지참금에 비유하고 있다. 하나님 아버지께서 예수 그리스도를 죽음의 잠으로 몰아넣으시고 그의 옆구리를 여신 후에 거기서 피와 물이 쏟아져 나왔다. 피는 그의 신부를 위해 지급하는 것이고, 물은 그녀를 깨끗하게 함을 의미한다. 아버지께서 아들의 상처를 낫게 하신 후, 부활하신 예수님이 빼어난 아름다움을 간직한 그의 사랑스러운 신부를 보시게 된다. 이 날은 일요일 곧 한 주일이 시작하는 첫 번째 날이었다. 교회는 새로운 창조이다.

요한 2서

요한이 깨달은 그리스도와 그의 교회 사이의 신랑 신부관계는 그의 편지들에도 넘쳐나고 있다. 예를 들면, 요한 2서는 장로이며 사도인 요한이 소아시아에 있는 교회에 쓴 편지인데, 이 편지에서 그는 다음과 같이 교회에 문안인사를 했다. "택하심을 받은 부녀와 그의 자녀들에게." 나는 요한이 두 번째 하와인 교회를 지칭했다고 믿는다. 즉 영적인 생명을 가진 모든 사람들의 어머니를 가리킨다. 요한계시록의 마지막 두 장에서, 요한은 이 개념을 더 깊이 있게 발전시키고 있다.

요한계시록과 요한복음

요한복음의 시작부분과 요한계시록의 끝 부분

요한복음에서 우리는 그리스도께서 새로운 창조를 시작하신 것을 살펴봤다. 요한계시록에서는 새로운 창조를 완성하시는 그리스도를 보게 된다. 요한복음에서는 신랑이 하늘로부터 땅으로 내려오셨다.요1:14, 3:29 요한계시록에서는 신부가 하늘로부터 땅으로 내려온다.계21:2 요한복음의 시작부분과 요한계시록의 끝 부분을 나란히 놓고 보면 참으로 놀랍다. 마치 요한의 독특한 어휘가 메아리치며 서로 화답하는 것 같다. 함께 살펴보자.

요한복음 1:1 "태초BEGINNING에 말씀이 계시니라"

요한계시록 22:13 "시작BEGINNING과 끝이라"

요한복음 1:3 "만물이 그로 말미암아 지은 바MADE 되었으니"

요한계시록 21:5 "보라 내가 만물을 새롭게 하노라MAKE 하시고"

요한복음 1:5,9 "빛이 어둠에 비취되…참 빛 곧 세상에 와서 각 사람에게 비취는 빛이 있었나니"

요한계시록 22:5 "다시 밤이 없겠고 등불과 햇빛이 쓸데없으니 이는 주 하나님이 저희에게 비취심이라"

요한복음 1:14 "말씀이 육신이 되어 우리 가운데 거하시매장막이 되시다; TABERNACLED"

요한계시록 21:3 "보라 하나님의 장막TABERNACLE이 사람들과 함께 있으매 하나님이 저희와 함께 거하시리니장막이 되시다; TABERNACLE"

요한복음 1:17 "은혜와 진리는 예수 그리스도로 말미암아 온 것이라"

요한계시록 22:21 "주 예수의 은혜가 모든 자들에게 있을지어다"

요한계시록 1:29 "보라 세상 죄를 지고 가는 하나님의 어린 양이로다"

요한계시록 22:3 "다시 저주가 없으며 하나님과 그 어린 양의 보좌가 그 가운데 있으리니"

요한복음 1:32 "내가 보매 성령이 비둘기같이 하늘로서 내려와서"

요한계시록 21:2 "또 내가 보매 거룩한 성 새 예루살렘이 하나님께로부터 하늘에서 내려오니"

요한복음 1:39,46 "와COME 보라…와 보라 하니라"

요한계시록 22:17 "성령과 신부가 말씀하시기를 오라COME 하시는 도다 듣는 자도 오라COME 할 것이요"

요한복음 1:42 "예수께서 보시고 가라사대 네가 요한의 아들 시몬이니 장차 게바라 하리라 하시니라게바는 번역하면 베드로라; 베드로는 '반석 STONE' 이라는 뜻임"

요한계시록 21:14,19 "그 성에 성곽은 열두 기초석이 있고 그 위에 어린 양의 십이 사도의 열두 이름이 있더라 그 성의 성곽의 기초석은 각색 보석precious STONE으로 꾸몄는데"

요한복음 1:49 "랍비여 당신은 하나님의 아들이시요 당신은 이스라엘의 임금왕이로소이다"

요한계시록 19:16 "그 옷과 그 다리에 이름 쓴 것이 있으니 만왕의 왕이요 만주의 주라 하였더라"

요한복음 1:51 "하늘이 열리고 하나님의 사자들이 인자 위에 오르락내리락하는 것을 보리라"

요한계시록 19:11 "또 내가 하늘이 열린 것을 보니 보라 백마와 탄 자가 있으니 그 이름은 충신과 진실이라"

요한복음 2:2 "예수와 그 제자들도 혼인에 청함을 받았더니."

요한계시록 19:9 "어린 양의 혼인 잔치에 청함을 입은 자들이 복이 있도다"

요한복음 2:19,21 "이 성전을 헐라 내가 사흘 동안에 일으키리라…그러나 예수는 성전 된 자기 육체를 가리켜 말씀하신 것이라"

요한계시록 21:22 "성 안에 성전을 내가 보지 못하였으니 이는 주 하나님

곧 전능하신 이와 및 어린 양이 그 성전이심이라"

요한복음 3:29 "신부를 취하는 자는 신랑이나 서서 신랑의 음성을 듣는 친구가 크게 기뻐하나니 나는 이러한 기쁨이 충만하였노라"

요한복음 18:23 "신랑과 신부의 음성이 결코 다시 네 가운데서 들리지 아니하리로다"

요한계시록 19~22장

요한복음은 신랑의 실체를 드러내고 요한계시록은 신부의 실체를 드러내 준다. 요한계시록의 절정은 창세기 3장에 나오는 타락의 비극을 반전시켜 완전히 바꾸는 역사이다. 요한계시록 19장에서 사단은 정복되고 타락은 완전히 제거된다.

19장과 20장에 등장하는 장면은 그야말로 경이적이다. 인류역사를 통틀어 하나님의 백성으로 이루어진 거룩한 무리가 거기 등장한다. 궁극적으로 이 무리는 표현할 수 없을 만큼 아름다운 영광스러운 신부를 이룰 사람들이다. 그녀가 바로 예수 그리스도의 신부요 어린 양의 아내인 영광스러운 교회이다. 그리고 그녀는 하늘에서 땅으로 내려온다.

상처 입은 양과 그의 흠 없는 아내

드디어 요한계시록 21장과 22장에서 완전한 신부의 실체가 속속 드러난다. 여기서 요한은 회복된 낙원에서 영원히 함께 사는 신부와 신랑을 우리에게 소개해주고 있다. 끝 부분에 가면, "오라 하시는도다 듣는 자도 오라 할 것이요 목마른 자도 올 것이요 또 원하는 자는 값없이 생명수를 받으라 하시더라"라는 말씀이 등장한다.

이 말씀은 요한복음 4장에 등장하는 예수님의 말씀을 연상케 한다. 목마른 사마리아 여자에게 그녀의 갈증을 영원히 해소해줄 생수를 주시겠다고 하신 그 말씀 말이다. 다시 강조하지만, 그리스도의 신부의 트레이드마크는 그녀가 신랑을 사모해서 목말라하는 그것이다. 그리고 이런 '목마름'은 곧 짝을 찾고 싶어하는 그리스도의 '목마름'에 거울처럼 반사하는 반응이다.

> 또 내가 보매 거룩한 성 새 예루살렘이 하나님께로부터 하늘에서 내려오니 그 준비한 것이 신부가 남편을 위하여 단장한 것 같더라…오라 내가 신부 곧 어린 양의 아내를 네게 보이리라 하고 성령으로 나를 데리고 크고 높은 산으로 올라가 하나님께로부터 하늘에서 내려오는 거룩한 성 예루살렘을 보이니 하나님의 영광이 있어_계 21:2, 9~11

여기서 요한은 신부의 실체를 드러낸다. 그녀는 하나님께서 손수 지으신 거룩한 성으로 묘사되어 있다. 새 예루살렘이라는 말은 요한이 설명하기 어려운 어떤 것을 이해시키고자 시도한 표현인 것 같다. 이 성에서 발산되는 놀라운 영광을 상상하기만 해도 우리는 기절할지도 모른다. 그 성이 얼마나 아름다운지 그것을 보면 우리가 숨이 막히고 어안이 벙벙해질 것이다. 이 성이 바로 넋을 잃고 바라봐야만 하는, 영광 중에 있는 교회의 이미지이다. 예수 그리스도는 사람이 만든 건물과는 결혼하실 리 만무하다. 새 예루살렘은 그리스도의 영광스런 신부를 그린 거대한 그림이라 할 수 있다.

새 예루살렘은 하나님께서 거하시는 집으로써, 가로, 세로, 높이가 각각 2,400킬로미터인 정육면체로 묘사되어 있다. 하나님께서 거하셨던 모세의 성막 안에 있던 지성소가 한 변의 길이가 10규빗인 정육면체였음을 기억하

라. 새 예루살렘은 본질적으로 지성소의 확대판이라 할 수 있다.

그다음에 벌어지는 일은 사람의 머리로는 상상할 수 없다. 신부가 셀 수 없이 많은 하늘의 무리로부터 나온다. 그녀는 신랑을 위해 눈 부신 빛으로 옷 입고 멋지게 단장하고 나타난다. 그리고 우주적인 혼인 잔치가 시작된다.

신부는 이 장엄한 순간을 위해 자신을 준비시켜왔다. 계19:7~9 하늘의 신랑이 그의 흠 없는 신부를 데리고 신방의 베일을 열고 안으로 들어간다. 정결함 위에 정결함이 쏟아지고, 빛이 빛으로 흘러들어 간다. 그리고 주 예수 그리스도와 그의 사랑스러운 신부는 하나가 된다. 이제 그녀는 더는 신부가 아니라 하나님의 아내이다. 하나님과 아들은 더는 독신이 아니다.

하나님의 최종적 미래

하나님의 자녀여, 하프를 연주하며 날개를 달고 천사들처럼 입장하는 것은 당신의 몫이 아니다. 당신은 하나님의 로맨스가 펼쳐지는 드라마 속에 빨려 들어간 주인공이다. 그리스도와 떼려야 뗄 수 없는 하나가 되어 그분과 온전히 연합되고 하나님 안에 깊이 빠지는 것이 당신의 미래이다. 성경 전체를 통틀어 최상의 계시가 바로 이것이다.

마지막에는, 하나님께서 "만유의 주로서 만유 안에", 즉 하나님께서 모든 것 안의 모든 것이 되실 것이다. 고전15:28; 엡1:10 이것이 하나님의 최종적인 미래이다. 그리고 그것은 당신에게 있어서도 마찬가지이다.

새 예루살렘의 모습 중 가장 흥미를 끄는 장면 중의 하나는 어린 양이다. 그는 성의 중앙에 서 있고 그의 빛으로 그 성을 가득 채우고 있다. 그 성은 그리스도의 영광의 빛으로 환하게 빛나고 있다. 거기서는 죄를 찾을 수 없다. 타락한 세상은 온데간데없다. 저주도 완전히 제거되었다. 죄, 슬픔, 아품 같은 것은 아련한 기억에나 있을 뿐이다.

　모든 것이 새로워졌고, 모든 것이 완전하고, 모든 것이 거룩하다. 하지만, 그 성 안에 상처를 지닌 존재가 하나 있다. 어린 양만큼은 전적으로 완전하지 않다. 그는 자기의 몸에 상처를 지니고 있다. 그것이 무엇일까?

　그것은 바로 두 손에 난 못 자국과 두 발에 난 못 자국, 그리고 옆구리에 있는 상처이다. 그 옆구리에서 피와 물이 흘러나왔다. 이것이 바로 교회가 태어난 뚜렷한 흔적이 아니겠는가?

　어린 양의 옆구리에 난, 피로 얼룩진 상처를 보라. 말하자면, 그것이 모든 하나님의 자녀를 태어나게 한 태자궁이다. 그것은 신부를 나오게 한 태이다. 왜냐하면, 그녀가 어린 양의 상처 난 옆구리에서 나왔기 때문이다. 그렇기 때문에, 그녀는 흠이 없고, 점도 없고, 주름이나 그런 것들도 없다. 그녀에겐 상처가 없고, 흉터도 없고, 딱지도 없다. 그러나 그녀의 신랑은 이것들을 다 가지고 있다. 그리고 그는 영원토록 그것들을 지니고 살게 될 것이다.

요점

　당신의 주님이 짝을 얻으려면 누군가는 상처를 받아야만 했다. 누군가는 손상을 입어야 했고, 흠집이 나야 했다. 긍휼과 은혜가 충만하신 하나님 아버지께서 그것을 감당해야 할 존재가 그분의 아들이라는 것을 확실히 하셨다. 그리고 사랑을 하고 또 사랑을 받고 싶은, 주체할 수 없는 열정 때문에 하나님의 아들은 그것에 동의하셨다.

　완전한 어린 양을 보라. 그는 자신의 동반자이자 배필인 아내를 얻으려고 영원토록 상처 입고 살기를 작정하셨다. 흠 없는 어린 양을 보라. 그는 영구적인 상처를 지니고 살아야 하는데도 그녀를 위해 기꺼이 자신을 내놓았다. 이렇게 해서 그녀는 태어났다. 그냥 태어난 것이 아니고 흠 없는 상태로, 순결하고, 완벽하고, 결점 하나 없는 상태로 태어난 것이다.

> 내가 또 보니 보좌와 네 생물과 장로들 사이에 한 어린 양이 서 있는데 일찍이 죽임을 당한 것 같더라 _계 5:6

> 큰 음성으로 이르되 죽임을 당하신 어린 양은 능력과 부와 지혜와 힘과 존귀와 영광과 찬송을 받으시기에 합당하도다 하더라 _계 5:12

> 죽임을 당한 어린 양의 생명책에 창세 이후로 _계 13:8

십자가에 달려 승리하신 당신의 정복자를 보라. 이제 당신의 전사warrior 요 왕이신, 죽임당한 어린 양을 보라.

우주적 로맨스

우주적인 신성한 로맨스가 리듬과 멜로디를 타고 창세기부터 요한계시록까지 울려 퍼지고 있다. 하지만, 주요 화음은 언제나 같다. 영원부터 하나님 안에 감춰져 온 신부가 그분에게서 나와서 그분에게로 돌아간다는 내용이다. 그리고 이것은 당신의 이야기이다. 왜냐하면, 그리스도께서 사랑에 빠질 수밖에 없는, 타의 추종을 불허하는 여자의 지체가 바로 당신이기 때문이다. 그렇다. 우주의 왕이신 예수 그리스도는 당신과 돌이킬 수 없는 사랑에 빠져버린 것이다.

당신의 하나님 안에 있는 타오르는 열정을 보라. 교회, 곧 에클레시아가 바로 그분이 갖고 계신 열정의 최종 목적지이다. 그녀는 하나님의 생각 중심에 있다. 그녀는 하나님의 영원한 목적이다. 이 영광스러운 여자는 하나님 안에 있고, 하나님에 의해 살고, 하나님을 통해 존재하고, 결국 하나님께로 가게 된다. 하나님의 위대한 계획은 그분의 아들을 열정적으로 사랑하는 신부를 얻으시는 것이다. 그러므로 교회를 우선시하지 않고, 교회를 중심에 놓지 않는 어떤 개혁이나 선교적 노력도 하나님의 영원한 계획에는 이르지 못한다.

나는 당신이 수많은 자녀를 가지신, 열정으로 가득한 하나님을 보기를 원한다. 그 자녀 중 상당수가 하나님을 섬기기에 바쁘다. 또 그분을 주제로 공부하기에 바쁘다. 그분에 대해 설교하느라 바쁜 사람들도 많다. 그리고 또 많은 사람이 그분에게 간구하기에 바쁘다.

그러나 이 열정적인 당신의 하나님은 다만 그분을 사랑할 사람들을 찾고 계신다.

많은 그리스도인이 하나님 아버지와 관계를 맺고 있다. 그런데 그 관계가 많은 경우 섬김, 노력, 간구 등에 기초하고 있다. 어쩌면 그것은 교리적인 이해에 기초한 관계로써 하나님에 대해 인식하는 것cognitive 정도일지도 모른다. 그러나 너무 많은 그리스도인이 하나님의 아들이신 예수 그리스도와의 친밀한 관계, 즉 그분과의 로맨틱한 사랑을 할 수 있다는 사실에 무지하다.

그러므로 우리에 대한 하나님의 견해를 받아들이고, 예수 그리스도께서 한결같은 사랑과 주체할 수 없는 열정으로 우리를 사로잡으시도록 하자. 오직 그렇게 할 때, 우리의 영혼이 주님을 향한 열정으로 불붙게 될 것이다. 그리고 타다 남은 '첫 사랑'이 다시 불붙기 시작할 것이다. 오직 그렇게 할 때, 주님께 사랑을 돌려 드리고자 우리 마음이 열리고, 우리의 사명과 영적인 사역은 든든한 영적 기반을 갖게 될 것이다. 이것이 하나님의 영원한 목적을 성취하는 첫 걸음이다. 다른 모든 것들은 이것으로부터 흘러나와야만 한다.

매일같이 하나님의 로맨스를 쓰기 위한 새로운 페이지가 기다리고 있다. 그러므로 당신의 주님과의 데이트를 즐기라. 정기적으로 주님과의 시간을 가지라. 그리고 연애love affair가 시작되게 하라.

2부
영원한 탐색여행
하나님의 집

Chapter 12
집 없는 하나님 이야기

여호와께서 이와 같이 말씀하시되 하늘은 나의 보좌요 땅은 나의 발판이니 너희가 나를 위하여 무슨 집을 지으랴 내가 안식할 처소가 어디랴 _사 66:1

어렸을 적에 나는 야구카드를 모으는 취미가 있었다. 그때 어떤 카드 회사가 홀로그램 야구카드라고 불리는 기발한 카드를 고안해냈다. 그 카드를 똑바로 바라보면 타격을 하는 선수의 이미지가 보이고, 카드의 방향을 약간 왼쪽으로 틀면 완전히 다른 이미지로 바뀌어, 이번엔 같은 선수가 수비하는 모습으로 보이게 된다. 방향을 좀 더 왼쪽으로 돌리면 다시 이미지가 바뀌어 그 선수가 더그아웃에서 담배를 씹는 모습이 보인다.

까마득한 옛날, 호랑이 담배 피울 때의 얘기이다. 그때 이후로, 나는 하나님의 영원한 목적이 홀로그램 야구카드와 상당히 비슷하다는 생각을 하게 되었다.

제1부에서 우리는 하나님의 영원한 목적이 영원하신 아들을 위해 신부를 얻는 것임을 알게 되었다. 그런데 하나님의 의도를 다른 시각으로 보게 되면 또 다른 그림이 나타난다. 하나님의 최종 목적이 영원하신 아버지의 집을 찾는 것과 밀접한 관계가 있음을 보게 된다. 이것이 다음으로 우리가 살

펴볼 이미지이다.

시간이 생기기 전의 영원한 교제 속에서, 삼위일체이신 하나님은 두 가지를 결정하셨다. 하나는 아들 하나님이 신부를 갖는 것이고, 다른 하나는 아버지 하나님이 집을 갖는 것이다. 엡1:11, 2:1~5:32

영원하시고, 알 수도 없고, 접근하기 어려운 하나님께서 그날 자신을 위해 거처거주지를 찾겠다고 결정하셨다. 이 거주지는 하나님께서 자신의 의사를 소통하시고, 자신의 마음을 드러내시고, 자기 자신을 자유롭게 표현하실 그런 곳이라야 했다.

집을 찾기 위한 하나님의 탐색 여행은 이어지는 실처럼 성경 전체를 관통하여 흐르고 있다. 그것은 창세기에서 시작해서 요한계시록까지 계속된다. 이 여행이 하나님께서 하시는 모든 일을 주관하고 있다. 사실, 성경은 자신을 위해 집을 지으시려는 하나님의 꿈을 담은 역사이다. 하나님께서 하시는 모든 일과 그것에 대한 반응들이 이것과 관련이 있다.

옛날 유대사회에서 집house과 가정home은 동의어였다. 둘 다 사람이 사는 거주지를 일컬었다. 집을 찾기 위한 하나님의 탐색 여행을 살펴보기 전에, 먼저 집의 중요성에 대해 고찰해보자. 나에게 집이란 다음과 같은 의미로 이해된다.

- 안식처. 집은 복잡한 삶의 압박에서 벗어나게 하는 장소이다. 다른 사람은 모르겠지만, 나는 휴가를 떠나서 얼마 지나면 꼭 집에 돌아가고 싶은 시점이 찾아온다. 휴가 중 또 휴가가 나에게 필요한 것이다. 나에겐, 진정 "내 집 같은 곳은 없다."
- 있는 모습 그대로 자유를 누리는 곳. 당신이 나를 정말 알고 싶다면 내 집에 와서 나를 지켜보라. 나는 거기서 완벽한 평안을 누린다. 내

집에서는 꾸미지도 않고 무엇에 구속되지도 않는다.
- 자신의 성격을 가장 잘 표현하는 곳. 집을 어떻게 장식하고, 가구를 어떻게 배치하고, 방에 무엇을 갖다 놓는지가 집주인의 성격을 드러내 준다.
- 자유롭게 의사소통을 할 수 있는 곳. 내가 다른 곳에서는 자유롭게 대화할 수 없을지라도, 내 집에서만큼은 아무런 제약도 받지 않고 무슨 얘기든지 할 수 있다.
- 안전한 곳. 내 집에서는 두려움이 없다. 내 집은 안전하고 든든한 곳이다.
- 인정받고, 받아들여지고, 환영받는 곳. 다른 곳에서는 거절당할지라도 내 집에서는 내가 온전하게 사랑받고 인정받는다.
- 자신을 맡길 수 있는 곳. 나는 내 집에 내 몸을 맡긴다. 내 집은 내가 삶 대부분을 보내는 공간이다.
- 자신이 주인이고 왕인 곳. 국법이나 지방 법을 어기지만 않으면 내 집에서 나는 뭐든지 하고 싶은 것을 할 수 있다.

이것이 나에게 있어서의 집의 의미이다. 당신에겐 물론 좀 다를 수도 있지만. 이제 창세 전의 하나님께로 가보자. 그분에겐 집이 없어 거주할 집을 간절히 찾고 계시다.

다음 단원부터, 우리는 성경 전체에 나와 있는 하나님의 집에 관한 주제를 추적해 볼 것이다. 그렇게 함으로, 우리는 하나님의 영원한 목적의 다른 측면을 발견하게 될 것이다.

Chapter 13
하나님의 탐색 여행: 아담으로부터 야곱까지

야곱이 잠이 깨어 이르되 여호와께서 과연 여기 계시거늘 내가 알지 못하였도다 이에 두려워하여 이르되 두렵도다 이 곳이여 이것은 다름 아닌 하나님의 집이요 이는 하늘의 문이로다 _창 28:16~17

창세기 1장과 2장에서, 우리는 집이 없는 상황을 해결하시고자 첫발을 떼시는 하나님을 볼 수 있다. 이 두 장에 우주의 창조와 땅의 창조와 인간의 창조가 다 나와있다. 아마 당신은 한 번도 창조를 이런 관점에서 본 적이 없었을지도 모른다. 하지만, 창조의 목적은 다름 아닌 하나님의 집을 짓는 데 필요한 건축 재료를 만드는 것이었다. 전반적으로, 창세기 1장과 2장은 집터 또는 건설 현장라고 볼 수 있다. 또 그것은 하나님의 집을 짓는데 필수적으로 사용될 건축 재료를 묘사한 것이다.

히브리 원문에는, 수면 위를 '배회하는hovering' 또는 '덮는, 품는, 안는brooding' 하나님의 영이라는 말로 성경이 시작된다.창1:2 이것은 성령이 하나님을 위해 거주지를 찾고 있다는 뜻을 내포하고 있다. 하나님께서 자신의 존재임재를 맡기실 곳을 찾고 계신다는 뜻이다.

창세기 1장의 마지막 부분에서 우리는 첫 번째 사람을 소개받는다. 이 사람은 높고 고귀한 부르심을 받았다. 그것은 하나님의 집을 짓는 데 있어 그의 창조자와 함께 일하는 사명이다.

새로운 눈으로 에덴동산을 보다

창세기 2장에 보면, 하나님께서 에덴에 동산을 만드셨다. 이 동산은 하늘과 땅의 두 세계가 만나는 물리적인 장소였다. 하늘과 땅의 교통이 동산 안에서는 얼마든지 가능했다. 보이지 않는 하나님께서 동산을 방문하셔서 자유롭게 걸으셨다. 하지만, 하나님께서 단지 지구를 방문하는 것만으로는 만족하실 수 없었다. 하나님은 거기서 거주하시기를 바라셨다. 휴양지가 아닌 거주지를 원하셨던 것이다.

에덴동산은 하나님께서 자신의 집을 지으실 집터 또는 건물터를 나타낸다. 집 짓는 데 필요한 건축 재료 또한 거기에 있었다. 어떻게 보면, 에덴동산은 집 짓는 데 필요한 모든 것이 갖춰져 있는 거대한 건축 재료상이라고 볼 수 있다. 그곳은 하나님의 집을 짓는 데 있어 목재상도 되고, 채석장도 되는 곳이었다. 창세기 2:8~15에 의하면, 건축 재료는 다음과 같다.

- 생명나무
- 흐르는 강
- 금
- 진주베델리엄이라고도 불림
- 보석호마노는 아주 비싼 보석임

하나님은 남자와 여자를 위해 아주 특별한 동산을 만드셨다. 그리고 나서, 동산 중앙의 특별한 강 옆에 특별한 나무를 두셨다. 주님은 아담과 하와로 하여금 생명나무의 과실을 따 먹고 흐르는 강물을 마시게 하셨다. 흐르는 강은 세 가지 중요한 물질을 생산해냈다. 금, 진주, 보석.

성경의 마지막 부분인 요한계시록 21장과 22장을 보면, 같은 건축 재료가 언급되어 있음을 볼 수 있다. 하나님의 집이 금과 진주와 보석으로 지어져 있다. 생명나무와 흐르는 강도 거기에 있다. 그 집은 완성되어 있고 하나님께서 자신의 집을 갖고 계신다.

동산이란 무엇인가? 그것은 식물이 경작되는 땅이다. 이것에 대해 생각해보라. 아담의 생존은 그가 먹는 것에 달려 있었다. 그가 먹는 음식이 그의 운명을 결정했다. 그것은 또 인류 역사의 방향 전체를 결정했다.

하나님의 집은 먹는 것partaking에 의해 지어진다. 그 집은 먹고 마시는 것에 의해 조립된다고 할 수 있다. 만일 아담이 올바로 먹는다면 인간은 살게 되고, 하나님의 집 일부분으로서 하나님의 주된 목적을 성취하게 될 것이다. 만일 아담이 올바로 먹지 않는다면, 인간은 죽게 되고 인간 외의 피조물들도 다 죽게 될 것이다. 결과 하나님은 아직도 집을 갖지 못하셨다.이것에 대해서는 나중에 자세히 살펴보게 될 것이다.

자, 아담은 올바로 먹지 않았고 하나님의 계획은 우회하게 되었다. 그 이야기가 창세기 3장에 등장한다. 하나님은 대적에게 땅을 빼앗겨버렸다.이후로 사단은 '이 세상의 신'으로 불린다-요 12:31, 14:20, 16:11; 고후 4:4; 엡 2:2 창세기 3장 이후로, 전능하신 하나님은 두 가지 문제에 봉착하게 되었다. 첫째, 하나님은 자신을 위해 땅을 되찾고 회복시키셔야 한다. 둘째, 일단 하나님께서 땅을 되찾으시면, 그분의 원래 목적을 성취하셔야 한다. 물론 이것은 하나님의 집을 짓는 일이다.

내가 3년 전에 집 한 채를 지었는데, 바닥부터 집을 올리기 시작해서 완성하는 데 7개월이나 걸렸다. 우리 하나님께서도 그분의 집을 지으시려고 아주 오랜 시간을 기다려오셨다. 감사하게도, 하나님은 그의 목적을 포기하시지 않았다. 아담은 실패했지만, 하나님은 도중에 하차하시지 않았다. 하나님은 그 목적을 위해 땅을 다시 회복하고자 하는 부르심에 응할 다른 사람을 얻으실 때까지 기다리셨다. 그 사람이 아브람이었다.

아브라함이 도성을 바라보다

아브람은 이방인이었다. 갈대아 우르 출신인데,창11:28 그곳은 더 정확히 말하면 바벨론이다.

> 믿음으로 아브라함은 부르심을 받았을 때에 순종하여 장래의 유업으로 받을 땅에 나아갈새 갈 바를 알지 못하고 나아갔으며 믿음으로 그가 이방의 땅에 있는 것 같이 약속의 땅에 거류하여 동일한 약속을 유업으로 함께 받은 이삭 및 야곱과 더불어 장막에 거하였으니 이는 그가 하나님이 계획하시고 지으실 터가 있는 성을 바랐음이라 _히 11:8~10

아브라함에 대한 이야기는 창세기 11장부터 25장까지에 걸쳐 나온다. 하나님께서 아브람에게 나타나셔서 "네가 살아왔던 집과 도성을 떠나라. 나는 내 집을 회복하고 싶다. 내가 너를 집터로 데리고 가겠다. 그곳은 도성 곧 하나님의 성이다. 거기서 내가 내 집을 짓겠다. 하지만, 네가 그곳에 가려면 네 조상이 지켜온 전통을 포함한 모든 것들로부터 떠나야 한다."

아브람의 부르심은 심오한 진리를 담고 있다. 하나님의 집을 짓는 일에 참여하는 것은 곧 우리가 지켜온 전통과의 이별을 의미한다.

이방인이었던 아브람은 거짓 신들을 섬겼었다. 그러나 참 신인 하나님을 따르고자 그는 어릴 적부터 몸에 배어온 우상들을 다 떨쳐버려야 했다. 이런 헌신 없이는 주님의 집이 지어질 수 없다. 따라서 오늘날 우리가 하나님의 집을 짓는 작업에 참여하려면, 우리가 가진 하나님에 대한 잘못된 인식들을 다 버려야 한다. 우리는 출구를 찾아 그곳으로 나가야 한다.

아브람이 새로운 삶을 살게 되었다는 표시로 하나님께서 그의 이름을 아브라함으로 바꿔주셨다. 아브라함은 그가 알고 있던 모든 것들을 떠났다. 그가 갖고 있던 하나님에 대한 인식들, 안락한 환경, 조국, 도성, 그리고 그의 동족과 이별을 고했다. 그리고 나서, 그는 영원한 도성, 즉 하나님의 집이 지어져야 할 집터를 찾아 나섰다.

이 극적인 결단에 의해 이주를 감행한 것이 아브라함과 그의 후손들을 나그네로 만들어버렸다. 그들은 졸지에 낯선 땅에서 이방인이자 외국인이 되었다. 그러나 육신의 세계를 초월해서 그들이 '하나님께서 지으시는 성'에 속했음을 그들은 알았다. 그 성이 영원에서 지상으로 이동하기 시작했던 것이다.

이야기가 전개되면서, 우리는 두 가지 사실을 발견하게 된다. 아브라함이 제단을 쌓았고 장막천막에 거주했다는 사실이다. 제단과 장막엔 중요한 영적 의미가 담겨 있다. 말로 표현하기가 쉽지 않지만, 이 둘은 하나님의 집의 중요한 트레이드마크라 할 수 있다.

제단은 희생과 헌신을 의미한다. 아브라함은 제단의 사람이었다. 그는 참 하나님을 만나고 나서 자기 자신의 꿈과 욕망과 결별했다. 대신, 하나님께서 관심 두시는 것들을 위해 살았다. 아브라함에게 있어 제단이란 다음과 같이 고백하는 것을 말한다. "주님, 저는 주님께 온전히 바쳐졌습니다. 제 인생은 더는 제가 주관하지 않습니다. 제가 여기 있는 것은 하나님의 목적을 이루기 위함입니다. 저는 바벨론에서 나와서 주님의 성 곧 주님의 거주지를 찾겠습니다."

장막은 우리가 사는 현 세상과의 분리를 의미한다. 아브라함은 이 지구 상에서는 나그네요, 순례자요, 이방인이었다. 즉 그는 이 땅에 있는 도성에 속하지 않았다. 그에게 있어 장막이란 다음과 같은 고백을 말한다. "저는 이 세상에 속하지 않습니다. 저는 여기엔 아무런 연줄도 없습니다. 저는 잠깐 지나가는 이 땅에는 어떤 것에도 묶여있지 않습니다. 저는 주님께서 저를 보내시는 곳은 어디든지 당장 짐을 싸서 달려가겠습니다. 저는 이 세상에 뿌리를 내리고 있지 않습니다."

제단과 장막은 아브라함을 선구자로 만들었다. 그는 하나님의 집 짓는 일에 참여하는 데 있어 개척자였다. 그는 영적인 도성, 곧 하나님께서 거주하실 집터를 찾는데 그의 일생을 바쳤다. 하지만, 그 성은 지상에 지어져야 했다.

아브라함이 하나님의 집이 완성되는 것을 볼 정도로 오래 살지는 못했지만, 그는 집터를 찾았다. 그 터가 바로 가나안 땅에 있는 예루살렘 성이었다. 아브라함이 살았던 당시에는 그 성을 '살렘'이라고 불렀다.

이야기가 이어지면서, 아브라함은 이삭을 낳고, 이삭은 야곱을 낳았다. 아브라함과 이삭이 그러했듯이 야곱도 제단과 장막의 사람이었다.

야곱이 돌에 기름을 붓다

창세기 28:1~22에서 우리는 놀랄만한 이야기를 접하게 된다. 그 이야기는 야곱이 그의 가족을 떠나는 장면에서 시작된다. 야곱은 배회하고 있고 집이 없는 사람이다. 우리는 곤하고 지친 그를 광야에서 찾았다. 저녁이 되어 야곱은 돌 베개를 베고 잠이 든다. 그리고 그는 꿈을 꾸게 된다.

꿈에 하나님께서 성경을 통틀어 처음 등장하는 하나님의 집에 대한 계시를 그에게 주셨다. 야곱은 하늘에서 땅에까지 내려온 사다리를 보았다. 그리고 하나님의 사자들이 그 위에 '오르락내리락' 하는 것을 보게 되었다. 창 28:12 이 신비스런 사다리는 보이는 것들과 보이지 않는 것들, 보이지 않는 세계와 보이는 세계, 하늘과 땅을 연결하는 사다리였다.

더 자세히 말하면, 그 사다리는 하나님과 인간을 연결해주는 사다리였다. 그리고 야곱은 그 사다리 위에서 하늘과 땅의 접촉이 이루어지는 것을 보았다. 에덴동산 이래 처음으로 하늘과 땅이 교통하기 시작한 것이다.

잠에서 깨어난 야곱은 다음과 같은 결론에 도달했다. "하나님께서 여기 계시는구나! 내가 간밤에 잠을 잤던 자리가 살아계신 하나님의 집이다!" 이 말에서 우리는 하나님의 집의 또 다른 특징을 발견하게 된다. 전능하신 하나님의 임재.

이 꿈이 말하고자 하는 것은 무엇인가? 하나님의 영원한 목적이 이 땅에서 사람들과 함께 사시는 것임을 말해주고 있다. 하나님의 영원한 탐색 여행 곧 그분의 최종 목표는 하늘과 땅이 합쳐져서, 하나님께서 우리 같은 사람들과 함께 사시는 것이다.

야곱은 꿈에서 깨어난 후 자기가 베고 잤던 돌을 취해서 기둥처럼 세웠다. 그리고 나서 그는 뭔가 좀 유별난 행동을 했다. 그 돌기둥 위에 기름을 붓고 그것을 '벧엘'이라고 불렀던 것이다. 하나님의 집이라는 뜻

기름이 흘러내리는 돌기둥을 상상해보라. 그 돌은 살아계신 하나님의 거주지를 만드는 첫 번째 구조물을 나타내고 있다.

돌은 생명이 없고 죽었음을 말해주고, 기름은 성령 곧 생명의 영을 상징한다. 돌 위에 부어진 기름의 이미지는 살아계신 하나님이 죽은 인간과 연합하시는 극적인 장면을 보여준다. 이 연합의 결과가 무엇인가?

살아 있는 돌이다.

하나님의 집은 살아 있는 돌들로 만들어진다. 벧전2:5 살아 있는 돌은 한때

죽었었지만, 하나님께서 사실 집의 구조물로 탈바꿈되고자 거기에 기름이 부어졌다. 야곱에게 임한 계시는 바로 이것이다. 하나님께서 집을 찾고 계시고, 그 집은 이 땅에 세워질 것이며, 하나님의 영에 의해 소생된 사람들로 만들어질 것이다.

자신의 피조물과 함께 살고 싶은 열망으로 향수병에 걸리신 하나님의 눈물을 보라. 짐을 챙기셔서 집을 찾아 나서신 이 멋진 하나님을 주목하라. 종국에는 이 집이 당신이나 나 같은 타락한 인간들로 이루어질 것이다.

이야기의 이 시점에서 보면 주님은 아직도 집이 없으셨다. 그 이유는 간단하다. 전능하신 하나님은 하나의 돌 안에 거하실 수 없기 때문이다. 그렇다면, 하나님께서 무엇을 하실 것인가?

Chapter 14
하나님의 탐색 여행: 모세부터 솔로몬까지

또한 모세는 장래에 말할 것을 증언하기 위하여 하나님의 온 집에서 종으로서 신실하였고 _히 3:5

이야기를 계속해보자. 야곱의 이름은 이스라엘로 바뀌었고 그는 열두 아들을 두었다. 그리고 그들은 '이스라엘 백성자녀'이라고 불렸다. 야곱의 아들 중 하나인 요셉은 애굽으로 끌려갔다. 무슨 이유인지는 우리가 알 수 없지만, 하나님께서 요셉의 자손들을 400년 동안 애굽의 노예로 살게 하셨다.

그러나 하나님의 의도는 그의 백성을 집터인 가나안 땅의 예루살렘으로 돌아오게 하는 것이었다. 이 일을 성취하시기 위한 하나님의 전략은 모세라는 사람을 일으키시는 것이었다. 하나님께서 모세를 통해 이스라엘 백성을 애굽에서 해방하셔서 약속의 땅인 가나안으로 향하게 하셨다. 가나안의 집터를 향하여 가는 동안, 그들은 우회해서 40년간을 광야에서 보내야 했다.
출12~19장; 민11~36장

모세와 그가 본 하늘의 환상

이스라엘이 광야에서 많은 시간을 허비했지만, 거짓말 같은 사건이 벌어졌다. 하나님께서 우주의 커튼을 여시고 모세로 하여금 하늘의 차원을 보게 하신 것이다. 하나님은 모세에게 그분의 집을 그린 매혹적인 그림을 보여주셨다. 역사상 처음으로 우리는 모세의 성막을 소개받게 된다. 그것이 정확하게 무엇일까? 본질적으로, 그것은 확대된 제단과 확대된 장막이다. 출24~40장

모세의 성막은 하나님의 집을 그린 놀라운 그림이다. 그것은 주로 금과 나무로 이루어졌다. 금과 나무는 각각 신성과 인성을 나타내는데, 인간과 함께 계신 하나님, 그리고 하나님과 함께 있는 인간을 상징하는 것이다.

모세의 성막에서 가장 중요한 것은 지성소라 불리는 곳이다. 이곳은 가로, 세로, 높이가 똑같이 10규빗으로 된 정육면체이다. 지성소로 들어가는 문은 하나인데 매우 두꺼운 베일천로 되어 있다. 그 베일 뒤에 물건 하나가 있다. 당신이 영화 *Raiders of the Lost Ark*의 팬이라면, 그 베일 뒤에 무엇이 있었는지를 알고 있을 것이다. 바로 언약궤법궤이다.

언약궤는 하나님의 임재가 머물러있는 곳이다. 그것은 나무로 된 상자로 크기는 가로 2.5규빗, 세로 1.5규빗, 높이 1.5규빗이고, 안팎이 금으로 싸였다. 순금으로 만들어진 언약궤의 덮개를 '속죄소' 출25라고 부른다. 속죄소를 다른 말로 '은혜의 보좌'라고도 하는데, 이는 전능하신 하나님께서 그 위에 앉아계시기 때문이다. 히4:16 속죄소 위의 양쪽 귀퉁이에 하나씩 마주보는 금으로 된 그룹들날개 달린 천사들이 있다. 그것들은 언약궤 위에 머물러있는 하나님의 거룩한 임재의 수호자들이다. 그리고 그룹들은 예수님 무덤 속의 양쪽 끝에 앉아있던 두 천사를 떠올리게 한다. 요20:12

언약궤는 그리스도 안에 거하시는 하나님의 그림이다. 신성금과 인성나무

이 만나는 그리스도를 상징한다. 구약시대 때 하나님은 실지로 언약궤 위에 거하셨다. 그리고 하나님의 임재와 영광이 거기 나타났었다.

하나님께서 모세에게 성막에서의 섬김을 위한 특별한 제사장제도를 세우라고 명하셨다. 이 제도는 백성의 죄를 위한 희생 제물과 백성을 대표해서 하나님께 예배하는 것을 포함하고 있다. 언약궤는 항상 하나님의 백성에게 닫혀 있었다. 오직 대제사장만 지성소에 들어가는 것이 허락되어 언약궤 위에 앉아 계신 하나님 앞에 모습을 드러낼 수 있었다. 그리고 그는 일 년에 한 번만 들어갈 수 있었다. 성막이 완성된 후, 전능하신 하나님께서 하늘로부터 내려오셔서 그분의 영광으로 성막을 가득 채우셨다.

여러 해가 지나고 모세가 죽은 후, 이스라엘 민족은 여호수아의 인도로 마침내 가나안 땅에 들어갔다. 하나님은 이제 집터를 소유하게 되셨다. 그 후 400년이 지나고 나서, 이 이야기는 다윗에게로 옮겨진다. 다윗의 인생에서 벌어졌던 일은 놀라움 그 이상이다.

두 개의 성막 이야기

여기 이 장면을 보라. 모세의 성막이 기브온이라 불리는 곳에 세워졌다. 대상21:29 하지만, 성막의 가장 중요한 부분인 언약궤가 성막으로부터 분리된 채로 있었다. 언약궤는 안식처를 잃었고, 그 성막은 단지 텅 빈 껍데기에 불과했다. 그리고 하나님은 거기 계시지 않았다.

하나님께서 이새의 아들인 다윗을 일으키셨다. 적어도 나에게는, 다윗이 구약성경 전체에서 가장 흥미를 끄는 인물이다. 그는 선지자였고, 제사장이었고, 또 왕이었다. 그는 또한 한참 타락한 사람이다. 다윗의 단점을 일일이 논하고 싶지 않지만, 그는 평생 십계명을 모조리 다 범했다.

사도행전 13:22에서, 사도 바울은 성령의 감동으로 다윗의 인생을 평가

하며 다음과 같이 하나님의 말씀을 인용했다. "내가 이새의 아들 다윗을 만나니 내 마음에 맞는 사람이라 내 뜻을 다 이루리라."

도대체 하나님께서 어떻게 다윗에 대해 그런 말씀을 하실 수 있단 말인가? 다윗이 진정 하나님의 뜻을 다 이루었단 말인가? 형편없이 율법을 어긴 그를 정말 하나님의 마음에 맞는 사람이라 할 수 있겠는가?

이 질문에 대한 대답은 상식적으로는 이해가 되지 않을 것이다. 그 대답이 의심의 여지 없는 그렇다 이기 때문이다. 주님의 판단기준은 우리 인간들과는 판이하다. 다윗은 그의 잘못들을 다 회개했고 하나님은 그의 과거를 전부 백지로 돌리셨다. 그렇지만, 하나님을 가장 감동케 한 것은 이것이다. 다윗은 하나님의 영원한 목적에 사로잡혀 있었다.

사실인즉, 다윗은 그의 하나님을 위해 거주지를 짓기 원했다. 선지자 나단에게 다윗이 한 말을 들어보라. "볼지어다 나는 백향목 궁에 살거늘 하나님의 궤는 휘장 가운데에 있도다"삼하7:2 이하 이 말은 다윗이 정말 하나님의 마음에 맞는 사람이라는 것을 드러내고 있다.

다윗은 언약궤의 안식처를 찾는데 사로잡혀 있었다. 왜 그랬을까? 그것은 그가 하나님께서 원하시는 것이 무엇인지를 확실히 알았기 때문이다. 즉, 이것이 바로 전능하신 하나님께서 자신을 자유롭게 표현하실 거주지이다. 고로, 하나님의 열정이 다윗의 열정이 되었다. 다윗의 말을 들어보자.

내가 내 장막 집에 들어가지 아니하며 내 침상에 오르지 아니하고 내 눈으로 잠들게 하지 아니하며 내 눈꺼풀로 졸게 하지 아니하기를 여호와의 처소 곧 야곱의 전능자의 성막을 발견하기까지 하리라 하였나이다 _시 132:3~5

그리고 나중에 이렇게 말했다.

성전을 위하여 준비한 이 모든 것 외에도 내 마음이 내 하나님의 성전을 사모하므로 내가 사유한 금, 은으로 내 하나님의 성전을 위하여 드렸노니 _대상 29:3

이것이 바로 하나님의 뜨거운 열정에 사로잡힌 사람의 고백이다. 이야기가 전개되면서, 우리는 다윗이 예루살렘 성이전에 '살렘'으로 불렸던 성을 정복하고 다시 건설하는 장면에 이르게 된다. 이제 다윗은 언약궤를 취해서 거룩한 성으로 옮겼다. 그리고 나서, 그는 언약궤를 모실 새로운 처소를 만들었다. 이름하여 다윗의 장막이라고 알려진 그것이다. 삼하6:17; 사16:5; 암9:11; 행15:16 그것이 무엇인가? 예루살렘 안의 시온 산 위에 세워진 작은 천막이다. 대상15:1, 16:1; 대하1:4 그리고 40년 내내 하나님의 안식처는 다윗의 장막 안에 있었다.

내 개인적인 판단으로는, 다윗의 장막이 성경 전체에서 하나님의 집을 그린 가장 놀라운 그림이다. 이 장막에 대한 이야기를 다 하려면 이 책의 범위를 벗어나므로, 여기서는 이 이야기의 몇 가지 핵심만 짚고 넘어가겠다.

다윗의 장막이 시온 산에 세워짐으로써 이스라엘에 매우 묘한 상황이 연출되었다. 동시에 두 개의 장막이 존재하게 된 것이다. 기브온에는 모세의 장막이, 시온 산에는 다윗의 장막이 서 있었다.

상상의 날개를 펴고 기브온으로 가서 모세의 장막에서 무슨 일이 벌어지고 있는지를 보자.

이스라엘의 제사장제도가 왕성한 활동을 벌이고 있다. 제사장들이 짐승을 잡아 피를 놋제단에 뿌리면서 희생 제사를 드리고 있다. 그들이 주보를 나눠주고, 촛불을 켜고, 종을 울리고, 설교를 하고, 기도를 따라 하면서 종교의식을 거행하고 있다. 그런데 거기에 한 가지 문제가 있다. 언약궤가 없다. 하나님이 거기에 계시지 않는다는 사실이다. 이 사실이 그들에게 문제가 되는가? 전혀 그렇지 않다. 그들은 그 종교의식을 계속 진행하고 있다.

언약궤가 기브온에 있지 않기 때문에 하나님의 임재는 거기에 없다. 따라서 기브온에 있는 모세의 성막은 예배와는 "거리가 멀다." 거기엔 생명이 없고, 자유도 없고, 영광도 없다.

> 율법 조문은 죽이는 것이요 영은 살리는 것이니라 _고후 3:6

이제 기브온을 떠나 10킬로미터쯤 떨어진 시온 산으로 가서 무슨 일이 벌어지고 있는지 보자.

우리는 산의 정상에 있는 작은 천막 하나를 보게 된다. 그 안에는 물건 하나가 있다. 언약궤이다. 그리고 전능하신 하나님이 언약궤 위에 앉아 계신다.

따라서 시온에서는 뭔가 아수라장을 방불케 하는 일이 벌어지고 있다. 하나님의 백성이 자유롭게 예배하고 있다. 찬양이 울려 퍼지고 모두 다 기쁨으로 충만해 있다. 거기엔 생명이 있고 영광이 있다. 하지만, 더 놀라운 것은, 언약궤가 백성에게 훤히 보인다는 사실이다. 그것을 가리는 베일이 없기 때문이다.

하나님의 거룩한 임재가 제사장들에게만 아니라 다른 모든 사람들이 경험할 수 있게 열려있다. 이스라엘 백성이 주님을 대면하고 있다. 그들은 예수 그리스도 안에 있는 하나님의 영광을 바라보고 있다. 하나님의 집이 드디어 땅으로 내려온 것처럼 보인다.

그러나 그게 다가 아니다. 제사장들이 기브온에 있는 모세의 장막에서 피를 뿌리고 있을 때, 시온에는 피의 제사가 없다. 다윗은 언약궤를 예루살렘으로 옮겨올 때 희생 제사를 한 번밖에 바치지 않았었다. 이것은 시온에서는 하나님의 백성이 그들의 죄를 의식하지 않고 있음을 의미한다. 그들의 죄는 사라졌고, 그들의 양심은 온전히 정결케 되었다.히10:1~12 그들은 이제 두려움 없이 환한 얼굴로 담대하게 주님을 예배한다.

다윗의 장막에서의 예배는 하루 24시간 동안, 40년 내내 지속하였다. "보라 밤에 여호와의 성전에 서 있는 여호와의 모든 종들아 여호와를 송축하라"시134:1 이 시편은 밤에 예배하는 것을 맡은 사람들을 가리킨다. 하나님의 백성이 다윗의 장막에서 하루 24시간 내내 그들의 주님을 예배하고, 노래하고, 찬양했다. 이것이야말로 구약성경 전체에서 가장 놀랄만한 장면이다. 그리고 믿기지 않는 말이지만, 이것은 구약시대에 신약을 정확하게 경험한 것이다.

시온 산에 가다

다윗의 장막을 제대로 이해한다면 시편을 새로운 책으로 보게 될 것이다. 시편 곳곳에 새로운 의미가 첨가될 것이다. 장막 안에서 언약궤에 바싹 다가가 앉아 있는 다윗을 보라. 하나님 바로 옆, 그룹이 날개를 펴는 그늘에 앉아 있는 그를 보라. 그리고 붓을 들어 다음과 같이 써내려 가는 그를 보라. "지존자의 은밀한 곳에 거주하며 전능자의 그늘에 사는 자여"시91:1

어떤 물체의 그늘에 있으려면 그것에 가까이 가야 한다. 다윗은 하나님 가까이에 있었다. 다윗은 하나님의 영광을 상징하는 금으로 만든 그룹이 그를 덮을 정도로 언약궤에 바싹 다가앉았다. 그의 말을 들어보라. "내가 영원히 주의 장막에 머물며 내가 주의 날개 아래로 피하리이다"시61:4 "내 영혼이 주께로 피하되 주의 날개 그늘에서 이 재앙들이 지나기까지 피하리이다."시57:1 "나를 눈동자 같이 지키시고 주의 날개 그늘에 감추사"시17:8 "주는 나의 도움이 되셨음이라 내가 주의 날개 그늘에서 즐겁게 부르리이다."시63:7

다윗이 일컫는 날개는 무엇을 말하는가? 전능하신 하나님이 앉아 계신 그룹의 날개를 뜻한다. 우리 그리스도인들이 일상적으로 노래하는 시온에 관한 구절들은 언약궤가 시온에서 사람들의 호기심 어린 눈 앞에 그 모습을 드러냈던 그때를 일컫는다. "시온에 계시는 여호와"시99:2 "온전히 아름다운 시온에서 하나님이 빛을 비추셨도다"시50:2 "여호와는 위대하시니 우리 하나님의 성, 거룩한 산에서 극진히 찬양받으시리로다 터가 높고 아름다워 온 세계가 즐거워함이여 큰 왕의 성 곧 북방에 있는 시온 산이 그러하도다" 시48:1~2 "너희는 시온에 계신 여호와를 찬송하며 그의 행사를 백성 중에 선포할지어다"시9:11

이것을 숙고해보라. 모세의 성막에서는 오직 대제사장만이 언약궤 앞에 설 수 있었다. 그것도 일 년에 딱 한 번뿐이고, 의식절차가 완벽했어야만 했다. 그렇지 않으면 거룩한 하나님의 임재 앞에서 죽게 된다. 하지만, 이제 다윗의 장막에서는 많은 결함과 실패와 범죄의 경력까지 소유한 사람이 아무런 두려움이나 가책이나 부끄럼 없이 하나님의 언약궤 가까이에 앉아 있다. 그리스도인으로 살면서 당신이 실패했을 때 이것을 기억하기 바란다.

다윗의 장막이 주는 의미는 무엇인가? 그것은 간단하다. 하나님의 집이 이 땅에 세워질 때, 하나님의 백성은 죄책감이나 정죄함 없이 하나님의 임재 속에서 한없는 자유와 영광과 기쁨과 생명을 누리게 된다. 더구나, 하나님의 집이 세워지면 하나님의 백성 모두가 제사장으로서의 역할을 수행하게 된다. 따라서 특별한 제사장제도는 쓸모가 없어진다. 하나님의 백성 전체가 얼굴을 드러내고 성령 안에서 하나님과의 친밀한 교제를 누리게 된다.

> 주는 영이시니 주의 영이 계신 곳에는 자유가 있느니라 우리가 다 수건을 벗은 얼굴로 거울을 보는 것 같이 주의 영광을 보매 그와 같은 형상으로 변화하여 영광에서 영광에 이르니 곧 주의 영으로 말미암음이니라 _고후 3:17~18

다윗의 장막은 교회에 대한 하나님의 생각을 그린 아름다운 그림이다. 히브리서 기자가 이르기를 "너희가 이른 곳은 시온 산"이지 시내 산이나 기브온이 아니라고 했다.히12:22 당신은 주님의 임재와 충만이 거하는 시온 산에 이르렀다.

다윗의 장막은 하나님의 영원한 목적을 그린 놀라운 그림이다. 이 그림은 하나님의 백성으로 하여금 자유, 해방, 기쁨, 그리고 차질 없이 지속하는 하나님과의 만남을 경험할 수 있게 하려고, 이 땅에 세워질 거주지를 원하시는 하나님의 영원한 탐색여행을 보여준다.

재차 강조하면, 그 40년 동안 이 땅에는 두 개의 장막이 있었다.기브온에 있었던 모세의 성막과 시온에 있었던 다윗의 장막

당신은 어디에서 살기를 원하는가?

시편에는 '너희 장막들복수형' 이라는 표현이 다섯 번 등장한다. 두 개의 예배 형식, 두 개의 장막, 주님을 섬기는 두 가지 방식, 곧 옛날 형식과 새로운 형식이 등장한다는 말이다.

한 구약의 선지자가 이런 예언을 했다. "그날에 내가 다윗의 무너진 장막을 일으키고"암9:11 그리고 신약의 사도는 그 예언을 되풀이하며 이렇게 말했다. "이후에 내가 돌아와서 다윗의 무너진 장막을 다시 지으며"행15:16

오늘날 주님께서 무엇을 하고 계시는가? 주님은 다윗의 장막을 회복하고 계신다. 다윗의 장막에서 우리가 배울 수 있는 교훈 중의 하나는 이것이다. "언약궤와 장막은 항상 함께 있어야 한다. 장막 없는 언약궤나 언약궤 없는 장막은 있을 수 없다. 다르게 표현하면, 당신은 교회를 제대로 표현하지 않고 예수 그리스도의 충만함을 경험할 수 없고, 예수 그리스도의 충만함 없이 교회를 제대로 표현할 수 없다. 올바른 장막이 되려면 우리는 항상 언약궤를 따라가는 것이 현명할 것이다.

솔로몬에게 넘겨진 성화 횃불

다윗이 무대에서 사라지고 나서, 다윗의 아들인 솔로몬이 등장한다.

솔로몬 왕은 그의 이름을 따서 불리는 성전을 건축했다. 그것 역시 하나님의 집을 그린 또 다른 그림이다. 그림으로 존재할 뿐, 실체는 아직 나타나지 않았다.

350년쯤 후에, 바벨론 사람들이 예루살렘을 침략했다. 그들은 성을 파괴하고 성전을 무너뜨렸다. 또 그들은 성전에서 사용하는 금과 은으로 된 거룩한 기구들을 약탈했다. 그리고 그것들을 바벨론으로 가져가서 우상의 신전 안에 넣어두었다.

이스라엘은 포로로 잡혀가서 70년 동안 바벨론에서 지냈어야 했다. 그때 하나님의 집의 그림은 인류역사에서 지워졌다. 하나님께서 거주지를 잃으신 것이다. 설상가상으로, 하나님은 집터마저 잃으셨다.

70년 후에, 하나님은 그분의 백성으로 하여금 바벨론을 떠나 예루살렘으로 돌아와서 그분의 성예루살렘과 그분의 집성전을 다시 건축하도록 문을 열어주셨다. 유감스럽게도, 소수 남은 자들만이 하나님의 부르심에 응해서 성전을 다시 짓고자 거룩한 성으로 돌아왔다. 에스라와 느헤미야에 하나님의 성과 하나님의 집을 회복한 역사가 나와있다. 이 이야기에 대해서는 다른 단원에서 충분히 다루게 될 것이다. 하지만, 지금은 하나님의 집의 실체로 관심을 돌리고자 한다.

Chapter 15
하나님의 탐색 여행: 예수님으로부터 요한까지

그리스도는 하나님의 집을 맡은 아들로서 그와 같이 하셨으니…우리는 그의 집이라_히 3:6

이제 신약성경으로 가보자. 하나님의 그림의 시대는 지나가고 실체가 나타났다. 하나님의 아들인 주 예수 그리스도께로 들어가라. 예수님은 완전한 하나님인 동시에 완전한 사람이다. 그렇게 해서 예수님은 하나님의 영원한 탐색여행을 구체적으로 실현하셨다. 그는 '임마누엘' 곧 하나님이 우리와 함께 계시고자 오신 분이다. 그는 자신 안에 신성과 인성을 동시에 갖고 성육신하셨다. 다르게 말하자면, 예수 그리스도는 사람 안에 사셨던 하나님인 동시에 하나님 안에 살았던 사람이다.

우리는 이제 하나님의 집이 말하고자 하는 바가 실현되는 바로 문턱까지 와있다. 하나님의 집은 어떤 것이 아니다. 어떤 물건도 아니다. 벽돌과 반죽은 더더욱 아니다. 또한, 은유나 교리나 신학도 아니다.

하나님의 집은 인격체이다. 그것은 바로 주 예수 그리스도이다.

그리스도 이전의 다른 모든 것들은 단지 그림자요, 그림이요, 이미지일 뿐이다. 예수님께서 이 땅에 오심으로, 하나님의 집이 마침내 그 모습을 드러냈다.

예수 그리스도 안에서, 우리는 다음과 같이 확실하게 말할 수 있는 사람을 만나게 된다. "내가 하나님의 집이다." "내가 하나님의 성전이다." "내가 하나님의 빌딩이다." "내가 하나님의 벧엘이다." "하나님께서 내 안에 사시고, 나는 하나님 안에 살고 있다." "하나님이 나의 처소이고 나는 그분의 처소이다." "나는 하나님의 거주지이다."

이제 다음과 같은 말씀이 신선한 의미로 다가오게 될 것이다. "이는 내 사랑하는 아들이요 내 기뻐하는 자라"마3:17 성령이 그리스도 위에 내려온 후에 하나님 아버지께서 하신 말씀이다. 아버지께서 이런 뜻으로 말씀하신 것이다. "이는 내 사랑하는 아들이다. 그리고 나는 내 아들 안에 사는 것을 기뻐한다." 진실로, 하나님의 모든 충만하심이 육체로 예수 그리스도 안에 거하시게 된 것이다.골2:9

요한복음에 나오는 하나님의 집

요한복음의 시작 부분에서, 우리는 하나님의 집으로 예수님을 소개한 극적인 장면을 볼 수 있다. 이 부분에서 요한은 예수님이 영적인 집이라는 개념에 사로잡혀 있는 듯하다. 다음을 주목하라.

- 요한복음 1:14 요한은 예수 그리스도가 육신이 되어 "우리 가운데 거하는" 말씀임을 선포하고 있다. 헬라어 원문에 보면 "우리 가운데 성막이 되었다.tabernacled"라고 되어 있다. 더 나아가서 요한은 "우리가 그의 영광을 보았다."라고 했다. 이것은 모세의 성막이 완성되었을 때 하나님의 영광이 거기에 충만했었던 것을 연상시킨다. 모세의 성막은 그림이었고 그리스도는 실체이다.

- 요한복음 1:37~39 두 제자가 예수님께 어디서 사시냐고 물었을 때 그의 대답은 "와서 보라"였다. 그리고 예수님은 그의 임시 거처를 보여 주셨다. 누가복음 9:58에 보면 주님께서 "여우도 굴이 있고 공중의 새도 집이 있으되 인자는 머리 둘 곳이 없도다"라고 말씀하셨다. 예수 그리스도 안에서 우리는 창조주 하나님께서 "나는 집이 없다. 나는 거주지를 찾는 탐색여행 중이다."라고 말씀하시는 것을 볼 수 있다.
- 요한복음 1:51 예수님은 나다나엘에게 다음과 같이 말씀하셨다. "하늘이 열리고 하나님의 사자들이 인자 위에 오르락내리락하는 것을 보리라." 이것은 창세기 28:12에 나오는 야곱의 꿈이 재현된 것이다. 이 둘을 비교해보면 참 흥미롭다. 야곱은 첫 번째 이스라엘 사람이었다 창세기 28:12에서 그의 이름은 이스라엘로 바뀌었다. 그의 이름이 바뀌기 전에 야곱은 거짓으로 가득 찬 사람이었다. 예수님은 나다나엘을 만나셨을 때 그에게 "참으로 이스라엘 사람이라 그 속에 간사한 것거짓이 없도다"라고 하셨다.요1:47 여기에 또 다른 하나님의 집의 트레이드마크가 있다. 정직과 성실이다. 야곱이 꿈에서 본 사다리가 마침내 이 땅에 그 모습을 드러냈다. 야곱이 '하나님의 집'이라고 불렀던 그것이 그리스도라는 인격체로 지구상에 나타났던 것이다. 예수님은 하늘 세계와 땅의 세계, 곧 하나님과 인간을 연결하는 존재이다. 그는 보이지 않는 세계와 보이는 세계를 연결하는 통로이다. 그는 하나님의 집이다. 흥미롭게도, 요한복음 1:51에 나오는 너희라는 말은너희가 하늘이 열리는 것을 보리라 헬라어 원문에 복수로 되어 있다.우리말 성경엔 바로 나와 있음. 영어성경에 'you'로 되어 있기 때문에 저자가 보충설명을 한 것임.-역자 주 따라서 예수님께서 나다나엘에게 이 약속을 말씀하셨을 때 그분에게 속하게 될 모든 사람들을 지칭하신 것임을 알 수 있다. 당신과 나를 포함한 모든

사람들을 뜻한다.

- 요한복음 2:16~17 예수님은 성전에서 장사하는 자들을 향해 다음과 같이 말씀하셨다. "내 아버지의 집으로 장사하는 집을 만들지 말라." 그의 제자들은 나중에 이 구절을 기억해냈다. "주의 전을 사모하는 열심이 나를 삼키리라." 다른 구절에서는 이 장면에서 예수님이 이렇게 말씀하셨다. "내 집은 기도하는 집이라 일컬음을 받으리라." 하나님의 집의 두드러진 점은 하나님과 인간 사이의 교제와 대화와 연합이다.

- 요한복음 2:19~21 예수님께서 유대인들에게 "이 성전을 헐라 내가 사흘 동안에 일으키리라"라고 하셨다. 요한은 예수님께서 성전인 자신의 육체를 말씀하신 것이라고 우리에게 알려주고 있다. 여기서 주님은 자신이 바로 예루살렘에 서 있던 하나님의 성전의 실체임을 선포하셨다.

- 요한복음 2:24 요한은 예수님께서 그의 몸을 사람들에게 의탁하시지 않는 이유가 친히 사람 속에 있는 것을 아셨기 때문이라고 했다. 여기서 핵심은 예수 그리스도께서 모든 사람들 안에 거하실 수 없다는 사실이다. 그는 오직 새롭게 변화된 사람들 안에서만 거하실 수 있다. 이것이 요한복음 3장의 주제이다. 거기서 예수님은 '야간 수업'에 온 니고데모에게 성령으로 새롭게 태어나야 함을 가르치셨다. 핵심을 찌르는 말씀이다. 하나님께서는 죽은 돌에서 사실 수 없다. 그것은 먼저 산 돌이 되어야 한다. 이렇게 되려면, 성령의 기름 부음이 사람의 마음에 임해서 그 마음을 새 창조가 되게 하고, 또 주님을 위한 적합한 거주지가 되게 해야 한다.

우리는 이미 구약성경 전체에서 땅의 예루살렘이 하나님의 집의 그림이라는 것을 보게 되었다. 그렇지만, 예수님께서 등장하셨을 즈음 그림으로서의 예루살렘은 한계를 드러내고 뒤틀린 상태였다.

유대 성전은 이스라엘의 종교적 심장이나 마찬가지였다. 그것은 또한 예루살렘의 정치적, 사회적, 문화적 심장이었다. 말하자면, 성전은 하늘과 땅이 만나는 곳이었다. 또 축제와 잔치의 장소였다.

하나님의 집의 실체가 예수님이라는 사람으로 나타났을 그때, 예루살렘은 율법으로 가득 찬 종교의 온상이 되어 있었다. 유대인들은 그림을 숭배했고 그것을 인간이 만든 규례로 둘러쌌다.

예루살렘은 제도화된 종교의 트레이드마크로 전락해버렸다. 그것은 하나님을 붙잡아서 인간이 만든 집 안에 집어넣으려는 인간적인 노력의 화신으로 탈바꿈해버렸다. 성전은 예수님의 생명과 말씀의 근본과는 완전히 따로 노는 인간이 만든 기관institution이 되어버렸다. 그래서 하나님은 그 안에 갇혀 있기를 거부하셨다.

성전 제도에 대한 예수님의 신랄한 공격이 다음과 같은 냉랭한 말씀에 잘 나타나 있다. "보라 너희 집이 황폐하여 버려진 바 되리라"마23:38 '하나님의 집'과 반대되는 '너희 집'이라는 말을 주목하라. 결과적으로, 예수님은 이 땅에 계시는 동안 한 번도 집을 가지신 적이 없었다.

"여우도 굴이 있고 공중의 새도 집이 있으되 인자는 머리 둘 곳이 없도다" 눅9:58

덧붙인다면, 예수님은 성인이 되신 후로 단 하룻밤도 예루살렘에서 지내신 적이 없었다. 딱 한 번 예외가 있었는데, 그것은 그가 십자가에 달리신 그날 밤이었다. 이것은 예수님이 그 성 안에서 안식하실 수 없었다는 단적인 증거이다.

진실로, 땅의 예루살렘은 주님의 집이 아니었다. 예수님이 그 성을 방문하셨을 때마다, 그는 언제나 해질 무렵에 그곳을 나와서 베다니에 거하셨다. 베다니는 주님에게 있어 "집"과 유사한 곳이었다. 그는 거기서 환영받았고, 사랑받았고, 받아들여졌다.1) 예수님께서 율법으로 찌든 예루살렘 성 안에서 하룻밤이라도 지내는 것을 그의 진짜 집인 새 예루살렘에 대한 불충으로 여기셨던 것 같다.

이것은 우리로 하여금 하나님의 집에 대해 새롭게 이해할 수 있도록 해준다. 여기에 미스터리가 있다. 하나님의 눈에는 예수 그리스도가 하나님의 집일 뿐 아니라 그 집의 머릿돌도 되신다.

- 그는 건축자들이 버린 돌이다. 마21:42; 시118:22
- 그는 거리끼는 돌이다. 고전1:23
- 그는 머릿돌이다. 행4:11
- 그는 모퉁잇돌이다. 엡2:20; 벧전2:6
- 그는 기촛돌주춧돌이다. 사28:16; 고전3:11
- 그는 산 돌이다. 벧전2:4
- 그는 반석이다. 신32:4; 삼하22:2; 시19:14, 61:2, 78:35
- 그는 거치는 바위이다. 롬9:33
- 그는 광야에 있던 움직이는 반석이다. 고전10:4
- 그는 교회의 기초가 되는 반석이다. 마16:13~18

예수 그리스도는 우리에게 하나님 집의 기초이자 모퉁잇돌로 반복해서 소개되고 있다. 1세기 때 모퉁잇돌은 집을 지을 때 기초 위에 제일 먼저 놓

---

1) 복음서들은 베다니를 교회를 향한 주님의 꿈을 그린 아름다운 그림으로 소개한다.

는 돌이었다. 또 그것은 건물의 가장 중요한 돌이었다. 그 돌이 기준이 되어 다른 모든 돌들에 연결되고 결합하였다.

건물의 각각의 돌은 모퉁잇돌에 의해 측량되었다. 건물은 모퉁잇돌에 맞춰져서 완전히 일치되어야 했다. 그렇지 않으면, 건물이라고 볼 수 없었다. 예수 그리스도는 하나님의 집 기초를 놓는 으뜸이 되는 돌이다. 다른 모든 것들은 주님에 의해 측량된다.

그리스도를 하나님의 집 기초와 모퉁잇돌과 머릿돌로, 그리고 집 자체로 보는 것은 미스터리 일부분에 지나지 않는다. 여기에 더 전율을 느끼게 하는 것이 있다. 예수님께서 이 땅에 계셨을 때 예수님 안에는 수많은 산 돌들이 거하고 있었다. 그리고 그 산 돌들은 언젠가 하나님 자신의 아름다운 거주지를 구성하게 될 존재들이었다.

만군의 여호와여 주의 장막거주지이 어찌 그리 사랑스러운지요!_시 84:1

주님은 그의 집을 아주 사랑스럽게 보신다. 이다음에 당신 자신이나 그리스도 안의 형제나 자매가 하찮게 보일 때면 이것을 꼭 기억하라.

하나님의 집의 실체

그래서 육신을 입고 오신 예수님은 하나님의 성전이었다. 그는 하나님의 집을 구체적으로 드러내셨다. 하지만, 그의 죽음과 부활하심으로 예수님은 살려주는 영이 되셨다.고전15:45 그리고 뭔가 놀랄만한 일이 벌어졌다. 성령이 그리스도라는 한 개의 돌에서 많은 돌을 쪼개서 꺼내셨다. 예수 그리스도 안에 있던 셀 수 없이 많은 살아 있는 돌들이 그와 함께 무덤에서 쏟아져 나왔다. 이것도 놀랍지만, 하나님의 건축 작업은 거기서 끝나지 않았다. 주님의 계획은 그 돌들이 함께 모여 이 땅의 방방곡곡에서 주님의 참된 처소를 세우는 것이었다.

이것을 기억하라. 돌들이 아무리 많아도 흩어진 돌들로는 결코 집을 지을 수 없다.

예루살렘 성전이 아직 이 땅에 서 있었을 동안, 하나님의 참된 성전이 이 땅에 침입했다. 예수 그리스도의 교회가 탄생한 것이다. 산 돌들이 하나님의 거처를 만들려고 다른 산 돌들과 함께 지어지고 있었다. 그리고 하나님의 영원한 목적이 성취되기 시작했다.

사도행전 7장에서 우리는 스데반의 순교에 관한 가슴 아픈 이야기를 접하게 된다. 스데반은 다음과 같은 말을 했다가 돌에 맞아 죽었다. "지극히 높으신 이는 손으로 지은 곳에 계시지 아니하신다." 그리고 나서, 스데반은 이사야 66:1을 인용했다. "주께서 이르시되 하늘은 나의 보좌요 땅은 나의 발등상이니 너희가 나를 위하여 무슨 집을 짓겠으며 나의 안식할 처소가 어디냐?"

적대적인 유대인 군중을 향한 스데반의 날카로운 메시지가 종교적인 사람들의 귀에는 신성모독으로 들렸다. 간단히 말해서, 스데반은 솔로몬의 성전이 하나님의 집이 아님을 선포한 것이다. 그것은 단지 참 성전의 그림자였을 뿐이다. 그리고 하나님은 이제 그림자와는 종말을 고하셨다.^{행 7:44~50}

예수님께서 이 땅에 사셨을 때, 하나님의 집은 시간과 공간의 제한을 받았다. 그리고 나사렛 예수라는 한 사람에 국한되었었다. 이 말은 예수 그리스도께서 나사렛에 계셨을 때는 하나님의 집이 나사렛으로 한정되었고, 예수님께서 예루살렘에 계셨을 때는 하나님의 집이 예루살렘으로 한정되었다는 말이다.

그러나 오순절이 이르렀고 에클레시아가 탄생하였다. 그리고 주님의 부활로 말미암아 쏟아져 나온 많은 돌이 모여 예루살렘 성 안에서 하나님의 집으로 지어졌다.

그렇게 해서 하나님의 건축 작업이 오순절에 시작되었다. 여러 해가 지나서 그 산 돌들은 온 유대와 사마리아와 갈릴리로 퍼져 나갔다. 그리고 그들은 그 지역들에서 모여 하나를 이루었다. 그다음 다소 사람 바울이 주도한 교회 개척 사역을 통해 더 많은 산 돌들이 생겨났고, 갈라디아와 그리스와 소아시아와 로마에 걸쳐 하나를 이루었다.

돌 하나가 어떻게 주님의 집을 세우려고 로마제국 전체에서 수많은 돌이 되었을까? 그것은 참 생명나무이자 생명의 강이신 예수 그리스도께서 먹고 마실 수 있는 존재가 되어 오셨기 때문이다.

예수님께서 죽으시고 다시 사시기 전에 그는 육체 안에 갇혀 있었다. 사람들이 그를 믿을 수는 있었지만 그를 먹을 수는 없었다. 그래서 예수님은 자신이 먹히고 소비될 수 있도록 영으로 오셔야 했다. 부활이 이것을 가능케 해주었다. 예수님이 부활한 존재이므로 사람들은 이제 그의 생명을 취하고 '산 돌들'이 될 수 있게 되었다. 벧전2:4~6

하나님 아버지와 예수 그리스도의 관계가 곧 예수 그리스와 그의 교회와의 관계이다. 요6:57, 20:21 교회는 성령 안에서 하나님의 거주지이다. 이것이 교회를 '상호존중 사회'의 수준에서 그리스도의 몸이 되는 수준으로 끌어올려 준다. 교회는 단 한 번도 인간 조직이었던 적이 없었고, 앞으로도 결코 그럴 수 없다.

교회는 하나님께서 자신의 임재를 맡기실 수 있는 유일한 곳이다. 사람들이 생명나무그리스도의 열매를 먹고 생명수 강물그리스도을 마시고, 다른 산 돌들과 하나로 연합됨에 따라 뭔가 놀랄만한 일이 벌어지게 된다. 금과 진주와 보석이 그들 속에 쌓이게 된다. 그리고 하나님의 집이 이 땅에 세워지게 된다.

서신들과 요한계시록에 나오는 하나님의 집

바울은 하나님의 집을 이해하는 데 있어 성경의 다른 저자들보다 더 분명한 통찰력을 가졌던 것 같다. 그의 편지들은 교회가 하나님의 참된 집이고 하나님의 참 성전이고 하나님의 진짜 집인 것을 이해하는 열정적인 선각자의 화려한 문체들로 가득 차 있다.

바울은 '건물edifice', '세움edification', '세우다edify'라는 말을 자주 반복해서 사용함으로써 이 계시를 돋보이게 하고 있다. 이 '건물building'에 관한 용어들은 하나님의 집의 실체를 볼 수 있는 독특한 시각을 우리에게 제공해준다.

> 우리는 하나님의 동역자들이요 너희는 하나님의 밭이요 하나님의 집이니라 내게 주신 하나님의 은혜를 따라 내가 지혜로운 건축자와 같이 터를 닦아 두매 다른 이가 그 위에 세우나 그러나 각각 어떻게 그 위에 세울까를 조심할지니라 이 닦아 둔 것 외에 능히 다른 터를 닦아 둘 자가 없으니 이 터는 곧 예수 그리스도라 _고전 3:9~11

> 너희는 너희가 하나님의 성전인 것과 하나님의 성령이 너희 안에 계시는 것을 알지 못하느냐 누구든지 하나님의 성전을 더럽히면 하나님이 그 사람을 멸하시리라 하나님의 성전은 거룩하니 너희도 그러하니라 _고전 3:16~17

> 그러므로 이제부터 너희는 외인도 아니요 나그네도 아니요 오직 성도들과

동일한 시민이요 하나님의 권속이라 너희는 사도들과 선지자들의 터 위에 세우심을 입은 자라 그리스도 예수께서 친히 모퉁잇돌이 되셨느니라 그의 안에서 건물마다 서로 연결하여 주 안에서 성전이 되어 가고 너희도 성령 안에서 하나님이 거하실 처소가 되기 위하여 그리스도 예수 안에서 함께 지어져 가느니라 _엡 2:19~22

이 집은 살아 계신 하나님의 교회요 진리의 기둥과 터니라 _딤전 3:15

바울과 마찬가지로, 베드로도 또한 집을 찾기 위한 하나님의 영원한 탐색 여행의 선명한 비전을 갖고 있었다. 베드로의 원래 이름이 시몬이었던 것을 상기하라. 그런데 예수님께서 그에게 '작은 돌'이라는 뜻을 둔 베드로라는 이름으로 바꿔주셨다. 요1:42

나중에, 예수님께서 자신이 약속된 메시아라는 사실을 계시하시면서 그의 제자들에게 말씀하셨다. 그 말씀 중 베드로를 향해 "내가 이 반석 위에 내 교회를 세우리라"라고 하셨다. 마16:16~18 30년쯤 후에 베드로는 그의 첫 번째 편지에서 이 말씀과 같은 맥락으로 말했다.

사람에게는 버린 바가 되었으나 하나님께는 택하심을 입은 보배로운 산 돌이신 예수께 나아가 너희도 산 돌 같이 신령한 집으로 세워지고 예수 그리스도로 말미암아 하나님이 기쁘게 받으실 신령한 제사를 드릴 거룩한 제사장이 될지니라 성경에 기록되었으되 보라 내가 택한 보배로운 모퉁잇돌을 시온에 두노니 그를 믿는 자는 부끄러움을 당하지 아니하리라 하였으니… 그러나 너희는 택하신 족속이요 왕 같은 제사장들이요 거룩한 나라요 그의 소유가 된 백성이니 이는 너희를 어두운 데서 불러 내어 그의 기이한 빛에

들어가게 하신 이의 아름다운 덕을 선포하게 하려 하심이라 _벧전 2:4~6, 9

사도들이 죽은 후에, 하나님은 그분의 집을 다시 한번 잃으셨다. 하나님의 살아 숨 쉬는 집이 몇 트럭 분도 더 되는 인간의 전통들에 의해 질식해버렸다. 비전은 사라지고, 하나님은 다시 집 없는 신세가 되셨다. 그러나 하나님은 그분의 영원한 탐색 여행을 절대 포기하시지 않았다. 수세기에 걸쳐, 하나님은 천천히 이 땅 위에 그분의 집을 회복해오셨다. 그리고 그 회복을 위한 계획은 우리가 사는 이 시대에도 계속되고 있다.

이것이 우리를 성경의 마지막 부분인 요한계시록 21장과 22장으로 곧장 인도한다. 성경의 마지막 두 장은 우리로 하여금 하나님의 건축 작업이 완성되는 것을 넋을 잃고 바라볼 수 있게 해준다. 이 부분을 읽을 때 우리는 하나님의 완성된 집 바로 앞에 서게 된다.

이 집은 무엇으로 지어졌는가? 하늘의 건축 재료인 금과 진주와 보석으로 지어졌다. 그것들은 어디에서 왔고 또 어디로 가는가? 보이지 않는 세계에서 보이는 세계로 옮겨온 것이다. 하늘로부터 땅으로, 영원에서 지상으로 옮겨진 것이다. 따라서 우리는 요한복음 1:51에서 예수님이 나다나엘에게 하셨던 약속이 요한계시록 21장과 22장에서 성취되는 것을 볼 수 있다.

의미심장하게도, 요한복음은 나다나엘에게 "하늘이 열리고"요1:51라고 하신 예수님의 말씀으로 시작된다. 그리고 요한계시록은 그 말씀이 성취됨으로 끝난다. 왜냐하면, 하나님의 집이 '열린 하늘'에서 내려오기 때문이다. 계21:2,10

사람들은 하늘나라에 가기를 원한다. 그러나 하나님은 언제나 땅으로 오시기를 원한다. 살아계신 하나님의 자녀로서 당신의 마지막 목적지는 하늘이 아니다. 그것은 땅이다. 창세기의 에덴동산은 요한계시록의 성도성이 될 것이고, 그 성은 하늘에서 땅으로 내려오게 될 것이다.

성경의 마지막 부분에 강조된 말씀을 주목하라.

> 내가 들으니 보좌에서 큰 음성이 나서 이르되 보라 하나님의 장막이 사람들과 함께 있으매 하나님이 그들과 함께 계시리니 그들은 하나님의 백성이 되고 하나님은 친히 그들과 함께 계셔서 _계 21:3

이것을 쉽게 풀어쓰면 "하나님이 사람들 중에 거하시고, 하나님의 가정이 사람들 중에 있고, 하나님의 장막이 사람들과 함께 있고, 하나님의 집이 사람들과 함께 있고, 하나님이 그들과 함께 영원히 거하신다. 우리 하나님의 영원한 목적이 성취되었고, 하나님은 더는 집이 없는 분이 아니다."

우리는 새 예루살렘에서 하나님과 사람이 하나로 연합되는 것을 볼 수 있다. 마지막에는, 그 집이 건축자이신 하나님과 분간할 수 없게 된다.

요한계시록 21장과 22장은 창세기 1장 2장이 완벽하게 역전된 것이다. 창세기 2장에서 하나님이 아담의 옆구리에서 여자를 꺼내어 지으신built 것을 상기하라.창2:22히브리 원문에 이렇게 되어 있음. 지으셨다는 말은 심오한 뜻이 있는 아주 중요한 말이다. 그것은 이 여자가 집이라는 것을 우리에게 암시해준다.

창세기 1장과 2장에서 우리는 에덴동산에 건축 재료가 있었던 것을 알게 되었다. 거기엔 건물의 청사진도 아울러 있었다. 그 청사진은 바로 첫 번째 사람의 안에 있던 그 아름다운 여자이다. 그래서, 참된 집은 여자이다. 하나님의 건물, 하나님의 도성, 하나님의 성전, 그리고 하나님의 집도 여자이다. 그녀는 영원한 미스터리인 그리스도의 신부이다.

당신의 주님이 갖고 계신 영원한 열정을 보라. 아들 하나님을 위한 신부와 하나님 아버지의 집. 그리고 신부와 집은 동일한 존재이다!

에덴동산이 어떻게 성과 성전으로 탈바꿈되었을까? 그 대답은 역사를 통하여, 그리스도인 중 어떤 무리가 주님을 먹고 함께 지어지기 위한 결단을 했기 때문이다.

하나님의 최종 목표, 곧 그분의 최고의 열정은 자신을 표현하는 집이 이 땅에 세워지는 것이다. 하나님의 영원한 목적은 주님의 집이 되고자 그들이 사는 곳에서 하나로 연합하는 그리스도인들의 무리를 갖는 것이다.

방문이냐 거주냐?

내 신앙은 부분적으로 소위 은사 운동charismatic movement에 뿌리를 두고 있다. 거기에 몸담고 있을 때, 나는 하늘로부터의 '방문'을 경험하고자 하나님께 열심히 구할 것을 끊임없이 권고받았었다. 그 결과, 나는 만일 하나님이 우리 교회를 방문하신다면 무척 기뻐하실 것이라는 환상을 갖게 되었다. 그러나 나중에 나는 하나님께서 방문하실 곳을 찾고 계시지 않는다는 것을 알게 되었다. 하나님은 거주하실 곳을 찾고 계신다.

하나님께서 그분이 한때 방문하셨던 곳에 더는 계시지 않다는 냉정한 진실이 인류역사의 페이지에 널려 있다. 과거에 부흥이 일어났던 곳에 가보면, 사람들의 숫자는 현저하게 줄었고, 기쁨이 사라졌으며, 생명은 증발해 버렸음을 금방 발견하게 될 것이다. 많은 경우, 이런 곳엔 오늘날 텅 빈 껍데기만 남아 있을 뿐이다.

나의 흥미를 돋우는 질문이 있다. 왜 주님이 떠나셨을까? 그 대답은 의미심장하다. 주님께서 온전히 환영받지 못하셨기 때문이다.

주님의 방문은 허락되었지만, 머리가 되시는 것은 허용되지 않았다. 말하자면, 주님에게 결정권을 주지 않았다는 말이다.

방문이 잠깐은 우리를 축복해준다. 그러나 하나님을 위한 거주지는 그분의 관심과 그분의 소원 그 자체이다. 축복은 단지 부산물일 뿐이다. 주력 상품이 될 수 없다.

이것을 숙고해보라. 만일 하나님이 어떤 '교회'를 방문하신다면, 그것은 그 교회가 하나님께 속해 있지 않다는 사실을 드러내는 것이다. 집주인은 자기 집을 방문하지 않는다. 그는 그 집에서 산다. 하나님께서 방문하시면 그분은 그의 백성에게 복을 주신다. 그러나 하나님은 결국 자신의 집을 찾아 떠나시게 될 것이다. 따라서 예수 그리스도의 머리 되심에 온전히 자신들을 드리지 않는 곳에는, 주님이 하실 수 있는 최선은 방문하시는 것뿐이다. 주님은 그곳으로 거처를 삼으실 수 없다.

우리 주님은 그분의 머리 둘 곳을 찾고 계신다. 그곳은 주님의 머리 되심이 인정되는 곳이고, 주님이 하시고 싶은 대로 뭐든지 하실 수 있는 곳이고, 주님이 편안히 안식을 취하실 수 있는 곳이다. 어떤 특정한 교회가 그분의 집이라는 사실을 드러내는 표시가 바로 이것이다.

일반 집주인들처럼 하나님도 자신이 원하는 방법대로 집을 지으신다. 만일 그 집이 하나님의 소유라면, 하나님께서 원하시는 대로 가구를 배치하실 것이다. 왜냐하면, 하나님이 그분의 집의 주인이시기 때문이다.

이와 관련해서, 이 땅 위에 흩어져있는 셀 수 없이 많은 산 돌들에 대해 상상해보라. 수많은 산 돌들이 개인적인 그리스도인의 삶을 사는 것을 보라. 하나님을 사랑하면서도 다른 산 돌들로부터 격리되어 있고 독립된 수많은 산 돌들을 보라. 그들이 종교 행사들에 참여하고 있지만, 지체들 사이에서는 '함께 지어져 가는 것'을 거의 경험하지 못하고 있다.

이것이 오늘날 우리 자신들 안에서 볼 수 있는 틀림 없는 현실이다. 그것의 총체적 결과는 무엇인가?

하나님에겐 아직도 집이 없다.

당신의 하나님 안에 있는 강렬한 의도는 모든 산 돌들이 그분의 집을 위해 다른 돌들과 함께 지어지는 것이다. 그들을 위한 것이 아니라 그들의 주님을 위해서. 하나님의 집은 하나님에 의해 지어져야 하고 또 하나님을 위해 지어져야 한다.

> 여호와께서 집을 세우지 아니하시면 세우는 자의 수고가 헛되며 _시 127:1

> 그에게서 온몸이 각 마디를 통하여 도움을 받음으로 연결되고 결합되어 각 지체의 분량대로 역사하여 그 몸을 자라게 하며 사랑 안에서 스스로 세우느니라 _엡 4:16

예수 그리스도께서 죽으시고 부활하신 것이 단지 당신의 죄를 사해주시기 위한 것만은 아니다. 아버지께서 집을 얻으실 수 있게 하려고 예수님께서 죽으신 것이다. 주님은 고귀하고 거룩한 목적을 위해 당신과 나를 구원하셨다.

이 땅에 계셨을 때 예수님께서 하신 말씀을 다시 한번 상기하라. "여우도 굴이 있고 공중의 새도 집이 있으되 인자는 머리 둘 곳이 없도다." 이것이 바로 창조자이신 하나님께서 하신 말씀이다. "내가 여기 있다. 그러나 나에겐 집이 없다. 나에게 집을 지어달라."

안식을 찾는 것이 예수님의 머리라는 사실을 주목하라. 나는 뭔가 매우 중요한 것이 예수님의 이 말씀 속에 숨어있다고 생각한다. 그리스도께서 안식을 취하실 수 있는 곳은 오직 그분의 머리 되심이 인정되는 곳이다. 바울은 골로새 성도들에게 몸이 머리에서 분리되는 것에 대해 경고했다.골2:19 그리스도의 몸은 그리스도의 머리 되심 아래에서 살게 되어 있다. 실제로, 이것은 교회의 몇몇 사람들이 요직을 차지하는 것이 아니라 지체들이 다른 지체들을 통해 머리이신 그리스도께 반응해야 한다는 말이다.

예수 그리스도가 집합적으로 표현되는 것이 바로 하나님의 집이다. 그리고 그 집의 마지막 특징은 당신이 다른 산 돌들과 함께 지어질 때 비로소 하나님께서 거기에 사신다는 것이다.

독자들이여, 나는 하나님의 집을 짓는 일에 참여하도록 당신을 초대한다. 이것은 다시는 혼자 격리되어 독립된 산 돌로 살지 않겠다는 결단을 의미한다. 그래서 같은 생각과 마음을 가진 다른 지체들과 함께 주님의 거주지를 짓는 데에 당신 자신을 던지는 것을 의미한다.

다른 돌들과 함께 지어지지 않는 돌들은 좋은 땅을 망쳐버린다.왕하3:19 따라서 멀리 떨어져 있는 그리스도인들은 하나님의 집을 짓는데 소용이 없다. 우리는 하나님의 집을 짓는 데 필요한 재료가 되려고 속량 받았다. 따라서 하나님은 영적 거인들을 일으키시는 것엔 아무런 관심이 없으시다. 하나님은 그분의 거주지를 위해 똘똘 뭉쳐 기꺼이 하나가 되고자 하는 사람들을 찾고 계신다.

사람들이 함께 모여 하나를 이루지 않는다면, 하나님은 여전히 배회하고 있는 집 없는 하나님이다. 그리고 우리도 배회하고 있는 집 없는 그리스도인들이다. 당신의 주님은 자신이 그의 백성으로 세워지고, 그의 백성이 자신으로 세워지기를 바라신다. 주님은 채석장이 아닌 건물이 되기를 원하신다. 주님은 돌무더기나 흩어진 돌덩이들의 집단이 아닌, 집을 원하신다.

주 예수 그리스도는 서구식 개인주의를 버리고 주님의 머리 되심 아래서 기꺼이 다른 사람들과 함께 나눔의 삶을 살겠다는 사람들을 찾고 계신다. 이것이 주님께서 우리에게 주신 최상의 소명이다.

 다음 단원들에서는 이 소명에 응하고자 우리가 꼭 알아야 할 것들에 대해 살펴보게 될 것이다.

Chapter 16
속박의 도성으로부터의 탈출

믿음으로 모세는 장성하여 바로의 공주의 아들이라 칭함 받기를 거절하고 도리어 하나님의 백성과 함께 고난받기를 잠시 죄악의 낙을 누리는 것보다 더 좋아하고 그리스도를 위하여 받는 수모를 애굽의 모든 보화보다 더 큰 재물로 여겼으니 이는 상 주심을 바라봄이라 믿음으로 애굽을 떠나 왕의 노함을 무서워하지 아니하고 곧 보이지 아니하는 자를 보는 것 같이 하여 참았으며 _히 11:24~27

다음 세 단원에는 다음과 같은 제목을 달아도 적합할 것이다. "영적 생태학 강의 – 당신은 어디에 살고 있는가?" 생태학ecology은 생물이 환경과 어떻게 상호작용을 하는지를 연구하는 학문이다. 생태학자들은 서식지habitat에 대해 연구한다. 서식지는 특정한 생물의 종species이 살아가는 환경을 말한다. 서식지는 종의 구성원들에게 생존에 필요한 먹이, 보금자리, 물, 적절한 기후 등을 공급해준다. 모든 생물의 종들은 적합한 고유의 서식지를 각각 갖고 있다.

그리스도인의 서식지 거주지

바다메기의 서식지는 바닷물이다. 바다메기를 민물에 집어넣으면 살지 못한다. 왜냐하면, 맞지 않는 서식지이기 때문이다. 남극 펭귄의 서식지는 남극대륙이다. 펭귄을 멕시코에 데려다 놓으면 죽어버린다. 적합하지 못한 서식지이기 때문이다.

북극곰을 햇살이 쨍쨍하게 비치는 플로리다에 옮겨놓고 적절한 먹이를 계속 공급해주면 거기서 살 수도 있다. 그러나 번식할 수는 없다. 그 이유는 맞지 않는 서식지이기 때문이다. 호랑이를 새끼일 때 가둬놓으면 그것의 포식자적 본능을 잃어버린다. 그 이유는 호랑이 고유의 서식지가 아닌 환경에 두었기 때문이다.

무슨 말을 하고 있는지 감을 잡았을 것이다. 생물을 고유의 서식지에서 다른 환경으로 옮겨놓으면 그 생물은 멸종 위기에 처하게 된다. 생존은 시킬 수 있어도 타고난 본능과 기능 일부분은 제대로 발휘되지 못할 것이다.

당신과 나는 그리스도인이다. 하나님의 관점으로 보면 우리가 새로운 인류의 종족에 속한다. 우리는 '새로운 종', 곧 새로 생긴 인종이라 할 수 있다.고후5:17; 갈3:28; 골3:11; 엡2:15 그래서, 새로운 종인 우리 그리스도인들에게도 고유한 서식지거주지가 있어야 한다. 그것을 에클레시아ekklesia라고 부른다. 그리고 그것은 우리가 가진 성경에 '교회'라고 번역되어 있다.

1세기 때 에클레시아 라는 말은, 그리스도의 머리 되심 아래 정기적으로 모여 공동체로서 나눔의 삶을 살던 그리스도인들의 지역 모임을 지칭했다. 여기서 '공동체'로 번역된 단어는 영어로 'community'인데, 우리말의 '공동체'는 자칫 오해를 불러 일으킬 수 있다. 이 말이 흔히 공동생활 또는 집단생활을 하는 무리를 지칭하는 말로 쓰이곤 하는데, 이 책에서는 그런 뜻이 아니다. 이것은 하나님의 생명을 받은 사람들이 하나님의 목적을 이루고자 사랑으로 하나를 이루어 가는 교회를 뜻하는 말이다.-역자 주

에클레시아는 건물이 아니다. 그것은 교단도 아니다. 그것은 교회 예배도 아니다. 세상에 있는 모든 그리스도인들을 가리키는 말도 아니다. 그것은 공동체로 살며 정기적으로 함께 모이는 지역 모임이다.

이처럼 그리스도인은 고유의 거주지를 갖고 있다.

내가 짐작하기에는, 우리는 지난 1700년 동안 그리스도인으로서의 타고난 거주지를 대부분 약탈당하고 말았다. 인간의 손이 그 거주지를 파괴하고 인공 거주지가 그 자리를 대신하게 되었다. 오늘날 사람들이 '교회'라고 부르는 것은 많은 경우 우리의 고유한 거주지가 아니다.

여기에 문제가 있다. 그리스도인의 생명은 그 고유의 거주지 밖에서는 잘 유지될 수 없다. 오렌지 나무가 남극대륙에서 살 수 없듯이, 당신과 나도 에클레시아 밖에서는 그리스도인의 삶을 살 수 없다.

에클레시아는 이 지구 출신이 아니다. 그것은 다른 세계에서 시작된 존재이다. 유감스럽게도, 오늘날 기독교는 엉망진창이 되었다. 셀 수도 없이 많은 그리스도인이 부자연스런 거주지에서 살고 있다. 그들은 자신들의 종에 맞지 않는 환경에서 살고 있다.

그 결과, 영적으로 죽는 그리스도인들도 있고, 살아는 있지만 영적 본능은 도태된 상태에 있는 그리스도인들이 많다. 총체적 결과로 그들은 비정상적인 영적 삶을 살고 있다.

구약성경은 하나님의 백성이 살아서는 안 되는 세 종류의 거주지에 대한 그림을 우리에게 보여주고 있다. 그것은 또한 우리의 고유한 거주지의 그림도 보여주고 있다. 이 단원에서는 첫 번째 '가짜' 거주지에 대해 살펴보고자 한다. 그다음 두 단원에서는 두 번째와 세 번째에 대해 살펴볼 것이다.

애굽의 의미

첫 번째 가짜 거주지는 애굽이다. 이것에 대해서는 출애굽기 1장에서 14장까지에 잘 나와 있다. 하나님의 백성이 영적인 애굽에서 살고 있을 때 그들은 무엇을 하고 있는가? 그들은 이방나라의 주인을 위해 벽돌을 만들고 있다. 하나님의 집을 짓는 대신, 하나님의 대적을 위해 집을 만들고 있다.

애굽은 이 세상의 제도system를 상징한다. 그것은 현 세상의 보물을 나타낸다. 소비주의, 물질주의, 탐욕, 상업주의, 그리고 쾌락을 우상으로 삼는 것 등이 이 세상이 갖는 눈에 띄는 특징들이다. 애굽에서의 그리스도인의 삶은 쾌락을 추구하는 삶이고, 주님을 추구하는 대신 땅을 추구하는 삶이고, '이름, 명성, 유희'를 얻는데 자신을 던지는 삶이다.

살아계신 하나님의 자녀는 절대로 자신의 삶을 애굽에 맡기면 안 된다. 그것은 속박의 도성이다. 그러므로 그리스도인이 애굽에 살고 있다면 그는 노예이다. 그는 그리스도가 아닌 다른 주인을 위해 벽돌을 만드는 것이다. 그리고 그 주인은 마지막 남은 살 한 점과 피 한 방울까지 다 빼내어 먹으려 할 것이다.

> 이 세상이나 세상에 있는 것들을 사랑하지 말라 누구든지 세상을 사랑하면 아버지의 사랑이 그 안에 있지 아니하니 이는 세상에 있는 모든 것이 육신의 정욕과 안목의 정욕과 이생의 자랑이니 다 아버지께로부터 온 것이 아니요 세상으로부터 온 것이라 이 세상도, 그 정욕도 지나가되 오직 하나님의 뜻을 행하는 자는 영원히 거하느니라 _요일 2:15~17; 벧후 2:18, 20

그리스도인이 애굽에 장막을 칠 때 그는 엉뚱한 사람을 위해 집을 짓게 된다. 그러므로 애굽에 사는 하나님의 백성에게 하나님께서 주시는 말씀은 간결하지만 중차대한 것이다. 거기서 나오라!

하나님의 백성이 애굽에서 어떻게 나왔는가? 첫째로, 그들은 양을 잡아 먹었다. 이것은 이 세상으로부터의 우리를 해방구원하시는 그리스도의 그림이다.고전5:7 둘째로, 그들은 홍해를 건넜다. 이것은 옛 창조에 대해 죽는 것을 상징하는 그림이다. 고전10:1~2; 벧전3:20~21

양을 잡아먹음으로 이스라엘은 애굽을 떠날 힘을 얻게 되었다. 그리고 죽음의 바다를 건넘으로 그들은 탈출할 수 있었다. 더구나, 이스라엘은 무리를 이루어 함께 애굽을 탈출했다. 그들은 개인으로 각자 움직이지 않았다.

그들은 또한 정기적으로 공동체적 축제를 열어서 보물의 도성으로부터 탈출한 것을 기념했다. 그것을 유월절이라고 부른다. 유월절 축제는 주님의 만찬의 그림자이다. 주님의 만찬을 통해, 믿는 자들의 공동체는 예수 그리스도에 대한 헌신을 회복하고 현 세상으로부터 해방된 것을 재확인하게 된다.

우리가 침례세례 받을 때 우리는 애굽을 떠나는 것이다. 하지만, 애굽은 여전히 우리의 혈관 속에 흐르고 있다. 당신이 이 땅에서 사는 한, 보물의 도성은 당신을 늘 따라다닐 것이다. 이것에 대처하는 비결은 진짜 양이신 그리스도를 끊임없이 먹고, 홍해의 반대편에 거하는 것이다.

그럼에도, 당신이 속박의 도성을 떠난 다음 피해야 할 도성이 또 있다. 그 도성이 다음 단원에서 다룰 주제이다.

Chapter 17
종교생활의 도성을 떠나서

바벨론 성에 거주하는 시온아 이제 너는 피할지니라 _슥 2:7

여호수아의 인도로, 하나님의 백성은 약속의 땅으로 들어갔다. 그리고 그들은 다윗 왕 때 예루살렘 성을 쌓았다. 솔로몬 시대에는 그의 이름을 딴 성전이 지어졌다. 그리고 나서 비극이 찾아왔다. 예루살렘은 파괴되었고, 성전은 무너졌으며, 하나님의 백성은 포로가 되어 바벨론이라는 낯선 땅으로 끌려갔다.

바벨론의 기원은 고대의 바벨이라는 성에서 찾을 수 있다.창11:1~9 바벨에서 이 땅의 사람들은 하늘까지 닿는 탑을 쌓기로 했다. 그 탑은 벽돌로 만든 탑이었다. 벽돌은 언제나 인간의 노력을 상징한다. 인간은 벽돌을 쌓지만, 하나님은 돌들을 창조하신다.

그 탑을 쌓는 그들의 동기가 무엇이었는가? 자신들의 이름을 드러내기 위함이다. 의미심장하게도, 바벨론이라는 이름은 '바벨'에서 기원한 것이다. 그것은 혼잡 또는 혼합을 의미한다.

바벨론의 의미

바벨론은 무엇인가? 그것은 인간의 힘, 인간의 지혜, 그리고 인간의 재주에 의해 하나님께 도달해보려는 인간의 노력이다. 그것은 또한 그 과정에서 자신의 이름을 드러내기 위한 노력이다. 간단히 말해서, 바벨론은 제도화된 종교이다.

당신은 물론 이 이야기에 대해 잘 알고 있을 것이다. 하나님께서 바벨탑을 무너뜨리시고 그것을 쌓던 사람들을 혼잡하게 하셨다. 왜 그렇게 하셨을까? 그것은 하나님께서 바벨론의 원리를 따르실 수 없기 때문이다. 인간의 지혜와 인간의 힘은 영적인 역사에는 무용지물이다.욛3:6, 15:5 그리고 자신의 이름을 나타내고자 하는 욕망은 육신적인 것이고 하나님의 영을 대적하는 것이다.

흥미로운 것은, 바벨론이 새 예루살렘의 모조품이라는 것이다. 요한계시록 18:16에서 우리는 바벨론이 하나님의 도성과 같은 재료로 지어졌음을 볼 수 있다. 차이점이 있다면 그 재료가 바벨론 음녀의 겉옷의 일부분이라는 것이다. 이에 반해, 그 재료가 그리스도의 신부에게는 내부를 구성하는 요소이다.계21:18~21

따라서 바벨론의 원리는 위선적이다. 내부는 썩었는데도 외관만 잘 보이려고 겉치장을 화려하게 하려는 것뿐이다. 아간의 죄를 상기하라. 이스라엘이 가나안 땅에 들어갔을 때 아간은 최초로 죄를 범했다. 그는 '시날산의 아름다운 외투beautiful robe from Babylonia'를 탐했다.수7:21 바벨론의 외투로 자신의 이미지를 개선해보려는 사람은 아간 혼자만이 아니다. 간단히 말해서, 바벨론의 영은 실체는 없으면서 영적인 것처럼 보이려 하고, 하나님께 인정받고자 그분을 감동시키려 하고, 하나님 영광의 겉모습만 꾸미려 하는 것에 그 뿌리를 두고 있다.

요한계시록의 바벨론 음녀는 신부인 척 가장하는 존재이다. 그녀는 이미지 관리에 있어선 전문가이다. 그렇게 해서, 그녀는 자기 외모로 사람들을 유혹하려는 것이다. 영적인 눈을 가진 사람들은 그녀가 아무리 매혹해도 넘어가지 않는다. 그들은 그녀의 참모습을 보고 있다. 즉 그녀가 하늘의 도성을 위조한 싸구려 모조품이라는 사실을 알고 있다. 따라서 그녀는 어린 양의 신부가 가진 타의 추종을 불허하는 아름다움에 견줄 수 없다. 한마디로 말해서, 바벨론은 하나님의 궁극적인 열정의 모조품이다.

두 도성 이야기

성경엔 가짜들의 이야기가 많이 나온다. 아벨이 있으면 가인이 있고, 이삭이 있으면 이스마엘이 있고, 야곱이 있으면 에서가 있고, 그리고 살렘이 있으면 바벨이 있다.

성경은 또한 두 여자 사이의 선택에 관한 기록을 담고 있다. 하갈 대 사라; 레아 대 라헬; 보디발의 아내 대 아스낫; 미갈 대 아비가일; 부정한 여인 대 현숙한 여인잠언에 있음; 여자 바벨론 대 여자 예루살렘.

바벨론은 가짜 여자이고, 그리스도인의 거주지의 모조품이다.

그렇다면, 바벨론에 대해 우리는 어떤 자세를 취해야 하는가? 아브라함이 갈대아 우르를 떠날 때와 같은 태도를 취하면 된다. 이런 태도는 하나님의 부르심을 구체적으로 표현해준다. "너의 고향을 떠나라"창12:1 이 부르심은 바울에 의해 화답 된다. "너희는 그들 중에서 나와서 따로 있고"고후6:17 그리고 요한계시록에서도 그것은 반복되어 등장한다. "내 백성아, 거기서 나와"계18:4

바벨탑 사건 이후로 바벨론은 넓어졌고, 그녀는 예루살렘과 끊임없는 전쟁을 해왔다. 따라서 인류역사는 두 도성의 이야기나 마찬가지이다. 예루살렘 대 바벨론. 이 전쟁은 요한계시록 18장에서 하나님이 결국 음녀의 도성을 심판하실 때 절정에 이른다.

창세 이후로 가나안 땅을 두고 싸움이 벌어져 왔다. 사단의 의도는 언제나 하나님의 백성을 약속의 땅에서 제거하려는 것이었다. 그 이유는 간단하다. 성경에서 가나안은 하나님의 집을 지을 집터를 가리킨다. 만일 원수가 하나님의 백성을 가나안 땅에서 몰아내면, 하나님은 그분의 집을 가지실 수 없게 된다. 반면에, 만일 하나님께서 약속의 땅가나안으로 그의 백성을 인도하시면 하나님은 집터를 가지시게 된다. 그리고 어떻게 보면 하나님께서 땅 전체를 소유하시게 된다.

성경은 이것에 대해 꽤 분명하다. 성경 전체에서, 하나님의 백성이 집터 가나안를 차지할 때마다 하나님은 '하늘과 땅의 하나님'으로 불리셨다. 그러나 하나님의 백성이 집터에서 쫓겨나면 하나님은 단지 '하늘의 하나님'으로만 불리셨다. 창14:1~19; 수3:11~13; 스1:2, 7:12,21,23; 느1:4~5, 2:4; 단2:18,28; 마11:25

바벨론 포로생활

이제 구약성경의 다니엘, 에스라, 느헤미야, 그리고 소선지서들에 대해 살펴보자. 586 BC에서 시작하는 것이 좋을 듯하다. 그 해로 돌아가서 이야기가 어떻게 전개되는지 알아보자.

이스라엘이 막 포로로 끌려가 바벨론에서 70년을 지내야 했다. 다시 한 번 말하지만, 바벨론은 제도화된 종교를 대표한다. 이스라엘의 바벨론 포로생활에 대한 아래의 사실들을 주목하라.

• 하나님의 성전에 있던 거룩한 기구들이 탈취되어 예루살렘에서 바벨

론의 우상의 신전으로 옮겨졌다. 바벨론은 혼잡과 혼합의 장소이다. 그곳에는 거룩한 것과 불경스러운 것이 뒤섞여있다.
- 하나님의 백성은 가나안 땅에서 모두 통합을 이루었었다. 그들은 하나님께 예배하고자 예루살렘 성으로 모였었다. 그러나 바벨론에서 그들은 흩어졌고, 나뉘었고, 분리되었다. 하나님의 백성이 제도화된 종교에 참여할 때, 그들은 그리스도 안의 형제 자매들을 분리시키는 인간이 만든 조직에 참여하게 된다.
- 하나님의 백성은 스스로 주도하에 회당을 세웠다. 회당은 하나님을 섬기고자 인간이 고안해서 시도한 것으로써, 하나님의 집인 성전을 대체하는 것이다. 여기에 또 하나의 영구적인 원칙이 있다. 인간은 회당을 세우고, 하나님은 거룩한 성전을 지으신다.

이스라엘은 바벨론에서 70년 동안 무엇을 하고 있었는가? 그들은 이방나라의 도성에서 집을 짓고, 장사를 시작했다. 그리고 그들은 하나님의 거룩한 성전을 대신하는 회당을 건축했다.

70년 포로생활이 끝나갈 즈음, 이스라엘 백성에게 예루살렘으로 돌아가는 것을 허락하는 왕의 칙령이 반포되었다. 그러나 그것에 대한 반응은 슬프기 그지없었다. 극소수의 남은 자들만 돌아왔던 것이다. 2백만 명이나 되는 이스라엘 백성 중 오직 5만 명 정도만 가나안 땅으로 돌아가려고 여행길에 올랐다. 그것은 2.5 퍼센트에 불과한 숫자였다. 나머지 대다수는 바벨론에 남아 있었다.

어째서 바벨론을 떠난 하나님의 백성이 그리 적었을까? 그것은 그들이 이방 땅에 너무 깊이 뿌리를 내리고 있었기 때문이다. 그 70년의 세월 동안 이스라엘 백성은 그곳 생활이 꽤 편해졌다. 그들은 집을 짓고 장사를 시작했다. 그들이 바벨론에서 번창하고 있었던 것이다. 그들은 종교적 자유마저 누리고 있었다.

그런데 이것엔 한 가지 문제가 있다. 하나님은 여전히 집을 갖지 못하셨다. 하나님의 집은 오직 예루살렘에서 지어질 수 있었다. 불행스럽게도, 하나님의 백성 대부분은 주님의 목적보다는 자신들의 이익에 더 관심이 가 있었다.

이것을 주목하라. 당신이 바벨론에서 사는 한, 당신은 결코 하나님의 꿈을 성취할 수 없다. 하나님의 집은 절대로 바벨론에 지어질 수 없다. 덧붙인다면, 바벨론을 떠나려면 당신이 대가를 치러야 한다. 희생을 치러야만 한다.

매우 특별한 남은 자들

예루살렘으로 돌아가서 돌아온 남은 자들remnant을 보라. 그때 하나님의 집을 회복하는 데 있어 대활약한 두 명의 주요 인물이 있다. 하나는 유다의 총독인 스룹바벨이고, 다른 하나는 대제사장인 여호수아였다.

스룹바벨은 왕권을 상징하고 여호수아는 제사장직을 나타낸다.

왕권은 예수 그리스도의 머리 되심을 가리킨다. 예수 그리스도는 하나님의 집의 머리이다. 이것은 그분에게 모든 결정권이 있음을 의미한다.

제사장직은 그리스도와의 계속적인 교제를 가리킨다. 그것은 또한 영적인 기능과 사역을 나타낸다. 하나님의 참된 집에서 지체들은 각각 영적으로 역할을 담당하고, 각 지체가 끊임없는 하나님과의 교제를 경험한다.

이스라엘 백성이 그 땅으로 돌아갈 때 바벨론 신전 안에 있던 금은 기구들을 가져가도 좋다는 허락을 받았다. 그 기구들은 전에 솔로몬 성전에 있었던 것들인데, 이제 다시 예루살렘으로 돌아와서 적합한 집터에 놓일 하나

님의 집을 재건하는 데 쓰임 받게 되었다. 학1:5~11

이 이야기는 우리에게 중요한 교훈을 가르쳐준다. 제도화된 종교 안에도 좋은 것들이 많이 있다. 제도 자체는 바벨론 식이지만 하나님의 거룩한 기구들을 그곳에서 볼 수 있다. 그 이유는 간단하다. 하나님의 백성 중에 그 제도에 관여하는 사람들이 있기 때문이다. 그렇지만, 주님의 거룩한 기구들은 기독교라는 종교를 세우려고 있는 것이 아니다. 그것들은 하나님의 집을 세우려고 존재하는 것이다. 영적으로, 그것들은 바벨론을 위해 있는 것이 아니고 예루살렘을 위해 존재한다.

따라서 바벨론을 떠나는 사람들은 하나님께서 주신 제도권 종교 안에 있던 요소들을 가져가야 한다. 그러나 그것들은 적합한 집터에다 하나님의 집을 짓기 위해 사용되어야 한다. 다르게 표현하면, 기독교 전통은 모두 다 맹점들을 갖고 있다. 어떤 전통들은 다른 것들보다 더 나은 것도 있다. 하지만, 대부분 하나님의 집을 위해 연구되고 쓰임 받아야 할 풍부한 영적 유산을 갖고 있다.

이렇게 해서 대수롭지 않은 소수 남은 자들이 가나안 땅으로 돌아와서 예루살렘에 성전을 건축하기 시작했다. 그들은 기초를 놓은 후 그 위에 건물을 짓기 시작했다. 그러나 이스라엘의 대적들로부터 엄청난 방해공작이 뒤따랐다. 그 결과, 그들은 낙심해서 15년 동안 성전건축을 중지했다. 스1~4장

그리고 하나님은 아직도 집을 갖지 못하셨다.

감사하게도, 하나님께서 이 문제의 해답을 제시하셨다. 그것은 선지자들이었다. 하나님께서 선지자 두 사람을 일으키셔서 백성으로 하여금 다시 성전건축을 하도록 독려하셨다. 그 선지자들이 학개와 스가랴였다. 스5:1-5; 학1~2장; 슥1~4장

학개를 통해 임한 하나님의 말씀은 본질적으로 이것이었다. "너희가 내

집을 짓고자 이 땅으로 왔는데, 오히려 너희 집을 짓기에만 바빴다. 내 집은 무너져 있는데 너희 집을 짓는 것이 옳은지 너희 행위를 살펴봐라. 산에 올라가서 나무를 베어다가 내 집 짓기를 시작하라. 오직 그렇게 할 때 너희가 나의 복을 충만하게 받게 될 것이다."학1:5~9

스가랴를 통해 임한 하나님의 말씀은 본질적으로 이것이었다. "너희는 정말 소수의 남은 자들이다. 내 백성 대부분은 바벨론을 떠나지 않았다. 하지만, 너희는 그곳을 떠나려고 비싼 값을 치렀다. 나는 너희가 이것 때문에 낙심했다는 것을 알고 있다. 그러나 작은 일의 날이라고 멸시하지 말라."슥4:8~10

여기서 선지자들의 역할과 사역에 대해 한 마디 추가하고 넘어가자. 선지자들이 가장 필요할 때는 하나님의 백성이 하나님의 본심을 더는 읽지 못할 때이다. 그들의 본래의 임무는 하나님의 마음이 잊혀졌을 때 그것을 다시 원위치로 돌리는 것이다.

남은 자들은 그 작업을 완수했고 하나님의 집이 마침내 완성되었다. 그렇지만, 솔로몬 성전의 영광을 기억하는 노인들은 새 성전에 몹시 비판적이었다. 그들은 그것이 이전에 있었던 성전의 영광만 못하다고 했다.학2:3, 스3:12

요점

과거에 있었던 하나님의 역사는 종종 새로운 하나님의 역사를 핍박하고 평가절하한다.

60년쯤 지나서 에스라가 등장한다. 에스라는 제사장이었고 또 학사서기관이었다. 그는 하나님의 계시가 된 말씀을 가르치는 교사에 해당한다. 에스라로 인해 하나님 집의 재건이 더 강화되고 정화되었다. 또한, 그가 포로로 있던 백성을 더 많이 데려와서 예루살렘으로 돌아온 남은 자들의 수가 더 늘어났다.스7~10장 에스라가 예루살렘으로 돌아온 후 약 13년이 지나서, 스룹바벨의 후임 총독인 느헤미야가 성벽을 재건하고자 거룩한 성으로 돌아왔다. 성벽의 목적은 재건된 성전을 지키기 위함이었다.

성전은 하나님의 집을 가리키고 성은 하나님나라왕국를 가리킨다. 성전은 하나님을 표현하고자 존재하는 것이고, 성은 하나님의 통치권을 위해 존재한다. 제사장은 성전과 관련이 있고, 왕은 성과 관련이 있다. 예수 그리스도는 왕인 동시에 하나님의 집의 제사장이다. 그리고 우리가 지금까지 살펴본 대로 그는 또한 집 그 자체이다.

성경의 마지막 부분에 가서 보면 바벨론은 멸망 당하고, 하나님의 마지막 성전이자 마지막 도성인 새 예루살렘이 등장한다.계21:2~3,22 새 예루살렘은 하나님의 이미지를 가지고 있고성전으로서, 또 그것은 하나님의 통치권을 행사한다성으로서. 생명나무와 흐르는 생명의 강이 다시 등장한다. 그리고 성은 금과 진주와 보석으로 꾸며져 있다.

따라서 요한계시록의 마지막 부분에서 우리는 창세기 1장과 2장이 재현되는 것을 볼 수 있다. 인간을 위한 하나님의 본래 목적은 이 땅에서 그분의 이미지가 나타나고 그분의 권위가 행사되는 것이었다. 이것들이 하나님의 집의 주된 특징인데, 신약성경의 끝 부분에서 다 성취된다.

바벨론을 떠나라는 명령

지금까지 살펴본 바와 같이, 바벨론은 당신 고유의 거주지가 아니다. 그것은 하나님의 집의 모조품이다. 바벨론 포로생활에서, 다른 것은 제쳐놓고라도 이것만큼은 꼭 배우자. 오늘날 많은 하나님의 백성이 바벨론에서 살고 있다. 하나님은 그들을 사랑하시고, 하실 수 있는 모든 것을 동원해서 그들에게 복을 내려주실 것이다. 그러나 바벨론은 하나님의 최선이 아니고, 최고도 아니다. 하나님은 결코 이방나라에 그분의 집을 지으시지 않을 것이다. 하나님의 궁극적인 열정은 그분의 백성이 그 타락한 제도를 떠날 때 비로소 성취될 수 있다. 예수 그리스도는 새로운 종교를 창시하려고 오시지 않았다. 예수님은 새 창조를 시작하고자 오셨다.

본질적으로, 바벨론의 원리는 하나님으로부터 독립을 선언하고 하나님 없는 사회를 세우려는 것이다. 이것은 최초로 성을 건설한 가인을 움직인 원리이다. 가인은 하나님의 임재를 떠나서 자기 자신의 성을 쌓았다.창 4:16~17 바벨론의 원리는 가인의 후예인 니므롯을 움직여서 바벨을 건설하게 했다.창10:9~10 이 사람들은 하나님과 분리된 사회를 원했다. 하지만, 이것은 불가능 그 자체이다.

나는 선지자 학개가 전한 말씀으로 이 단원을 마치고자 한다. 나는 이 말씀이 2,500년 전 못지않게 오늘날에도 적합하다고 생각한다.

> 만군의 여호와가 말하노니 너희는 자기의 행위를 살필지니라 너희는 산에 올라가서 나무를 가져다가 성전을 건축하라 그리하면 내가 그것으로 말미암아 기뻐하고 또 영광을 얻으리라 여호와가 말하였느니라 너희가 많은 것을 바랐으나 도리어 적었고 너희가 그것을 집으로 가져갔으나 내가 불어 버렸느니라 나 만군의 여호와가 말하노라 이것이 무슨 까닭이냐 내 집은 황폐하였으되 너희는 각각 자기의 집을 짓기 위하여 빨랐음이라 _학 1:7~9

하늘의 신랑은 지금 우리를 부르신다. 하나님의 백성을 모두 다 모아 바벨론을 떠나서 우리 고유의 거주지로 돌아오게 하라고. "그녀에게서 나오라." 이것이 하늘의 부르심이다.

아마 당신이 캠프를 차리고 장막을 친 곳이 애굽이나 바벨론이 아닐지도 모른다. 만일 그렇다면, 많은 하나님의 백성이 장막을 치는 다른 거주지가 아직 하나 더 남아 있다. 지금 그곳으로 가보자.

Chapter 18
거친 광야를 뒤로하고

형제들아 나는 너희가 알지 못하기를 원하지 아니하노니 우리 조상들이 다 구름 아래에 있고 바다 가운데로 지나며…그들에게 일어난 이런 일은 본보기가 되고 _고전 10:1, 11

세 번째 가짜 거주지가 있는데, 오늘날 그곳에 장막을 치는 그리스도인들이 날이 갈수록 늘어나고 있다. 그것은 광야라고 불리는 곳이다. 애굽이나 바벨론을 떠나고자 하는 모든 그리스도인들은 도중에 광야라는 과정을 경험하게 될 것이다. 그것은 피할 수 없는 과정이다.

광야의 의미

구약성경의 그림을 되돌아 보면, 하나님의 백성은 애굽에서 가나안 땅으로 행군하려면 광야를 통과해야 했다. 그들은 또 바벨론에서 가나안 땅으로 갈 때도 광야를 횡단해야 했다. 따라서 광야는 하나님께서 정하신 필요조건이다. 그러나 그것은 우회하는 것이다. 집이 아니다. 거기서 얼마나 오래 있느냐는 대부분 당신이 결정해야 할 사항이다.

이스라엘 후손이 애굽의 보물의 성을 탈출한 후에, 그들은 호렙산까지 행군해서 갔다. 그리고는 40년 동안 사막에서 방랑생활을 했다. 왜 그랬는가? 그들의 불신앙 때문이었다.히3:15~19, 4:1~11 그 여정은 단 11일 만에 끝났어야 했었다.신1:2

광야는 당신이 그곳에 집을 짓기로 선택하지 않는 한 잠시 머무는 곳이다. 하나님께서 궁극적으로는 광야에서 나오게 하시겠지만, 그날이 올 때까지 당신의 믿음은 시험을 받게 될 것이다. 광야에서 빠져나오려면 불쾌할 정도로 값비싼 대가를 치러야 할지도 모른다. 이런 이유 때문에 많은 사람이 광야를 떠나지 못하고 있다.

나는 하나님께서 사시는 처소는 광야에 지어질 수 없다고 확신한다. 광야에서 벌어지는 모든 일들은 일시적이다. 하나님의 목표는 약속의 땅이다. 그렇다 하더라도, 모세의 성막은 광야에서 세워졌다. 하지만, 그것은 가지고 다닐 수 있는 천막이었다. 그것은 아주 일시적이었고 영구적인 안식을 찾고자 가나안 땅을 향하고 있었다.

나는 이제 광야에 관해 몇 가지 관찰한 것들을 살펴보고자 한다. 만일 당신이 지금 광야에서 살고 있다면 이 단원이 당신에게 도움되기를 바란다.

사막이 주는 교훈

첫째로, 하나님은 언제나 광야에 있는 자기 백성을 돌보실 것이다. 광야가 그들 고유의 거주지가 아닐지라도 하나님은 그들에게 그리스도를 공급해주실 것이다. 그렇지만, 광야에서 당신이 공급받는 그리스도는 당신의 모든 영적인 필요를 채우기에는 충분하지 않다. 이것에 대해 살펴보자.

하나님의 백성이 애굽을 떠나 광야에서 거했을 때 하나님은 반석에서 물이 나게 하셨고, 또 하늘에서 떡을 내려주셨다. 이 떡이 '만나'라고 불렸는데, 그것은 우리 영의 양식인 예수 그리스도의 그림이었다.요6:31~35, 49~51;

고전10:1~4

그렇지만, 얼마 못 가서 이스라엘 백성은 만나에 싫증 나기 시작했다. 마찬가지로, 당신과 나도 궁극적으로는 광야에서 공급받는 예수님에 싫증 나게 될 것이다. 그리고 이스라엘처럼 우리도 주님을 향해 불평하는 유혹에 빠지게 될 것이다.

광야에서는 오직 한 종류의 음식밖에 공급되지 않는다. 그리고 그것은 긴 여행을 하는 데는 적합하지 않다. 만나는 당신과 내가 광야생활을 마치도록 고안된 것이다. 그리고 광야생활 이후에는 우리가 그것에 의존해서 살아갈 수 없다.

이와는 대조적으로, 가나안에서는 그 땅의 충만함과 풍요로움이 우리에게 충분히 제공된다. 우리가 집터에 살고 있으면 비옥하고 좋은 땅의 소출을 우리가 누릴 수 있다. 그리고 그 소출은 무궁무진하다.

둘째로, 만일 당신이 광야에 머물러있다면 당신은 결국 죽게 될 것이다. 애굽과 바벨론의 가짜 거주지를 떠나는 것으로는 충분하지 않다. 당신이 광야를 탈출하지 않는다면 당신의 뼈들은 사막에서 뒹굴게 될 것이다. 하나님은 언제나 그분의 백성을 목적지 안으로 인도하시고자 그들을 어딘가에서 밖으로 데리고 나오신다. 이것은 돌에 새겨도 되는 부동의 진리이다.

> 우리 조상들에게 맹세하신 땅을 우리에게 주어 들어가게 하시려고 우리를 거기서 인도하여 내시고_신 6:23

셋째로, 광야생활의 목표는 단 한 가지다. 오직 그리스도만 남게 되도록 우리를 체질하고, 낮추고, 발가벗기는 것. 애굽과 바벨론을 떠난 우리는 많은 종교적 관습을 버려야 한다. 광야생활은 바로 이것을 위해 고안된 것이다. 광야는 종교를 해독하는 장소다.

　침례세례 요한을 생각해보라. 그는 광야에서 말씀을 선포했다. 그의 메시지를 듣고자 하는 사람들은 사막으로 나가야만 했다. 요한 당시에 하나님께서는 유대교와 결별하셨다. 낡은 가죽부대와 작별을 고하신 것이다. 주님은 백성을 당시의 제도화된 종교인 유대교에서 불러내시려고 침례 요한을 일으키셨다. 광야에서 요한을 따르는 사람들은 옛 유대교가 제공했던 모든 것들에서 벗어나게 되었다. 그들은 그 제도의 종교성을 내려놓고 바닥에서 다시 일어났다.

　예수 그리스도는 어디서 그의 제자들을 얻으셨는가? 대부분 침례 요한을 따르던 사람들이었다. 그러므로 그들은 바닥까지 내려가게 한 광야의 체험을 한 사람들이었다. 그 경험이 그들을 '주제 파악nothing situation' 하게 만들었던 것이다. 그들은 이제 예수님께서 써넣으실 수 있는 백지상태가 되었다. 주님의 새 포도주를 넣을 수 있는 새 가죽부대가 되었던 것이다. 침례 요한은 그들의 옛것을 벗겨버렸고, 예수님은 그들에게 새것을 주셨다.

　이것을 당신의 마음에 새기라. 우리가 옛것을 떨쳐버리기 전에는 새것을 받을 수 없다. 낡은 가죽부대는 수선하기가 쉽지 않다. 이런 이유로, 하나님은 새 포도주를 낡은 가죽부대에 넣는 일은 절대로 하시지 않는다. 마 9:16~17

　열두 제자뿐만 아니라 다소 사람 바울도 그를 바닥까지 내려가게 한 광야 생활을 경험했다. 사실, 그는 바닥을 치기까지 먼 길을 올라갔어야만 했다. 인종차별주의자이고, 분파주의자이고, 자기 의로 가득 찬데다, 편협하고, 종교적 외골수 바리새인이었던 바울이 회심해서 주 예수 그리스도의 제자가 된 후 얼마 지나지 않아, 하나님께서 그를 아라비아 사막으로 인도하셔서 거기서 3년을 지내게 하셨다. 갈1:17~18 그는 거기서 무엇을 했는가? 독을 빼내고 있었다.

의심의 여지 없이, 바울은 다년간 쌓아왔던 종교성이 그의 혈관 속에서 빠져나가는 것을 허용하고 있었다. 열성적인 바리새인으로 살아오면서 바울의 삶에 배어 있던 모든 것들이 사막에서 빠져나가고 있었다. 바울은 개혁 그 이상을 경험하고 있었다. 그는 전두엽 절제수술lobotomy을 받아야 했다. 이것이 광야가 존재하는 이유이다.

그 광야의 경험을 통해, 하나님께서 이전엔 결코 알 수 없었던 방식으로 바울에게 오셨다. 하나님께서 '예수 그리스도의 얼굴'로 그에게 나타나셨다.갈1:11~12; 고후4:6 광야에서 받은 하늘의 계시로 바울에게 복음이 주어졌지만, 그 계시는 제한적이었다. 바울은 그리스도의 충만을 경험하고자 올바른 거주지인 안디옥의 에클레시아에서 5년을 또 보내야 했다.

이렇게 해서 바울은 광야에서 장애물이 제거되는 과정을 겪었다. 하나님의 주도 하에 바울은 바닥까지 낮춰지고 발가벗겨졌다. 이런 경험은 바울이 사도로 사역하는 데 있어 꼭 필요한 것이었다. 왜냐하면, 새 포도주를 나눠주는 사람이 되려면 옛것을 다 비워야 했기 때문이다.

넷째로, 광야는 새로운 시작을 상징한다. 이스라엘 백성이 광야에서 40년을 지내고 나서, 그들은 여호수아의 인도로 요단강을 건너 약속의 땅으로 들어갔다. 선지자 호세아 때 하나님은 이스라엘을 다시 그분께로 돌아오게 하시려고 광야를 통해 인도하셨다.호2:14 선지자들은 이스라엘 백성이 바벨론 포로생활을 끝내고 집으로 돌아올 수 있도록 광야의 길이 예비될 것을 선포했다.

침례 요한은 하나님의 백성이 오랫동안 기다리던 메시아를 광야에서 소개함으로써 그들을 위한 새로운 시작을 알렸다. 그리고 바울은 아라비아 광야에서 시간을 보낸 후에서야 그의 사도로서의 사역을 시작했다.

다섯째로, 영적으로 비워지기 위한 목적을 넘어 광야에서 과도하게 보내는 시간은 낭비이다. 당신에게 주어진 인생의 기간을 보내는 네 가지 방법이 있다. 당신은 애굽에서 세상의 쾌락과 물질적 성공을 위한 삶을 살면서 인생을 낭비할 수 있다(이 모든 것은 임시적이고 덧없는 것들이다. 당신은 바벨론에서 제도화된 종교의 성장과 성공을 위해 인생을 낭비할 수 있다. 당신은 광야에서 과도기를 지내는 동안 인생을 낭비할 수 있다. 그리고 당신은 예루살렘의 집터에서 예수 그리스도를 드러냄으로 인생을 보람되게 살 수 있다. 그렇다면, 당신은 오늘 어디에서 살고 있는가? 애굽인가? 바벨론인가? 광야인가?

집을 찾다

솔직하게 얘기해보자. 당신이 하나님께서 그분의 거주지를 위해 택하신 집터에 장막을 치기 전에는 결코 안식을 얻거나 '집'을 찾을 수 없을 것이다. 당신이 이런 결단을 내리기 전에는 그리스도인으로서의 성숙은 요원할 것이고, 다른 어떤 환경에도 적응하지 못할 것이며, 내적인 만족을 경험하지 못하게 될 것이다.

당신이 다른 형제, 자매들과 그리스도를 자유롭게 나누고 그들로부터 그리스도에 대해 듣는 것은 그리스도인이라는 종족에 속한 당신의 본능이다. 당신이 다른 그리스도인들과 함께 오직 예수 그리스도를 머리로 하는 공동체를 이루어 사는 것도 그리스도인이라는 종족에 속한 당신에게 있어 본능적이다. 당신이 다른 믿는 자들과 함께 자유와 자발성과 기쁨과 사랑이 가득한 토양의 교회를 이루는 것은 당신의 종족의 타고난 본성이다. 이 모든 것들은 교회의 유전자 코드에 다 기록되어 있다.

진정 그리스도인의 삶을 살 수 있는 다른 환경이란 존재하지 않는다.

당신은 고유의 거주지를 갖고 있다. 그것은 에클레시아라고 불리는 하나님의 영적인 집이다. 신데렐라의 구두처럼 에클레시아도 "꼭 들어맞는다." 그것은 마치 잃어버린 퍼즐 조각처럼 찾아서 맞추면 정확하게 들어맞는다.

우리는 하나님의 집을 향한 생물학적인 욕구가 있다. 그것에 대한 영적인 취향이 있다는 말이다. 우리는 우리의 운명을 결정하는 갈망, 곧 생물학적 본능을 갖고 있다. 그래서 우리가 어떤 대가를 치르더라도 하나님의 집을 짓는 작업에 관여하고야 말겠다는 결정을 내리기 전에는 결코 만족할 수 없을 것이다.

이렇게 대가를 치르려면 친구들을 잃을 수도 있고, 기독교 지도자들로부터 괴롭힘과 따돌림을 당할 수도 있다. 또 악랄하고 추한 소문이나 모함이나 가십에 시달릴 수도 있다. 그것은 아브라함처럼 모든 것을 버리고 눈에 보이지 않는 도성을 향해 첫발을 내딛는 것일 수도 있다.

그것은 당신이 안락한 집을 팔고, 직장도 그만두고, 하나님의 집을 함께 이룰 다른 산 돌들이 사는 도시로 이사 가는 것을 의미할 수도 있다. 그것은 심한 오해와 비난, 어쩌면 핍박 같은 고통스러운 문제들을 수반할 수도 있다.

> 그런즉 우리도 그의 치욕을 짊어지고 영문 밖으로 그에게 나아가자 우리가 여기에는 영구한 도성이 없으므로 장차 올 것을 찾나니 _히 13:13~14

나는 이 글을 읽는 당신과 다른 모든 그리스도인들 내면에 있는 본능에 호소한다. 당신과 나를 향한 하나님의 가장 고귀한 부르심은 무엇인가? 그것은 우리 자신을 하나님의 영원한 목적에 드리는 것, 즉 하나님으로 하여금 그분이 항상 원하셨던 방법으로 우리를 다른 그리스도인들과 하나로 만드시게 하는 것이다. 무슨 이유로 그렇게 하셔야 하는가? 그렇게 함으로써 하나님께서 이 땅 위에 그분의 집을 가지실 수 있게 하려 함이다.

　에스라의 말이야말로 적절하다 할 수 있다. 성전을 건축하라! 스6:2 나는 이것이 당신의 인생에서 꼭 이루어지기를 진심으로 소망한다.

Chapter 19
하나님의 탐색 여행: 예수님으로부터 요한

너희가 요단을 건너 너희 하나님 여호와께서 너희에게 기업으로 주시는 땅에 거주하게 될 때 또는 여호와께서 너희에게 너희 주위의 모든 대적을 이기게 하시고 너희에게 안식을 주사 너희를 평안히 거주하게 하실 때에 너희는 너희의 하나님 여호와께서 자기 이름을 두시려고 택하실 그곳으로 내가 명령하는 것을 모두 가지고 갈지니 _신 12:10~11

이 단원에서는 하나님께서 그분의 집을 짓고자 선택하신 집터로 우리의 관심을 돌려보자.

당신 고유의 거주지는 어디인가?

그것은 애굽이 아니다. 바벨론도 아니고 광야도 아니다. 그것은 가나안이다. 즉 그것은 어떤 환경에서든지 우리를 완벽하게 채워주시는 그리스도의 그림이다.

예수 그리스도는 공동체 생활의 기초이다. 그는 그리스도인의 삶 목표이다. 그리고 그의 충만함을 경험함으로 하나님의 집이 지어지게 된다.

가나안은 구약성경에서 21번이나 "젖과 꿀이 흐르는 땅"이라고 불린다. 이 말은 그 땅의 풍성함, 만족, 부요, 그리고 번영을 생생하게 표현해준다.

가나안 땅은 바울이 말한 바 "측량할 수 없는 그리스도의 풍성함"을 가리킨다.엡3:8 그것은 "그리스도 안에 있는 하늘에 속한 모든 신령한 복"과 일치한다.엡1:3

가나안 안에 있는 것들

가나안 땅 안에 무엇이 있는지 살펴보자. 출애굽기 3:8과 신명기 8:7~10에 의하면, 그 땅은 다음과 같은 특징들이 있다.아래에 내가 믿는바 가나안이 상징하는 영적인 속성들을 포함했다.

- 널찍함 – 그리스도는 그 부요함에 있어 제한이 없고 모자람이 없다.엡1:3, 3:8, 17~19
- 보기 좋음 – 그리스도는 선함과 즐거움과 고상함을 드러낸다.빌3:8
- 물 – 그리스도는 우리의 기력을 회복시켜주고 갈증을 해결해주는 시냇물이고 샘물이고 생수이다.요4:10~14, 7:38
- 골짜기와 언덕 – 그리스도는 고통의 골짜기와 승리의 언덕이다.고후4:11~12, 6:9~10
- 밀 – 그리스도는 자기 자신을 죽이는 능력이다.요12:24~25; 빌3:10
- 보리 – 그리스도는 죽음을 극복하는 부활 생명이다.요6:9~13, 11:25; 고전15:22~23
- 포도나무 – 그리스도는 참 포도나무이다.요15:1~5 그는 또한 포도나무의 열매이다 – 그의 백성에게 기쁨과 즐거움을 주는 뭉개진 포도와 새 포도주이다.사9:13; 시104:15
- 무화과 – 그리스도는 우리의 달콤함이고 또 성령의 열매이다.사9:11; 갈5:22~23

- 석류 – 다른 모든 것들이 추하게 보일 때 그리스도는 우리의 아름다움이다. 아4:3, 6:7, 12; 시27:4, 29:2, 90:17, 96:9) 그리스도는 사람들이 그들의 눈을 고정해야 할 가장 사랑스러운 존재이다. "왕은 사람들보다 아름다워"시45:2) "그 전체가 사랑스럽구나" 아5:16
- 감람유 – 그리스도는 영적인 섬김을 위한 성령의 기름 부음이다. 출29:7, 30:31; 시133:1~3; 히1:9
- 젖 – 그리스도는 우리의 영적인 자양분이다. 고전3:2; 히5:12; 벧전2:2
- 꿀 – 그리스도는 우리의 즐거움이고 만족이다. 시19:10, 81:16
- 떡 – 그리스도는 여행 중에 우리의 배고픔을 채워주고 우리에게 생명과 힘을 주는 양식이다. 요6:48~51
- 산 – 그리스도는 우리를 높여서 모든 통치와 권세를 물리치고 승리하게 하는 분이다. 엡1:20~21, 4:10
- 철과 놋 – 그리스도는 우리의 영적 싸움이다. 신33:25~27; 삼상17:38; 시2:9; 엡6:13~18

실로, 우리는 실질적인 땅the real land의 모든 부요함을 상속받았다. 즉 이 땅은 그리스도의 모든 충만으로 가득한 땅이다. "그리스도 안에 있는 하늘에 속한 모든 신령한 복"이 당신과 나에게 임했다. 결과적으로, 그 실질적인 땅의 부요함과 복에 참여할수록, 우리 인생에 그리스도가 더 풍성해져서 그분이 우리를 통해 그 풍성을 나눠주시기 시작한다. 이것이 바로 하나님의 집이 지어지는 방법이다.

땅을 정복함

가나안 땅은 믿음에 의해 정복된다. 당신과 나는 모든 필요를 채워주시는 그리스도를 믿음으로 얻게 된다. 믿음은 수동적인 것이 아니고 능동적이다. 믿음은 "없는 것을 있는 것으로" 부른다.롬4:17 믿음은 물리적 영역을 초월한다. "우리가 믿음으로 행하고 보는 것으로 행하지 아니함이로라"고후 5:7 믿음은 우리를 모든 충만으로 가득하신 살아계신 그리스도에게 연합시킨다. 간단히 말해서, 믿음은 우리 안에 사시는 보이지 않는 그리스도를 신뢰하고 의지하는 것이다.

하나님의 백성이 광야에 있었을 때 하나님은 초자연적인 방법으로 그들에게 양식을 주셨다. 떡이 날마다 규칙적으로 하늘에서 내려왔다. 백성이 한 일은 단지 매일 아침 해 뜨기 전에 그것을 주워 모으는 것이었다. 또한, 하나님은 그들이 가는 곳마다 따라다녔던 반석을 그들에게 주셨고, 그 반석은 그들에게 물을 공급해주었다. 그들이 한 일은 그냥 반석에 가서 물을 마시는 것이었다. 이 반석이 그리스도였다. 고전 10:4

그러나 이스라엘이 가나안 땅에 들어가자마자 만나는 더는 하늘에서 내려오지 않았고, 물을 공급하던 반석도 다시는 그들을 따르지 않았다. 이스라엘은 이제 살아남기 위해 그 땅을 소유해야만 했다. 그들은 그 땅을 소유한 후 소출을 얻으려고 그 땅을 경작해야 했다.

이 이야기에 얽힌 소중한 진리가 있다. 광야에서는 하나님께서 당신과 나에게 오신다. 그러나 가나안 땅에서는 우리가 하나님을 찾아야 한다. 따라서 당신의 영적인 삶에 하나님께서 더는 당신에게 오시지 않는 날이 오고야 말 것이다. 그때 당신은 다음과 같이 기도할 수밖에 없을 것이다. "주님, 저는 주님을 원합니다. 그리고 오늘부터 당신을 줄기차게 찾고 따르겠습니다." 하나님에 대한 갈급함에서 나온 열렬한 믿음으로 당신은 다음과 같이 부르짖게 될 것이다. "저는 주님 안에 있는 모든 것을 갖기를 원합니다." 마 11:12; 눅16:16

일상적으로 아기는 먹기 위해 아무런 수고도 하지 않는다. 그저 입을 열기만 하면 부모가 먹여준다. 하지만, 그 아이가 자라나면 먹기 위해 스스로 책임을 져야 한다. 스스로 먹는 법을 터득해야 한다는 말이다.

영적으로도 마찬가지이다. 당신의 영적 여정의 초기에는, 하나님께서 초자연적인 방법으로 역사 하셔서 그리스도를 양과 만나와 물로써 당신에게 주신다. 그러다가 하나님께서 당신으로 하여금 가나안 땅을 소유하게 하시는 날이 오게 되는데, 일단 그 땅을 소유하게 되면 당신이 하나님의 무한한 풍성함에 의해 살아가야 한다.

그러나 이것을 기억하라. 그 땅을 소유하는 것은 단지 개인이 추구할 사항이 아니다. 그것은 공동체의 몫이다. 우리는 서로 간에 그리스도의 풍성함을 나누게 된다. 사실, 이것이 하나님께서 교회를 세우신 이유 중의 하나이다.

하나님의 집을 짓는 데 들어가는 비용

우리는 가짜 거주지들을 떠나서 우리 고유의 거주지에서 살려면 치러야 할 대가에 대해 이미 살펴보았다. 그렇지만, 하나님의 집을 짓는데도 역시 값을 치러야 한다. 이런 맥락에서, 구약의 성전은 여러 중요한 교훈들을 담고 있다.

첫째로, 모리아산은 성전 터였다. 이 산은 아브라함이 자진해서 그의 아들 이삭을 하나님께 바쳤던 바로 그 산이었다. 창22:1~2; 대하3:1 그러므로 하나님의 집은 희생과 자발적인 헌신에 의해 지어진다.

둘째로, 성전은 모리아산의 특정한 지점에 세워졌는데 그곳은 오르난의 타작마당이었다. 이곳은 다윗이 죄를 범한 후 회개한 곳이었다. 그 결과, 다윗은 타작마당에 제단을 쌓았다. 대상21; 대하3:1

타작마당은 체질하는 곳이다. 그곳은 밀을 체질하여 겨와 분리시키는 곳이다. 다윗에게 있어 그곳은 자신을 비우는 곳이었다. 거기서 다윗은 매우 겸손해졌고 스스로 아무것도 아님을 깨닫게 되었다. 하나님께서 그의 자만심과 야망을 꺾으셨다.

셋째로, 다윗은 그의 아들 솔로몬이 성전을 지을 수 있도록 건축 재료를 준비했다. 금과 은 같은 건축 재료는 전쟁과 전투를 통해 획득했다.대상26:27 다윗의 지휘 하에 이스라엘의 대적들은 패배하고 정복되었다. 그리고 전투에서 획득한 전리품은 솔로몬에게 주어져 하나님의 거주지를 지을 수 있도록 했다. 이 이야기가 우리에게 가르쳐주는 것은, 솔로몬보다 크신 예수 그리스도께서 그분 자신의 전쟁과 그분의 백성이 치른 영적 전투에서 획득한 전리품으로 하나님의 집을 지으신다는 사실이다.

하나님의 집은 대가를 치르며 건설된다. 즉 희생과 자신을 비움으로 지어진다. 또 그것은 갈등을 겪으며 세워진다. 따라서 만일 당신이 추구하는 것이 편하고 쉬운 그리스도인의 삶이라면, 하나님의 집을 짓는데 참여하는 것은 절대로 당신의 몫이 될 수 없다.

형상과 다스림 Image and Rule

사람들을 위한 하나님의 원래 의도는 그들이 그분의 형상을 나타내고 그분의 권세를 드러내는 것이었다. 말하자면, 하나님의 꿈은 우리가 그분의 성전이자 도성이 되게 하는 것이었다.

그렇다면, 이것이 어떻게 성취될 수 있는가? 그 대답은, 참여하므로 성취된다. 즉 먹고 마심으로 성취된다. 아담과 그의 후손은 생명나무 열매를 먹고 생명수를 마심으로 하나님의 형상을 나타내고 하나님의 명령을 수행하게 되어 있었다.

에덴동산에서 생명나무와 흐르는 강은 그 안에 하나님의 영원한 생명을 담고 있다. 워치만 니가 말했듯이 그 나무는 우주에서 '가장 높은 생명'을 담고 있다. 천사나 마귀보다 더 높고 더 능력 있는 생명이다.

사람들이 생명나무 열매를 먹고 생명수를 마시게 되면 하나님 자신의 생명이 그들 안에 쌓이게 될 것이었다. 말하자면, 하나님 자신이 그들 안에 사시게 되는 것이다. 그 결과, 사람들은 흙에서 집으로 변형될 것이었다. 흐르는 강의 산물인 금과 진주와 보석으로 지어진 집 말이다. 창2:1~12; 계 21:19~21

나는 하나님께서 아담을 창조하셨을 때 그에게 네 가지 간단한 명령을 내리셨다는 사실을 발견했다. 이 명령은 현대 그리스도인은 도저히 상상할 수 없는 성질의 것이었다. 하나님은 아담에게 얼굴을 묻고 바닥에 엎드려 하나님께 예배하라는 명령을 내리시지 않았다. 아담에게 매일 하나님을 섬기라든가, 명령과 규칙과 의무 같은 것들을 복종하라고 하시지도 않았다.

하나님께서 지시하신 것은 간단했다. "먹고, 쉬고, 내 형상을 닮고, 땅을 다스리라." 그리고 다섯 번째도 있었다. "네가 먹는 것에 주의하라! 네가 결코 먹어서는 안 되는 나무의 열매가 있다."

아담과 하와와 그들의 후손은 그들이 특정한 나무의 열매를 먹기 전에는 두 가지 지시사항(하나님의 형상을 나타내고 땅을 다스리라)을 결코 이행할 수 없었다. 그들이 살아가기 위해 먹어야 할 주된 양식은 생명나무에 달려 있는 신비한 열매였다.

에덴동산의 중앙에 있는 생명나무를 보라. 신성한 생명으로 고동치는 그 나무를 주의 깊게 관찰해보라. 신성한 에너지가 약동하는 그 나무를 보라. 순결함이 진동하는 그 나무를 느껴보라. 만일 그 나무가 말을 할 수 있었다면 아마 다음과 같이 말했을 것이다. "나를 먹어다오. 그러면 너를 살게 하는 내 생명을 네 안에 갖게 될 것이다. 내 열매를 먹어라. 그러면 내 씨가 네 안에 쌓이게 되어 너는 나와 같은 생명을 낳게 될 것이다."

하나님께서 채소와 동물의 생명을 창조하셨을 때 다음과 같이 말씀하셨던 것을 상기하라. "그 종류대로 씨를 맺어라." 흥미롭게도, 하나님께서 아담을 창조하셨을 때는 이렇게 말씀하시지 않았다. 당신이 창세기에서 창조의 내력에 대해 읽을 때 이런 말 비슷한 것도 찾지 못할 것이다. 그것은 필시 하나님께서 사람들을 그분의 거주지로 삼으려 하셨음이 틀림없다. 즉, 하나님은 그분 자신의 생명을 사람들에게 불어넣기 원하셨다. 따라서 만일 사람들이 하나님의 생명에 참여했다면 그들은 하나님의 종류대로 씨를 맺었을 것이다. 이런 개념이야말로 베드로와 요한이 하나님의 '썩지 아니할 씨'에 대해 말한 것과 딱 맞아떨어진다. 벧전1:23; 요일3:9

사람들을 향한 하나님의 원래 의도는 그들이 우주에서 하나님의 생명을 소유한 유일한 피조물이 되게 하려는 것이었다. 그렇게 해서, 그들은 이 땅에서 하나님을 보여주고 하나님의 권위로 땅을 다스릴 수 있게 될 것이었다.

물론 우리는 이 계획이 비극으로 끝난 것을 잘 알고 있다. 먹지 말라는 선악을 알게 하는 나무의 열매를 아담이 따먹은 그 이야기 말이다.

감사하게도, 생명나무는 예수 그리스도라는 인격으로 다시 등장했다. 그리고 그 진짜 나무가 당신과 나에게 이렇게 말씀하셨다. "나는 내 종류대로 열매를 맺는 생명나무이다. 내가 내 아버지를 먹고 아버지로 인하여 사는 것 같이 너희도 나를 먹고 나로 인하여 살기 바란다. 너희가 양식을 먹고 그 양식에 의해 살듯이 너희는 그 양식 없이 생존할 수 없다, 나를 먹고 나로 인하여 살아가라. 왜냐하면, 나 없이는 너희가 살 수 없기 때문이다. 나를 먹음으로 인해 너희는 나의 일부분이 될 것이다. 나를 먹으면 너희가 내 열매를 맺게

될 것이다. 요15:1, 4~5, 6:57

음식, 음료, 안식

먹고 마시는데 얼마나 많은 노력을 해야 하는가? 그것을 하려면 얼마나 많은 수고와 땀이 들어가는가? 그 안에 얼마나 많은 율법주의가 있어야 하는가? 나는 전혀 필요치 않다고 담대히 말할 수 있다. 먹는 데는 안식이 있을 뿐이다.

하나님께서 아담에게 주신 두 가지 명령이 단지 먹고 쉬는 것임을 기억하라. 사람의 첫 번째 날인 안식일이 쉬는 날이라는 사실은 너무나도 중요하다. 어거스틴은 "오 주님, 당신께서는 자신을 위하여 우리를 만드셨고, 우리 마음은 당신 안에서 쉼을 얻기 전에는 안식할 수 없습니다."라고 말했다. 바울에 의하면, 그리스도는 안식의 실체이시다.

> 그러므로 먹고 마시는 것과 절기나 초하루나 안식일을 이유로 누구든지 너희를 비판하지 못하게 하라 이것들은 장래 일의 그림자이나 몸은 그리스도의 것이니라 _골 2:16~17

흥미롭게도, 그리스도의 놀라운 그림인 가나안 땅은 안식의 땅이었다. 그러나 그 땅의 실체와는 달리 그것의 그림은 이스라엘에게 결코 온전한 안식을 주지 못했다.

만일 여호수아가 그들에게 안식을 주었더라면 그 후에 다른 날을 말씀하지 아니하셨으리라 그런즉 안식할 때가 하나님의 백성에게 남아 있도다 이미 그의 안식에 들어간 자는 하나님이 자기의 일을 쉬심과 같이 그도 자기의

일을 쉬느니라. _히 4:8~10

예수 그리스도는 생명나무의 실체이다. 요15:1 그는 씨를 맺는 나무이다. 그리고 그는 하나님의 씨를 맺는다. 그리스도는 또한 흐르는 생명의 강의 실체이기도 하다. 그래서 당신과 내가 그를 먹고 마시고 그 안에서 안식을 누리도록 우리를 초청하셨다. 이렇게 먹고 마시고 안식하므로 하나님의 집이 지어지게 되고, 우리 하나님은 집을 찾게 되시는 것이다.

우리가 영적으로 먹고 마시고 안식을 누릴수록, 우리는 흙에서 금과 은과 보석으로 변형되어 하나님의 집을 이루게 된다. 이것이 변화의 의미이다. 그것은 하나의 물질을 다른 물질로 바꾸는 것이다. 납을 금으로, 진흙을 보석으로, 흙을 하나님의 형상으로 바꾸는 것이다.

이것은 예수 그리스도께서 왜 종종 먹고 마시는 것에 대해 말씀하셨는지를 우리에게 이해시켜 준다. 마4:4, 15:26~27, 22:2, 26:29; 눅12:37, 15:23, 22:20; 요4:32, 7:38 성경의 다른 저자들도 이것에 대해 이구동성으로 말하고 있다. 출16:31, 24:11; 시23:5, 34:8, 119:103; 욥23:12; 사44:3, 55:1; 렘15:16; 17:13; 겔3:1~3; 아2:3, 5:1; 고전3:2; 벧전2:2~3; 히5:14, 6:5; 계3:20, 7:17, 10:9, 19:9 그리고 그것은 예수님께서 우리에게 왜 줄기차게 자신을 음식으로 소개하셨는지 그 이유를 설명해준다. 마26:26~28; 요1:29, 4:10, 6:35, 53~57, 12:24; 고전5:7, 10:3~4

성경은 예수 그리스도가 음식이고 음료임을 말하고 있다. 또 그가 안식임을 말하고 있다. 우리는 그리스도를 먹고 마시도록 부름 받았다. 육적인 음식을 먹는 것에서 오는 즐거움과 힘, 물을 마시는 데서 오는 활력과 신선함, 그리고 우리 육체가 쉬는 데서 오는 에너지와 회복은 우리가 영적으로 그리스도를 먹고 마시고 그리스도 안에서 쉬는 실체를 보여주는 하나님이 창조하신 그림이다.

만일 음식이 말을 할 수 있다면 우리에게 다음과 같이 말할 것이다. "네가 얼마나 나를 의지하고 있는지를 생각해보라. 하루 종일 나를 생각해보라. 너는 매일 나에게 와서 수시로 나를 먹고 있다. 나는 네 인생에서 가장 중요한 존재이다. 네가 살려면 내가 필요하다. 너의 생존을 위해 내가 필수라는 말이다. 내가 없으면 너는 죽고 말 것이다. 나는 너의 즐거움이다. 나는 네 생명을 보존시켜주는 존재이다. 그리고 나는 너의 일부분이다." 이 얼마나 놀라운 그림인가? 진짜 음식인 그리스도께서도 우리 각 사람에게 똑같이 말씀하실 것이다.

하나님께서 이 땅에 육적인 음식을 두신 것은 그리스도가 우리에게 어떤 영적 의미를 주는가를 보여주시기 위함이다. 매번 당신이 먹으려고 식탁에 앉을 때마다 당신의 음식은 이 한 가지 메시지를 외치고 있다. 나는 당신의 주님을 보여주는 이미지이다.

육적으로 먹는 것은 육적인 힘을 우리에게 공급해주고, 영적으로 먹는 것은 영적인 힘을 우리에게 공급해준다. 하나님의 아들로 말미암아 우리가 살게 되는데, 하나님께서 바로 그 아들을 보여주는 그림으로써 육적인 음식을 창조하셨다. 우리가 육적인 음식을 먹을 때 그 음식은 우리의 일부분이 된다. 우리가 영적 음식인 그리스도를 먹을 때 그는 우리 안에서 자라게 된다. 그리고 우리는 그의 영광의 형상image으로 변화하게 되는 것이다.

두 나무 이야기

디에트리히 본회퍼는 선악을 아는 지식이 모든 종교와 윤리적 제도의 뿌리임을 정확하게 지적했다. 그렇지만, 예수 그리스도는 새로운 윤리를 우리에게 제시하고자 오시지 않았다. 그는 우리에게 새 생명을 주시고자 오셨다. 요10:10; 갈2:20; 골3:4; 요일5:11~12

그리스도인으로서 당신은 창조되지 않은 하나님의 생명을 받았다. 그러므로 당신은 '그리스도인'의 윤리 체계에 의해 살도록 부름 받지 않았다. 그 대신, 당신은 하나님의 생명에 의해 살도록 부름 받았다. 이 생명은 하나님의 직관, 본능, 충동, 감성, 성향 등을 갖고 있다. 이런 것들을 따라가는 것이 머리이신 그리스도의 분량까지 자라나는 비결이다.엡4:15 어떤 무리가 하나가 되어 하나님의 생명에 의해 살아갈 때 예수님의 인격이 그들 안에서 형성되기 시작한다.갈4:19

본회퍼의 말을 인용하면, "예수님은 사람들을 새로운 종교로 부르시는 것이 아니라 생명으로 부르신다." 그리고 이 생명이 바로 하나님의 생명이다. 그것은 그리스도께서 이 땅에 계셨을 때 말씀하셨던 그 '풍성한 생명'이다.요10:10 이와는 대조적으로, 선악을 알게 하는 나무의 열매를 먹는 것은 한 사람의 인생을 옳고 그른 것에 의해 지배되게 한다. 그것은 그 사람으로 하여금 선과 악의 기준에 의해 행동하게 한다.

선악을 알게 하는 나무는 악한 지식뿐만 아니라 선한 지식도 아울러 포함하고 있다. 선을 아는 것과 선을 행하는 것은 같은 것이 아니다. 선은 어떤 생명의 형태이다. 오직 하나님만이 선하시다. 예수님께서 '선한 선생님'이라고 불렸을 때 그가 반응하신 것을 상기하라. 그는 날카롭게 대답하셨다. "어찌하여 선한 일을 내게 묻느냐 선한 이는 오직 한 분이시니라"마19:17 타락한 인간이 선을 행할 수 있다는 가정에 대한 하나님의 판결은 명료하다. "선을 행하는 자는 없나니 하나도 없도다"롬3:12

성경에 의하면, 선은 어떤 생명의 형태이다. 그것은 인격체이다. 하나님 자신이 바로 그 생명이시다. 오직 하나님만이 선하시다. 그러므로 그리스도인이 '선해지고자' 하면 그는 잘못된 나무로부터 먹는 것이다. 결국, 타락한 본성에 패배하게 되는 결과를 가져오게 된다. 그는 선해지려고 애쓰

는 수고와는 달리 악을 행하는 자신을 발견하게 될 것이다. 롬7:19~21

　최초의 인간들이 선악을 알게 하는 나무의 열매를 먹었을 때 그들은 악한 지식뿐만 아니라 선한 지식도 알게 되었다. 그러나 그들에게는 선 그 자체인 하나님의 생명은 허락되지 않았다.

　잘못된 나무로부터 먹는 것이 어떤 결과를 가져왔는지 생각해보라. 수치심과 죄책감이다. 아담과 하와는 그 나무 열매를 따 먹은 후 하나님을 피해 숨어버리고, 그들의 벌거벗음을 가리려고 무화과 나뭇잎을 엮었다. 창3:7~8

　그러나 하나님은 곧 그 상황을 면케 해주셨다. 역사상 최초로 짐승의 생명이 죽어 피를 흘리게 되었고, 그 짐승의 가죽이 아담과 그 아내의 수치와 벌거벗음을 덮었다. 창3:21 이것은 우리의 수치를 가려주시고자 그리스도께서 피 흘리셨음을 보여주는 적절한 그림이라 할 수 있다.

　나는 아담과 하와가 에덴동산에서 죄를 범한 후에 하나님께서 그들을 벌거벗은 상태로 내버려두시지 않았다는 사실에 깊은 감명을 받는다. 하나님은 그들을 수치 가운데 버려두시지 않았다. 그분은 즉시 그들의 벌거벗음을 가려주셨다. 우리가 잘못된 나무로부터 먹을 때마다 우리는 자신을 정죄하곤 한다. 그리고 나서 우리는 죄책감을 잠재우고 수치심을 없애려고 착한 행동을 하려고 노력한다 무화과나무를 엮는 것처럼. 그러나 오직 그리스도의 피만이 그런 것들을 없앨 수 있다.

　아담과 하와가 선악을 알게 하는 나무의 열매를 따 먹은 후에, 하나님은 그들이 선악을 아는 '지식'을 가졌기 때문에 하나님과 같이 되었다고 하셨다. 창3:22 하지만, 이것은 결코 하나님의 의도가 아니었다. 하나님은 사람들에게 자신의 생명을 나눠주시기 원하셨다. 하나님은 그들이 그분과 온전히 연합되어 이 땅에 그분의 선을 드러내기를 원하셨다. 이것이 바로 생명나무의 역할이었던 것이다.

우리가 어떤 상황에 처하거나, 무슨 결정을 하거나, 우리의 두뇌로 "이것이 옳은가 그른가, 이것이 선한가 악한가?"를 판가름하려고 할 때, 우리는 잘못된 나무로부터 먹으려 하는 것이다. 우리가 '선한 그리스도인'으로 살고자 애쓸 때도 우리는 잘못된 나무로부터 먹는 것이다. "옳으냐 그르냐"에 의해 살려고 하는 것은 그리스도를 믿는 것이 아니다. 그것은 옛 언약에 해당하는 삶이다. 그리고 그것은 아주 인간적이다.

기억하라. 선한 지식은 악한 지식과 같은 나무의 산물이다.

이와는 대조적으로, 생명나무로부터 먹는 것은 우리 안에 내주하는 하나님의 생명의 에너지와 인도함에 의해 사는 것이다. 그것은 살아 계신 그리스도를 의지하는 것이다. 그것은 선과 악을 알게 하는 지식이나 옳고 그름에 의해 판단하는 것을 의지하지 않고 살아계신 그리스도를 의지하는 것이다. 베드로의 말을 빌리자면, 그것은 "신성한 성품에 참여하는 자"가 되는 것이다.벧후2:14 말하자면, 그것은 우리 자신에 의해 살지 않고 우리 속에 내주하시는 그리스도에 의해 사는 것이다.

오늘날 역사적 그리스도the historical Jesus를 본받자는 말들이 많이 회자되고 있다. 수많은 저자와 설교자들이 예수님께서 이 땅에 계셨을 때 행하셨던 일을 가르치는 데에 열을 올리고 있다. 그들은 우리에게 예수님의 삶을 본받으라고 외친다. 하지만 "예수님께서 무엇을 행하셨는가?"라고 묻는 것은 잘못된 질문이다. 그 이유는 그것이 단지 반쪽 짜리 질문이고 우리를 엉뚱한 방향으로 몰고 갈 소지가 있기 때문이다. 바른 질문은 "예수 그리스도께서 어떻게 하나님의 사명을 완수하셨는가?" 또는 "그분이 어떻게 그리스도인의 삶을 사셨는가?"이다.

예수 그리스도는 자기 자신이 아닌 다른 차원의 생명에 의해 사셨다. 인간의 생명보다 높은 차원의 생명에 의해 사셨다는 말이다. 예수님 자신이 스스로는 아무것도 할 수 없다고 고백하신 것을 보면 이를 알 수 있다. 요5:19,30 그는 자신 안에 내주하시는 아버지의 생명에 의해 사셨다. 요6:57, 7:29, 8:28,42, 12:49, 14:10

마찬가지로, 우리 그리스도인들도 스스로는 아무것도 할 수 없다.15:5; 롬 7:1 이하 그리스도인의 삶의 비결은 예수님께서 사셨던 것처럼 사는 것, 즉 우리 속에 내주하시는 주님에 의해 사는 것이다. 그런 식으로 살 때라야 비로소 우리는 하나님께서 주신 사명과 목적을 이 땅에서 성취할 수 있다. 당신과 내 안에 거하는 하나님의 생명은 주어진 상황에서 우리가 무엇을 해야 하는지를 '알게' 해주는 영적 본능을 우리에게 제공해준다. 이런 본능은 우리가 '알게 된 것'을 행할 수 있게끔 하나님의 소원과 에너지를 공급해준다. 이것이 바로 생명나무에 의해 살아가는 것이 의미하는 바이다. 그것은 다음 성경 말씀처럼 사는 것을 말한다. "이제는 내가 사는 것이 아니요 오직 내 안에 그리스도께서 사시는 것이라"갈2:20

> 너희 안에서 행하시는 이는 하나님이시니 자기의 기쁘신 뜻을 위하여 너희에게 소원을 두고 행하게 하시나니 _빌 2:13

위에서 말한 것을 한 문장으로 요약하면, 우리가 '선한 그리스도인'이 되려고 노력할 때 우리는 잘못된 나무의 열매를 따 먹는 것이다.

그래서, 생명나무는 우리의 삶과 섬김에서 하나님을 철저히 의지하는 것을 가리킨다. 선과 악을 알게 하는 나무는 선을 행하고, 하나님을 섬기고, 악을 멀리하려고 노력하는 우리의 능력에 의지하는 것을 가리킨다. 생명나무는 그리스도에게 의지하는 것을 뜻하고, 선과 악을 알게 하는 나무는 그리스도로부터 독립하는 것을 의미한다. 정리하자면, 우리의 영적인 눈이 밝아져서 우리 안에 내주하시는 주님을 인식하고 의지하기 전에는 결코 올바른 나무로부터 먹는다는 의미를 알 수 없을 것이다. 그리고 우리의 관심사인 하나님의 집은 절대로 지어질 수 없을 것이고, 그분의 위대한 목적도 성취될 수 없을 것이다.

이런 관점에서, 우리에게 주어진 그 질문으로 다시 가보자. 하나님의 집은 무엇인가? 그것은 하나님의 생명으로 사는 것을 배워가는 사람들을 뜻한다. 하나님의 집은 어떻게 지어지는가? 그것은 하나님의 사람들이 그리스도를 먹고 마실 때, 그리고 그들이 그리스도 안에서 안식할 때 지어지게 된다.

건전한 가족은 함께 식사를 한다. 하나님의 가족도 마찬가지이다. 하나님의 사람들이 특정한 곳에서 개인으로나 공동체로써 그리스도를 먹고 마실 때참여할 때 하나님의 집은 그곳에 지어지게 된다.

이 원리를 이해하면 그리스도인의 삶은 단순해진다. 우리의 최우선적인 일이 무엇인지가 명확해진다. 개인으로나 공동체로서 어떻게 주님을 먹고 마실지를 배우는 것이 바로 그것이다.

갓난아기들은 본능적으로 먹고 마시는 법을 알고 있다. 그것을 배울 필요가 없다. 영적으로 먹고 마시는 것도 마찬가지이다. 그럼에도 불구하고, 우리 대부분은 선과 악을 알게 하는 나무의 열매를 지속적으로 먹어왔기 때문에, 주님을 먹고 마시는 법을 알 수 있도록 우리의 영적 본능을 일깨워줄 실질적인 도움이 좀 필요할 것이다.

하나님을 찬양하라. 당신과 나는 그리스도를 먹고 마시는 특권을 부여받았다. 그리스도를 먹고 마시고 또 그분에 의해 살아가는 특권이 우리에게 주어졌다. 이것이 바로 그리스도인의 삶이 추구하는 바이다.

부족함 없는 풍족한 땅

이제 가나안 땅의 그림으로 돌아가서 이 단원을 마치고자 한다. 예수 그리스도가 부족함 없는 풍족한 땅이라는 영적 진리가 기독교에서 잊혀진 지 오래다. 그 대신에, 우리는 땅의 특정한 장소에 쉽게 이끌려서 거기에 천막을 치곤 한다.

어떤 사람들은 철과 놋쇠가 나는 산에 천막을 친다. 즉, 영적 전투에 열중하는 사람들이다. 하지만, 그 땅은 그런 것보다 훨씬 더 부요한 땅이다. 또 어떤 사람들은 거품 이는 개천이나 흐르는 시냇가에 천막을 친다. 성령의 기적과 능력에 열심인 사람들이다. 하지만, 그 땅은 그런 것보다 훨씬 더 부요한 땅이다. 다른 사람들은 감람나무 근처에 천막을 친다. 하나님의 치유 병 고침에 빠져 있는 사람들이다. 하지만, 그 땅은 그런 것보다 훨씬 더 부요한 땅이다. 대체로, 그리스도인들은 부족함 없는 풍족한 그리스도의 일부분에 만족하고 거기에 정착해버렸다.

우리가 하나님의 영원한 목적을 성취하려면 과제가 하나 있다. 그것은 계절에 관계없이 그리스도 안에 있는 모든 것을 소유하는 법을 배우는 것이다. 그것은 헤아릴 수 없고 측량할 수 없는 풍성함의 소유자인 그리스도를 아는 것이다. 그것은 우리가 함께 모이는 사람들과 더불어 그 풍성함을 소유하고, 즐기고, 드러내고, 그 풍성함에 참여하는 것이다. 왜냐하면, 하나님의 집이 지어진 장소에서 그 풍성함에 의해 지어지기 때문이다.

이런 견지에서, 한 걸음 더 나아가 그 집을 짓는 데에 관련된 원대한 목표에 대해 살펴보자.

Chapter 20
집을 찾으시는 하나님

내가 들으니 보좌에서 큰 음성이 나서 이르되 보라 하나님의 장막이 사람들과 함께 있으매 하나님이 그들과 함께 계시리니 _계 21:3

하나님의 집에 관한 주제는 하나님의 고동치는 심장 한가운데 자리 잡고 있다. 요한계시록 21장과 22장에서 요한은 하나님의 집을 그린 믿기지 않는 그림을 우리에게 소개하고 있다. 이 두 장 안에서, 영원한 목적이 그 모습을 드러내며 완성된 집으로서의 클라이맥스를 향해 점점 더 다가간다. 이 두 장을 주의 깊게 읽어보면 인간은 도저히 상상할 수 없는 어떤 것 앞에 우리가 서 있음을 금방 깨닫게 된다.

요한계시록 21장과 22장에 있는 요한이 본 절정의 환상은 하나님의 집의 최종적인 모습을 볼 수 있는 흥미로운 창을 우리에게 제공해주고 있다. 거기서 우리는 하나님의 집이 도성이라는 것을 알 수 있다. 더 계속 읽어 나가면 그 성은 곧 신부이고, 그 신부는 또한 거주지이고, 그 거주지는 아내이고, 그 아내는 성전이고, 그 성전은 곧 동산임을 알 수 있다.

이 모든 그림들은 같은 실체를 보여주는 놀라운 이미지들이다. 이 모두 다 하나님의 궁극적인 목적을 말해주고 있다. 이 모두 다 우리로 하여금 성경의 처음으로 가서 새로운 눈으로 성경 전체를 읽도록 강권한다.

앞에서 언급한 바와 같이, 하나님의 도성은 금과 진주와 보석으로 꾸며졌다. 이 재료들 하나하나에 대해 더 자세히 살펴보자. 그것들 모두 하나님께서 궁극적으로 자신을 위해 완성하실 집에 대한 중요한 교훈들을 우리에게 가르쳐 준다.

하나님의 금

금은 이 땅에서 비교적 희귀한 금속이다. 그것은 매우 아름다울 뿐만 아니라 없어지지 않는 영속성이 있다. 금은 광택을 절대 잃지 않고 또 변색하지 않는다. 부식되거나 산화되거나 녹슬지도 않는다. 금은 거의 모든 것을 견뎌낸다. 또한, 모든 귀금속 중에서 가장 넓게 펼쳐질 수 있고 늘어날 수 있다. 금 1 온스약 28그램로 대략 5미터 길이까지 두들겨 펼 수 있다.

금은 불에 의해 정화되고 단련된다. 욥23:10; 슥13:9; 벧전1:7 불은 모든 불순물을 제거해서 금을 '순수하게' 만든다. 금이 순수해지면 투명해져서 아무것도 그 안에 숨겨질 수 없다.

하나님은 도성을 순금으로 건설하신다. 그 성이 불을 통과한다는 뜻이다. 아버지께서 자신의 아들로 하여금 고난의 불을 통과하게 하셨듯이 하나님의 모든 자녀도 똑같은 경험을 하게 될 것이다. "종이 주인보다 크지 못하다"요13:16

성경 전체에서 금은 시간을 초월하시는 하나님, 곧 영원하신 하나님을 상징한다. 더 구체적으로, 금은 고난을 통해 사람들 안에 형성되는 하나님의 본성을 말한다.

당신은 고난을 겪어본 적이 있는가? 비참한 상태에 빠져본 적이 있는가? 그렇다면, 금을 기억하라. 하나님은 한 가지 이유 때문에 우리 인생에 고난을 허락하신다. 하나님께서 자신의 집을 지으시고자 우리 안에 금을 만드시려고 하는 것이다. 당신이 고난 중에 있을 때 이것을 기억하도록 하라. 그런 고난에 처했을 때 서로에게 금에 대해 상기시켜주는 것이 그리스도인으로서의 우리의 책임이다.

그리스도의 진주

진주는 아름답고 값비싼 보석이다. 그리고 매우 귀한 보석이다. 성경 전체에서 금은 거의 500번이나 언급되어 있지만, 진주는 단지 열 번밖에 나오지 않는다. 진주는 조개 안에 외부의 이물질이 들어와서 쌓여 생긴다. 그 이물질은 조개에 상처를 입히고, 그 상처는 뭔가에 둘러싸여 피할 수 없게 된다. 그 상처에 대한 반응으로 조개는 이물질을 감싸는 진주층nacre이라고 불리는 물질을 내놓는다. 진주층이 수천 겹으로 그 이물질을 층층이 감싸게 되면 진주가 형성된다. 진주가 형성되는 데는 조개의 수명인 보통 7년에서 8년 정도가 소요된다. 진주는 고통을 수반하며 만들어진다.

당신과 나는 인생에서 피할 수 없는 고통스러운 상황에 부닥치게 된다. 그런 상황은 예고 없이 우리를 찾아온다. 그것은 도망칠 수 없도록 우리를 몰아넣어 가둬버린다. 그것은 이 타락한 세상에서 어쩔 수 없이 살아야 하는 삶 일부이다. 그러나 그것은 주권자이신 하나님께서 주도하시는 섭리이기도 하다. 왜 그렇게 하시는가? 우리 안에 진주를 만드시기 위함이다.

그런 고통의 시간에, 우리는 예수님께서 우리의 아픈 경험을 진주로 바꾸시게 할 수도 있고, 하나님을 포함한 다른 사람들에게 쓴 뿌리를 가지고 그들을 비난할 수도 있다. 후자의 경우에 그 상처는 절대로 아물지 않는다. 히브리서 기자가 말한 것처럼, 당신 안에 쓴 뿌리가 나서 많은 사람이 이로 말미암아 더러워지는 것이다. 히12:15

당신 안에 쓴 뿌리가 나도록 허용하는 것은 마치 독을 마시고는 당신에게 상처 준 사람이 병들기를 기다리는 것과 같다. 아마 다른 어떤 것보다도 쓴 뿌리 때문에 망한 그리스도인들이 더 많을 것이다.

이와는 반대로, 쓴 뿌리가 아닌, 자신 안에 진주가 형성되도록 주님께 자신을 맡긴 그리스도인들은 하나님나라에서 아주 소중한 사람들이다. 그들은 예수 그리스도의 향기와 아름다움을 발산한다.

교회는 예수님께서 자신의 목숨을 바쳐 사신 '값진 진주'이다. 마13:45~46_ 그렇게 해서 주님은 우리 안에 금뿐만 아니라 진주도 형성되게 하신다. 하나님께서 자신의 도성의 성문을 세우시는 데 사용하시는 그 재료가 바로 진주이다.

성령의 보석

보석은 오랜 시간 동안 엄청난 열과 압력이 함께 작용하여 만들어진다. 하나님께서 보석을 얻으시고자 주로 사용하시는 방법의 하나는 타락하고, 상처입고, 거칠기 짝이 없는 하나님의 사람들을 모아 공동체로 살도록 부르시는 것이다.

보석을 만드는 데 사용되는 강한 열과 압력은 종종 그리스도 안의 형제와 자매들에게서 온다. 서로 가까워질수록 더 강한 열이 가해진다.

신약성경은 이런 경험을 오래 참음long-suffering이라는 말로 표현한다. 오래 참음이란 다른 사람을 오래 참아주는 능력이다. 바울은 그의 편지들에서 서로 오래 참으라는 권면을 하고자 이 단어를 여덟 번 사용했다. 이것과 연관된 다른 단어가 인내endurance를 뜻하는 관용forbearance이다. 바울은 그가 돌보고 있던 교회 지체들에게 서로 관용을 베풀 것을 반복적으로 권면 했다. 그 결과로 생기는 것이 바로 보석이다.

하나님께서 그분의 모든 자녀를 향해 오직 하나의 목표를 갖고 계심을 기억하라. 완성된 작품은 광채 나는 금과 귀한 진주와 값비싼 보석으로 꾸며진 성과 집이다.

구속의 은

고린도전서 3장에서 바울은 하나님의 집에 대해 간단하게 논하고 있다. 여기서 우리는 하나님이 집을 지으실 때 금과 은진주가 아닌과 보석을 사용하심을 보게 된다. 놀랍게도, 은은 창세기 1장과 2장, 그리고 요한계시록 21장과 22장에 언급된 적이 없다. 그 대신 진주가 언급되어 있다.

왜 그럴까? 어쩌면 이것은 성경에서 은이 상징하는 바와 관련이 있을 법하다. 은은 언제나 구속을 상징한다.벧전1:18~19 가룟 유다는 노예의 속전인 은전 30냥에 예수님을 팔았다.마27:3~9; 출21:32 고대 이스라엘에서 구속을 위한 속전은 언제나 은으로 지급되었다.민18:16 모세의 성막의 널판은 하나님의 집이 구속의 기초 위에 세워졌음을 상징하는 은 받침 위에 세워졌다.출26:19~32

창세기 1장과 2장은 타락하기 전의 상태를 묘사했고, 요한계시록 21장과 22장은 낙원이 회복된 후의 상태를 묘사했다. 이 네 장은 성경에서 유일하게 인간의 타락 밖의 내용을 다룬 독특한 장들이다. 전혀 죄의 영향을 받지 않는 곳이다.

따라서 그곳엔 구속이 필요 없다. 창세기 1장과 2장은 타락하기 전이므로 구속이 필요 없고, 요한계시록 21장과 22장은 타락이 영원히 사라졌으므로 구속이 필요치 않다. 그러므로 고린도전서에서 은이 필요한 것은 너무나도 당연하다.내 말이 믿어지지 않는다면 고린도 교인들의 행실에 대해 읽어보라

성경의 마지막 부분에 무엇이 등장하는가? 집, 성, 성전, 동산, 그리고 신

부가 등장한다. 거기에 완성된 하나님이 집이 있다. 그 집이 어떻게 완성되었는가? 기꺼이 생명나무 열매를 먹고 생명의 강물을 마시는 사람들, 그리고 하나님으로 하여금 그들 안에 금과 진주와 보석을 만드시도록 허용하는 사람들에 의해 그 집이 완성된다.

흙에서 보석으로

1980년대 후반에, 나는 신약성경이 교회의 실제 모습에 대해 어떻게 가르치고 있는지를 자세히 연구했었다. 그 결과 주님은 나의 모든 종교 활동들에 제동을 거셨고, 나의 영적 생활은 급정거 되고 말았다. 그리고 내가 앞으로 나아갈 수 있는 유일한 방법은 뒤로 한두 발짝 되돌아가는 것이라는 결론에 도달했다. 또한, 간절히 바라는 자에게는 출구를 찾는 일이 그리 힘들지 않다는 것을 나는 깨닫게 되었다.

그래서 나는 제도화된 기독교 밖의 나와 생각이 비슷한 한 무리의 그리스도인들과 모임을 하기 시작했다. 우리는 이내 우리의 깨달음이 상승곡선을 그리고 있음을 알게 되었다. 현대 교회의 관습 중 많은 부분이 신약성경의 저자들이 의도한 것과는 전혀 관계없는 것들에 뿌리를 두고 있음을 발견하게 되었다. 이 발견이 우리를 '그리스도를 아는 것' 바울이 그의 편지들에서 자주 언급했던 것의 문을 두드리도록 인도했다.

우리는 8년이나 되는 긴 시간 동안, 함께 삶을 나누는 교회 생활을 했다. 교회의 모든 지체들이 각각 제 기능을 발휘했고, 무엇을 결정할 때는 모두가 참여하여 합의에 따라 결정하곤 했다. 우리의 목표는 예수님의 머리 되심 아래 모이는 것이었다. 진정 우리는 함께 지어져 가고 있었다. 그리고 거기엔 마찰이 있었다. 우리가 십자가를 경험하는 과정 중에 있음을 알게 되었다.

십자가는 사형시키는 도구이다. 그것은 주님의 생명이 나타나도록 우리 자신의 삶은 내려놓아야 한다는 원리이다. 십자가는 자기 자신에 대해 죽는 것을 의미한다.마16:24; 막8:34~35; 눅9:23~24 그것은 우리가 우리의 야망, 계획, 견해, 욕망, 소원, 선호하는 것 등에 대해 죽는 것을 의미한다. 무슨 이유로 죽어야 하는가? 예수 그리스도께서 그분이 선호하시는 것, 그분의 계획, 그분의 견해, 그분의 소원을 이루실 수 있게 하기 위해서이다. 함께 나누는 삶은 십자가의 원리에 의해 세워진다. 그것은 다음과 같이 기도하신 주님처럼 살겠다는 우리의 확고한 결정 위에 세워지는 것이다. "나의 원대로 마시옵고 아버지의 원대로 하옵소서."

결과적으로, 우리의 교회생활은 영광스럽고도 쓰라린 경험이었다. 십자가를 질질 끌고 돌아다니는 사람들의 비명을 들을 수 있는 시절도 있었다. 하나님께서 우리로 하여금 서로 마찰을 빚게 해서 죽음을 경험하도록 하셨다. 하지만, 그 8년이 지난 후, 하나님은 우리 중 몇몇 안에서 약간의 금과 약간의 진주와 약간의 보석을 얻게 되셨다.

예수님의 12 제자 중 하나였던 베드로를 상기하라. 그의 원래 이름은 시몬이었다. 그는 실패하는 데 있어 박사학위 소지자라 할 수 있는 사람이었다. 모든 주님의 사도 중에 베드로처럼 자신이 형편없는 흙임을 드러낸 사람도 없다. 그도 우리처럼 아주 망가진 그릇이었다. 그럼에도, 예수님께서 시몬을 제자로 부르셨을 때 그의 이름을 바위라는 뜻의 '베드로'로 바꿔주셨다. 더 정확히 말하면, 베드로는 작은 돌이라는 뜻이다.

베드로는 그의 말년에 모든 그리스도인들이 하나님의 집을 건축하고자 계획된 돌들이라는 사실을 깨달았다. 그는 다음과 같이 말했다. "너희도 산 돌 같이 신령한 집으로 세워지고"벧전2:5 베드로는 하나님의 꿈에 대해 이해했다. 하나님의 영원한 탐색 여행의 목적이 하나님 자신을 드러낼 집을 갖으려는 것임을 이해하게 된 것이다.

베드로도 우리처럼 흙으로 만든 깨지기 쉬운 그릇으로 영적인 삶을 살기 시작했다. 그런데 하나님께서 그를 연단하는 불 속에 몰아넣으셔서 압력과 열을 가하셨다. 결국, 베드로는 하나님의 집을 짓기 위한 보석으로 변화되었던 것이다. 이 이야기는 베드로가 새 예루살렘의 기초를 놓는 보석 중 하나가 되는 것으로 끝이 난다. 계21:14,19

하나님의 의도는 언제나 사람들흙으로 창조된을 취해서 하나님의 집을 짓기 위한 금과 진주와 보석으로 변화시키는 것이다. 하나님께서 어떻게 하시는가? 먹고 마시는 것뿐만 아니라 불과 열과 압력도 사용하시는데, 이것들은 모두 다 하나님의 손에 의해 주도되어 다뤄지는 것들이다.

우리의 삶에 열을 가하시는 하나님의 확실한 방법의 하나는 질그릇 같은 우리를 한데 모아 친밀한 공동체 교회생활을 하도록 하는 것이다.

하나님이 얼마나 머리가 좋으신지 이것을 보면 알 수 있다. 타락한 인간을 구속하셔서 하나님의 일에 도구로 사용하시는 것 말이다.

이것은 어떤 시대에나 동일하게 필요한 작업이다. 하나님께서 얻고자 하시는 사람들은 누구인가? 자신들을 불멸의 금과 진주와 보석으로 변화시켜서 한데 모으도록 허용하는 사람들을 원하신다. 기를 써서 자신들의 충성심을 증명하려는 가짜 거주지로부터 탈출하는 사람들, 그리고 예수 그리스도를 먹고 마시는 법을 터득하고자 어떤 대가를 내서라도 함께 지어져 가겠다는 사람들을 원하신다. 왜냐하면, 하나님께서는 이런 사람들을 통해서만 자신의 집을 지으실 수 있기 때문이다.

3부
새로운 종족
그리스도의 몸과 하나님의 가족

Chapter 21
다른 세계로부터의 침입

내 나라는 이 세상에 속한 것이 아니니라 _요 18:26

하나님의 눈으로 하나님의 목적과 계획을 보는 것은 사소한 일이 아니다. 그것은 인생을 변화시키는 경험이다. 그것엔 당신과 주님과의 관계를 바꾸는 능력, 당신 자신을 바꾸는 능력, 그리고 당신과 형제, 자매들과의 관계를 바꾸는 능력이 있다. 아울러 교회에 대한 당신의 시각을 극적으로 바꾸는 능력이 있다.

우리는 교회가 아들 하나님이신 그리스도의 신부라는 것을 살펴보았다. 또 교회가 하나님 아버지의 집이라는 것에 대해서도 살펴보았다. 이제 제3부에서는 교회가 새로운 종족인 것에 대해 알아보고자 한다.

다른 세계에서 온 존재

외계로부터 온 존재가 지구를 침입한다고 가정해보라. 그는 남자인데 우리 인간들과는 아주 다르다. 그는 유대인도 아니고 이방인도 아닌 전혀 다른 존재이다. 그는 특별한 세계에서 온 독특한 존재이다. 즉 새로운 종족이라 할 수 있다.

그는 성인이 되어 그의 세계를 통치하는 원리들을 가르치기 시작했다. 이 원리들은 우리 인간 세상을 다스리는 이념들보다 훨씬 더 높은 차원의 것들이었다. 그는 또한 이런 원리들을 눈으로 볼 수 있도록 행동으로 나타냈다.

그는 이 세상의 것과는 다른, 자신이 원래 살았던 세계로부터 들려오는 소리를 따라 움직였다. 그리고 그는 두 가지 음식을 동시에 섭취할 수 있는 능력을 지니고 있었다. 인간의 음식과 다른 세계의 음식.

그는 그를 지켜보는 사람들을 끊임없이 어리둥절케 하고 당혹스럽게 했다. 그를 제대로 이해하는 사람은 아무도 없었다. 그의 메시지는 매우 도전적이어서 사람들이 소중히 여기는 모든 정치적, 사회적, 종교적 전통을 정면으로 공격했다. 그들의 안일한 삶을 질타하며 뒤흔들어 놓았던 것이다.

더욱 놀라운 것은, 그가 소외된 자들을 옹호하고 나섰다는 사실이다. 그 당시에 '이 땅의 쓰레기'로 취급되어 버림받은 사람들, 즉 가난하고, 억압받고, 천대받던 사람들에게 다가갔던 것이다. 그의 메시지는 모든 사람들에게 포괄적으로 적용되었다. 이런 그의 급진적인 메시지에 반기를 든 자들을 제외하고는 그 누구도 배제하지 않았다.

그의 혁명적인 메시지와 행동은 곧 대적들의 격한 반응을 불러 일으켰다. 그는 부와 권세를 소유한 자들, 특히 종교적인 사람들에게 위협적인 존재가 되었다. 그의 대적들은 그의 말꼬리를 붙잡고 늘어져서 그를 함정에 빠뜨리려 했다. 그들은 자신들이 만들어놓은 틀에 그를 가두려고 했지만, 그는 그런 것에 얽매이기를 거부했다. 그는 초지일관 인간들에 의해 만들어진 틀을 초월했다. 그의 생각은 독특했고, 그의 삶의 방식은 상식을 뛰어넘는 것이었다. 그는 모든 면에서 타락한 인간들과는 완전히 '다른' 존재였다.

그의 메시지의 핵심 중 하나는 그가 이 땅 출신이 아니라는 것이었다. 다른 세계에서 보내심을 받은 존재라는 것이다. 더구나, 그는 자신이 그 다른 세계의 통치자, 곧 그 세계의 왕임을 선포했다.

더욱 놀라운 것은, 그가 이 땅을 통치하고자 왔다고 선언했다는 사실이다. 더 구체적으로 말하면, 그의 통치권을 드러낼 식민지를 세우고자 보내심을 받았다는 것이다. 그리고 그 식민지가 결국 이 땅을 차지하게 될 것이라는 사실이다.

그는 이런 놀라운 메시지를 선포한 후, 사람들에게 즉시 행동을 취할 것을 촉구했다. 이 땅의 모든 사람들에게 그들이 살아온 삶의 방식을 버리고 그의 방식을 따르라고 요구했다. 그들의 삶을 그의 통치 아래 맡기고 그의 세계를 다스리는 원리들을 따르는 삶으로 그들을 초청했다. 요컨대, 그는 모든 사람들이 그의 왕권에 철저하게 충성하여 달라고 요구했던 것이다.

그다음에 벌어진 일은 충격적이다 못해 기이하기까지 했다. 그가 곧 이 땅을 떠나 다른 형태로 돌아올 것을 선언했기 때문이다. 그리고 그가 돌아오면 자신이 가진 고유 본능을 원하는 사람들에게 나눠줄 것이라고 했기 때문이다. 결과적으로, 그는 자신의 종족을 이 땅에 퍼뜨릴 계획이었다. 그를 따르는 사람들은 그의 종족, 곧 다른 세계의 백성이 되어 그와 함께 온 우주를 다스리게 될 것이다.

많은 사람이 그의 메시지에 위협을 느꼈다. 권력을 쥐고 있던 자들에게는 치욕스럽고도 참을 수 없는 모욕이었다. 그래서 그들은 그를 죽음으로 내몰았다. 단지 사흘 동안만. 그리고 그는 약속한 대로 다른 형태로 돌아와서 이 땅에 자신 고유의 식민지를 세웠다.

이 이야기가 당신에게 익숙하지 않은가? 당연히 그럴 것이다. 예수 그리스도와 그분 안에 있는 하나님의 영원한 목적에 관한 이야기이기 때문이다.

나는 이 땅에 속하지 않았다

이 땅에 오셨을 때 주님은 새롭고 독특한 종족으로, 아니 멸종위기에 처한 종족으로 나타났다. 그는 생물학적으로는 사람이었는데 다만 타락하지 않은 존재였고, 영적으로는 하나님이었다. 예수님은 완전한 하나님과 완전한 사람이 합쳐진 존재a hybrid였다.

예수님은 유대인 가정에서 태어났지만, 이 땅의 출신이 아니었다. '하늘' 또는 '하늘나라'라고 불리는, 보이지 않는 세계에서 왔던 것이다. 우리 주님이 이 땅의 출신이 아님을 나타내는 다음 구절들을 보라.

예수께서 이르시되 너희는 아래에서 났고 나는 위에서 났으며 너희는 이 세상에 속하였고 나는 이 세상에 속하지 아니하였느니라 _요 8:23

예수께서 이르시되 하나님이 너희 아버지였으면 너희가 나를 사랑하였으리니 이는 내가 하나님께로부터 나와서 왔음이라 나는 스스로 온 것이 아니요 아버지께서 나를 보내신 것이니라 _요 8:42

예수께서 대답하시되 내 나라는 이 세상에 속한 것이 아니니라 _요 18:36

예수 그리스도는 다른 세계에서 온 왕이었다. 그의 주된 메시지는 우주의 통치자인 그의 아버지의 왕국이 예수라는 인격으로 이 땅에 나타났다는 것이었다. 이것을 요약하면, 하나님의 독생자인 예수님의 오심으로 하늘에 계신 하나님의 통치가 이 땅에 도래했다고 할 수 있다.

예수님에게 충성을 바치는 사람들은 그 새로운 세계의 백성이 될 것이다. 그들은 진정 그 세계로부터 태어나게 될 것이다. 그리고 그들은 왕의 생명과 동일한 생명을 받게 되므로 그의 종족에 속하게 될 것이다. C. S. 루이스가 말한 대로 "그리스도교는 정통성 있는 왕이 나타나서 자신을 숨긴 채로? 우리 모두를 그의 위대한 저항운동에 참여하도록 부르신 이야기이다."

다른 생명

예수 그리스도는 이 땅에 속하지 않은 고로 아주 다른 삶의 방식에 의해 살았다. 그는 각기 다른 두 가지 음식을 섭취했다. 인간의 음식과 하늘의 음식. "내게는 너희가 알지 못하는 먹을 양식이 있느니라"요4:32 그는 각기 다른 두 가지 소리를 들었다. 땅의 소리와 하늘의 소리. "내가 내 자의로 말한 것이 아니요 나를 보내신 아버지께서 내가 말할 것과 이를 것을 친히 명령하여 주셨으니"요12:49 그는 동시에 두 개의 다른 세계를 살았다. 이 땅과 하늘나라. "하늘에서 내려온 자 곧 인자 외에는 하늘에 올라간 자가 없느니라"요3:13

보통 사람들과는 대조적으로, 예수님은 세상을 보는 눈이 현저하게 달랐다. 그의 삶의 방식과 세상을 보는 관점, 그리고 가치관은 정치와 사회와 종교를 총망라한 이 땅의 권세들과는 판이한 것이었다. 이런 이유로, 권력을 쥔 자들은 힘을 합쳐 그를 죽이려 했고, 결국 실행에 옮겼다.

이 세상의 권세는 다른 세계에서 온 왕을 죽음으로 내몰았다. 그러나 자기들도 모르는 사이에, 그 왕의 생명이 번성해서 이 땅을 채우게 하는 모태를 만들어준 꼴이 되고 말았다. 다음 단원들에서 우리는 하나님의 영원한 목적의 이런 측면에 대해 살펴보게 될 것이다. 신약성경은 이것을 두 가지로 묘사하고 있다. 그리스도의 몸과 하나님의 가족.

Chapter 22
복음서에 등장하는 새로운 종족

그러므로 주께서 세상에 임하실 때에 이르시되 하나님이 제사와 예물을 원하지 아니하시고 오직 나를 위하여 한 몸을 예비하셨도다 _히 10:5

나는 이 단원을 써내려 가면서 결코 만만치 않은 고정관념에 맞서야 함을 잘 알고 있다. 그것은 흔히 교회라는 말을 이해하는 것과 관련된 고정관념이다. 많은 그리스도인이 신약성경과는 별로 상관없는 교회관에 젖어 있다.

그런 교회관이 얼마나 우리 문화 속에 깊이 흐르고 있는지, 심지어 무신론자들조차 갖고 있을 정도이다. 어째서 이렇게까지 되었는가? 그것은 오늘날 기독교 사상이 주로 TV, 잡지, 영화, 그리고 현대의 종교관에 의해 형성되었기 때문이다.

나는 내가 쓴 다른 책들에서 이런 고정관념을 깨뜨리기 위한 시도를 했었다. 하지만, 그런 시도는 결코 쉬운 작업이 아니다. 수세기에 걸쳐 굳어져 온 교회에 대한 잘못된 가설들을 파헤치는 작업은 마치 브레이크가 걸린 대형 트럭 12대를 끄는 것과 마찬가지일 것이다. 그것은 어마어마한 패러다임의 전환이 요구되는 작업이다.

당신은 아마 시간이 흐름에 따라 말의 의미가 변화한다는 사실을 알고 있을 것이다. 예를 들면, 13세기 말에는 'nice'라는 말이 '우둔한' 또는 '어리석은'이라는 뜻이었다. 그 당시엔 'a nice man'이 어리석은 사람이었다. 하지만, 오늘날엔 그 말이 친절하고 다정스럽다는 뜻이다.

3세기 이전에는, 'pagan'이라는 단어가 시골 사람이라는 뜻이었다. 도시에 사는 사람과는 대조적인 시골에 사는 사람을 가리키는 것 이외엔 다른 뜻이 없었다. 3세기 이후 그리스도교가 도시에 집중되면서 그 단어는 모든 비 그리스도교인들을 지칭하는 말로 바뀌었다. 나중에 그 단어는 마법witchcraft을 거는 사람들을 가리키는 말로 변형되었다.

도대체 교회란 무엇인가?

'Church'라는 영어 단어는 헬라어의 *ekklesia*를 번역한 말이다. 우리가 'church'라는 말을 들을 때 보통 우리의 머릿속에는 다음 이미지 중 하나가 떠오르게 된다. 뾰족탑이 있는 건물, 일요일 아침 예배, 교단, 목사, 강대상, 장의자, 예배인도 팀또는 성가대, 그리고 설교 등. 아니면 전 세계에 있는 모든 그리스도인들을 떠올린다.

Nice나 pagan처럼, *ekklesia*라는 단어도 1세기 때부터 변형됐다. 1세기 때 이 단어는 요즘 일반화된 '불러낸 사람들called out ones'을 의미하지 않았다. 그 당시 이 단어는 언제나 정기적으로 함께 모이는 사람들의 지역 공동체local community를 의미했다.

이 단어는 원래 헬라인들의 집회에 사용되던 말로써, 지역 사회에 사는 사람들을 일상에서 '불러내어' 마을의 대소사를 결정하는 마을회의로 모이게 한다는 뜻이었다. 따라서 이 단어는 의사결정을 위해 구성원 모두가 참여한다는 의미를 내포하고 있다.

신약성경에 의하면, 예수 그리스도의 교회는 장례식이나 결혼식을 거행하는 장소가 아니다. 교회는 그리스도 안에서 함께 모여 서로 삶을 나누는 사람들의 공동체이다. 즉, 에클레시아는 볼 수 있고, 만질 수 있고, 찾을 수 있고, 실체를 확인할 수 있는 모임이다. 방문할 수 있고, 지켜볼 수 있고, 그 안에서 살 수 있는 그런 모임이 바로 에클레시아이다.

이것을 염두에 두고, 나는 현대 그리스도인들이 듣기에는 좀 거북한 제안을 하나 하고자 한다. 만일 당신이 하나님의 마음속에 들어갈 수 있다면, 거기서 놀라운 실체를 발견하게 될 것이다. 사실상 예수 그리스도와 그의 교회와의 구분이 없음을 보게 될 것이다. 너무 놀랐는가? 여기까지 나를 따라왔으니 조금만 더 참고 지켜보기 바란다.

다시 태초로 돌아가 보자. 하나님 아버지께서 이 세상을 창조하시기 전에 자신의 아들을 깊이 사랑하시고, 그의 아름다움에 매료되어 그와 같은 형상을 만들고자 하셨다. 하나님 아버지께서 자신의 독생자와 같은 자녀를 갖기 원하셨다는 말이다. 그래서 그 독생자로 하여금 언젠가는 "많은 형제 중에서 맏아들이 되게" 하실 계획을 세우셨다. 롬8:29; 요17:23~24; 히2:10~11

다르게 표현하자면, 하나님 아버지께서 아이들을 갖고자 하셨다. 이 우주에 그분의 독생자의 멋진 이미지를 닮은 자녀를 갖기 원하셨다. 즉, 우리 하나님께서 가족을 갖기 원하셨던 것이다. 그리고 그 가족은 영원에서 하나님 아버지와 그분의 사랑스러운 아들이 함께 누리셨던 것과 똑같은 교제를 나누게 될 그런 존재였다.

풀턴 J. 쉰은 그의 저서인 *The Divine Romance*에서 다음과 같이 피력했다.

먼 옛날 영원 전, 시작도 없고 끝도 없던 그날에 하나님께서 삼위일체아버지와 아들과 성령의 세 인격이 친밀하게 하나를 이루는 사회 안에서 진리와 사랑으로 끝없는 교제를 누리고 계셨다.

레너드 보프는 "아버지는 아들을 영원토록 사랑하시고, 아들은 아버지로부터 받은 그 사랑으로 영원토록 화답하신다."라고 했다.

'영원 전'에 하나님은 놀라운 꿈을 갖고 계셨다. 사랑스러운 아들과 함께 누리던 '끝없는 교제'를 확장시키기 원하셨다. 하나님께서 다른 존재들로 삼위일체 안의 신비로운 교제에 참여하기를 바라셨다. 그것은 아버지와 아들 사이를 오가며 열정적으로 흐르는 나눔과 사랑과 생명의 신성한 교제였다. 다른 존재들이 신성한 하나님의 '친밀한 사회' 속에 참여하기를 원하셨던 것이다.

이것이 우리로 하여금 교회의 존재 목적을 확실히 이해할 수 있게 해준다. 교회는 삼위일체의 놀라운 신비 속에 활발하게 참여하는 존재로 창조되었다. 또한, 교회는 신성한 하나님 안에서 약동하고 있는 확고한 사랑에 화답하는 존재로 창조되었다. 당신과 나는 성령을 통해 영원한 사랑을 나누시는 하나님 아버지와 아들 하나님 사이의 교제 속으로 부르심을 받았다. 하지만, 여기서 그치지 않는다. 교회는 그 이상이다.

그리스도의 몸에 대한 자세한 고찰

아들을 향한 하나님의 열정은 아들의 아름다움을 주목하게 될 생명체를 창조하시도록 하나님 자신을 움직이게 했다. 그리고 성육신하기 이전의 아들은 보이지 않는 존재였기 때문에, 그가 이 땅에 모습을 드러낼 수 있도록 하나님께서 특별한 도구를 준비하셨다. 이것이 교회를 태동시키기 위한 첫 번째 움직임이었다.

하나님 아버지께서 아들을 드러내시는 것이 곧 아버지 자신을 드러내시는 것임을 주목하라. 왜냐하면, 하나님 아버지와 하나님의 아들은 하나이기 때문이다. 놀랍게도, 하나님께서 그의 창조세계에 아들을 나타내고자 선택하신 도구는 우리가 도저히 상상해낼 수 없었다. 그것은 고상한 윤리 조항이나 율법체계, 또는 신성한 경전 같은 도구들이 아니었다. 보이지 않는 하나님께서 사람의 몸을 통해 그분의 아들을 드러내시기로 한 것이다. 아들을 우리와 같은 피부로 감싸시고, 사람의 손과 발과 귀와 입을 통해 아들의 모습을 이 세상에 나타내셨던 것이다.

> 본래 하나님을 본 사람이 없으되 아버지 품 속에 있는 독생하신 하나님이 나타내셨느니라 _요 1:18

NASB 성경은 위의 구절을 다음과 같이 번역했다. "독생하신 하나님이 설명하셨다.explained" 예수 그리스도는 하나님의 살아있는 해석exegesis으로 이 땅에 오셨다. 그는 보이지 않는 하나님을 보여주고자 오셨다. 볼 수 없는 하나님을 드러내고 설명하기 위해 오셨다는 말이다. 그리스도는 하나님의 표현이다. 즉 아버지가 이 땅에 알려지도록 한 존재이다. 어떻게? 사람의 몸을 통해서.

고로, 아버지께서는 자신의 아들을 위해 육신의 몸을 준비하셨다. 그리고 때가 찼을 때 영원하신 하나님의 아들은 처녀의 태 안으로 들어가 육신의 몸을 입고 사람이 되셨던 것이다.

자, 이제 질문 하나를 던져보자. 몸의 목적은 무엇인가? 답은 몸 안에 있는 생명을 밖으로 표현하는 것. 내 몸이 내 인격을 표현하는 것처럼, 예수님의 몸도 하나님께서 이 땅에 자신의 인격을 나타내시는 도구 또는 수단이었다.

복음서들은 나사렛 예수가 이 땅에서 육신의 몸을 갖고 사실 때 가르치고 행하신 기록이다. 하나님의 아들이 약 33년 동안 이 땅에서 눈에 보이게 자신을 표현하셨다.

그러나 하나님 아버지께서는 예수님에게 육신의 몸을 주시는 것으로 만족하시지 않았다. 아들이 더 확실하게 보이기를 원하셨던 것이다. 그래서 예수님은 승천하시기 전에 자신이 언젠가 이 땅에 다시 오실 것을 약속하셨다. 요14:18~20, 16:7,16

예수님께서 죽으셨고 그의 육신으로서의 성전은 파괴되었다. 요2:19~22 하지만, 예수님은 홀로 죽지 않았고, 죽으실 때 타락한 창조세계 전체를 끌어안으셨다. 그리고 분열되고 제한된 이 세계의 모든 것들을 다 부숴버리셨다. 롬6:6~7; 갈3:27~28; 골2:13~15, 3:9~11

그리고 나서 예수님은 뭔가 아주 놀라운 일을 행하셨다. 새로운 인류의 머리요 새 창조세계의 맏아들로 부활하신 것이다. 요20:17; 롬8:29; 고전15:22~49; 고후5:17; 갈6:15 부활하신 예수님은 더는 시간이나 장소의 제한을 받지 않으셨다. 그는 동시다발적으로 여러 다른 장소에 사는 수많은 사람 앞에 나타나실 수 있었다. 고전15:6 또한, 공간에 매이지 않으셨으므로 벽이 가로막혀 있는 곳에도 나타나셨다. 요20:26 예수 그리스도는 살려주는 영이 되셨다. 고전15:45

살려주는 영인 동시에 공간을 초월하는 영으로서, 예수 그리스도는 그의 생명을 열한 명의 제자들에게 불어넣어 주셨다. 그리고 그의 아버지 하나님께서 그들의 아버지가 되셨다. 요20:17~23; 히2:11 어떻게 이런 일이 벌어질 수 있었는가?

예수님께서 벽으로 막힌 장소에 나타나셨던 것처럼 역시 공간을 초월하여, 3년 반 동안 예수님과 함께 살았던 열한 명의 제자들 속에 들어가셨던 것이다. 그 결과, 그들은 그리스도께 많은 형제가 되었고, 하나님 아버지께 많은 아들들이 되었다. 다음 성경구절들이 이를 뒷받침해주고 있다.

> 이는 그로 많은 형제 중에서 맏아들이 되게 하려 하심이니라 _롬 8:29

> 그러므로 만물이 그를 위하고 또한 그로 말미암은 이가 많은 아들들을 이끌어 영광에 들어가게 하시는 일에 _히 2:10

그리고 나서 주님은 승천하셨다. 하지만, 그가 부활하시고 50일째 되는 날인 오순절에 더 놀라운 일이 벌어졌다. 영원하신 하나님의 아들이 예루살렘에서 그를 기다리던 한 무리의 사람들에게 그의 생명을 나눠주시려고 성령으로 돌아오셨다. 요14~16; 행1~2 그리고 곧 3천 명의 영혼이 그들의 수에 더해졌다.

무슨 일이 벌어졌는가? 그리스도의 몸이 이 땅에 탄생하게 된 것이다. 이것은 또 무슨 뜻인가? 바로 이런 뜻이다. 예수 그리스도의 몸의 실체가 이 땅에 돌아온 것이다. 그리고 그 몸이 더 확장된 것이다. 하나님께서 이제 가족을 갖게 되셨다. 하늘에 계신 예수 그리스도께서 이 땅에 있는 그의 몸에 자기 자신을 불어넣으신 것이다. 예수님이 교회라는 몸의 형태로 이 땅에 돌아오셔서, 예수님의 종족이 이 지구상에 다시 도입된 것이다.

예수님이 이 땅에 오시지 않았다면 하나님은 자신을 표현하실 길이 없었다. 마찬가지로, 그리스도의 몸이 없이 예수님은 자신을 드러내실 수 없다. 당신과 나는 이제 살아계신 하나님의 자녀들이다. 자녀들은 무엇을 하는가? 그들은 그들 아버지의 생명을 나타낸다. 우리는 주님의 몸이다. 몸은 무슨 일을 하는가? 그 몸 안에 사는 존재를 나타낸다.

하나님의 가족에 대한 새로운 고찰

예수님 당시의 유대인들은 육신의 가족의 중요성을 지나칠 정도로 강조했다. 그들은 자신들의 족보와 가계보를 추적하는 데에 집착했다. 유대인들에게 있어 육신의 가족은 하나님과의 관계를 가늠하는 척도였다. 고로, 유대인 문화에서 육신의 가족은 우상화되고 말았다. 한 사람의 영성이 그 사람이 속한 가족의 행동거지와 조건에 따라 평가되곤 했다.

예수님은 이렇게 우상화된 사고를 전면적으로 뒤집어놓으셨다. 가족의 의미에 대해 완전히 새로운 정의를 내려주셨던 것이다.

언젠가 주님께서 말씀을 가르치고 계셨을 때 누군가 다음과 같이 말했던 것을 기억할 것이다. "보소서 당신의 어머니와 동생들이 당신께 말하려고 밖에 서 있나이다." 그때 예수님의 대답은 가히 혁명적이라 할 수 있다. "누가 내 어머니이며 내 동생들이냐… 누구든지 하늘에 계신 내 아버지의 뜻대로 하는 자가 내 형제요 자매요 어머니이니라"마12:46~50 또 다른 곳에서, 주님은 주님보다 육신의 가족을 더 사랑하는 사람은 주님께 합당치 못하다고 말씀하셨다. 마10:37

예수님은 예수님을 두고 대립하는 가족 사이에 분쟁을 일으키실 것을 천명하셨다.눅12:51~53 또 예수님께 충성하는 이유로 가족으로부터 버림받은 사람들이 영적인 "형제와 자매와 어머니와 자식"을 얻게 될 것을 약속하셨다. 막10:29~30 말하자면, 주님께서 그를 따르는 사람들에게 새로운 가족을 약속하신 것이다.

예수님께서 육신의 가족을 결코 우습게 여기신 게 아니고 그 의미를 재해석 하셨다. 그림자로서의 육신의 가족이 드러내도록 디자인된 바로 그것을 실체인 하나님의 가족이 드러내게 하신 것이다. 당신과 나는 바로 이 하나님의 가족에 속하게 되었다. 하지만, 그게 전부가 아니다. 우리는 그리스도 자신의 몸을 이루는 지체들로 동등하게 빚어졌다. 우리가 그의 수족, 곧 주님의 손과 발이 된 것이다.

1980년대 중반에, 나는 처음으로 귀신들린 사람을 만나게 되었다. 자세한 얘기는 하지 않겠지만 내가 그 경험에서 배우게 된 것 중 하나는 '귀신들이 무엇을 원하느냐' 이다. 악한 영들이 그들을 드러내고 싶어서 사람의 몸 안에 들어와 살기를 바란다는 사실이다. 이것이 바로 귀신들이 사람의 몸을 소유하려는 단 하나의 이유이다. 사람의 몸을 차지한 다음 그 몸을 통해 자신들을 드러내므로, 이 땅에서 사악한 목적을 이루고자 그 몸을 도구로 사용하는 것이다.

예수 그리스도는 지금 성령으로 존재하신다. 그리고 예수님은 또한 자신을 드러내고 싶어 하신다. 많은 지체를 통해 자신의 생명이 보이게 되기를 바라고 계신다. 악한 영들과 다른 점은 예수님께서는 사람의 몸을 소유하시지 않는다는 사실이다. 예수님은 사람의 영에 거하시며 그것을 자신의 집으로 삼아 사시길 원하신다. 엡3:17

소유하려는 것은 강압적으로 좌지우지하는 것이다. 귀신들이 사람의 몸을 소유하려 할 때, 그것들은 그 몸을 억압하며 지배하려 든다. 그러나 그리스도께서 성령으로 사람의 몸 안에 거하시려 할 때, 그는 사람의 의지를 무시하시지 않는다. 이런 맥락에서, 바울은 고린도전서 6:13에서 "주는 몸을 위하여 계시느니라"라는 놀라운 말을 했다. 이것은 주님이 얼마나 간절히 우리의 몸 안에 거하기 원하시는지를 강하게 표현해주는 말이다.

그리스도의 몸은 이 땅에서 하나님을 표현하고자 존재한다.

예수님은 복음서들에서 예수님과 예수님의 몸 사이의 꾸밈 없는 연합을 보여주시고자 두 가지 예를 드셨다. 첫 번째는 포도나무와 가지들의 비유이다. 요15:4~5 여기서 예수님은 자신을 포도나무에 비유하셨고, 자신을 신뢰하는 사람들을 가지에 비유하셨다. 이것이야말로 떼려야 뗄 수 없는 생명의 연합을 그린 그림이라 할 수 있다.

가지와 나무는 분리될 수 없다. 어디까지가 나무이고 어디서부터 가지가 시작되는지를 구별하기란 보통 어려운 것이 아니다. 가지는 나무로부터 생명을 공급받는다. 나무와 가지들은 구분은 되지만 분리될 수는 없다. 그것들은 서로 없어서는 안 되는 필수적인 관계성을 갖고 있다. 그리스도와 그리스도의 몸 사이의 관계도 마찬가지이다.

두 번째 예는 양과 염소에 관한 주님의 비유이다. 마태복음 25:34~40에 등장하는 주님의 말씀을 숙고해보라.

그때에 임금이 그 오른편에 있는 자들에게 이르시되 내 아버지께 복 받을 자들이여 나아와 창세로부터 너희를 위하여 예비된 나라를 상속받으라 내가 주릴 때에 너희가 먹을 것을 주었고 목마를 때에 마시게 하였고 나그네 되었을 때에 영접하였고 헐벗었을 때에 옷을 입혔고 병들었을 때에 돌보았고 옥에 갇혔을 때에 와서 보았느니라 이에 의인들이 대답하여 이르되 주여 우리가 어느 때에 주께서 주리신 것을 보고 음식을 대접하였으며 목마르신 것을 보고 마시게 하였나이까 어느 때에 나그네 되신 것을 보고 영접하였으며 헐벗으신 것을 보고 옷 입혔나이까 어느 때에 병드신 것이나 옥에 갇히신 것을 보고 가서 뵈었나이까 하리니 임금이 대답하여 이르시되 내가 진실로 너희에게 이르노니 너희가 여기 내 형제 중에 지극히 작은 자 하나에게 한 것이 곧 내게 한 것이니라 당신이나 내가 그리스도의 몸 안에 있는 다른 지체를 어떻게 대하느냐가 곧 예수 그리스도를 대하는 우리의 태도를 그대로 보여주는 것이다. 왜 그런가? 하나님의 눈에는 하늘에 있는 그리스도와 땅에 있는 그의 몸 사이에 아무런 구분이 없기 때문이다. 이 놀라운 사실은 신약성경 전체에 일관성 있게 나타나 있다.

요한복음은 하나님의 영원한 목적의 실체를 보여주는 흥미로운 장면으로 막을 내리고 있다.

십자가에 달리신 예수님에게 죽음이 임박해있었고, 예수님의 발밑에는 그의 어머니인 마리아와 사도 요한이 서 있었다. 그때 예수님께서 그의 어머니를 쳐다보신 다음 이어서 요한을 보셨다. 그리고 그의 입에서 다음과 같은 말이 흘러나왔다. 어머니를 향해 "여자여 보소서 아들이니이다"라고 하셨고, 요한을 향해서는 "보라 네 어머니라"라고 하셨다.

요한은 이렇게 기록했다. "그때부터 그 제자가 자기 집에 모시니라" 이 말씀을 하신 후 얼마 지나지 않아 예수님은 머리를 숙이시고 숨을 거두셨다.

이 장면에 깊은 연민의 정을 느끼게 하는 힘이 배어있다. 그리고 예수님께서 어머니와 요한에게 하신 말씀에서도 강력한 어떤 힘을 느낄 수 있다. 실로, 예수 그리스도께서 죽음으로 드러내신 그 열정이 이 말씀 안에 깃들어 있다. 그것은 새 가족이요, 새로운 가정이다. 그리고 그 가족은 주님의 십자가 밑에서 시작되었다.

Chapter 23
사도행전에 등장하는 새로운 종족

> 아그립바 왕이여 그러므로 하늘에서 보이신 것을 내가 거스르지 아니하고_행 26:19

사도행전의 중심 주제에 대해서는 많은 논란이 있었다. 사도들의 행적을 기록한 것이라고 주장하는 사람들도 있고, 성령의 역사를 기록한 것이라고 주장하는 사람들도 있고, 바울의 사역을 변호하고자 쓴 것이라고 주장하는 사람들도 있다.

이런 주장들은 각각 나름대로 지지기반이 확고할 수 있다. 하지만, 나는 이런 논쟁에 휘말리는 것보다 저자인 누가 자신이 사도행전을 통해 말하고자 하는 것에 주목하고자 한다. 그 주제는 그가 쓴 첫 문장에 등장한다.

> 데오빌로여 내가 먼저 쓴 글에는 무릇 예수께서 행하시며 가르치시기를 시작하심부터_행 1:1

위의 문장을 이해하려면 누가복음의 서두와 비교해볼 필요가 있다.

> 그 모든 일을 근원부터 자세히 미루어 살핀 나도 데오빌로 각하에게 차례대로 써 보내는 것이 좋은 줄 알았노니 이는 각하가 알고 있는 바를 더 확실하게 하려 함이로라 _눅 1:3~4

누가의 이름을 딴 누가복음과 사도행전은 둘 다 누가가 기록한 것이다. 둘 다 데오빌로라는 유력한 사람을 수신인으로 하고 있다. 누가복음과 사도행전은 쌍둥이 격인 책이다. 같은 이야기를 둘로 나눠서 쓴 것이다.

누가복음은 예수 그리스도께서 "행하시며 가르치시기를 시작" 하신 것을 기록한 책이다.행1:1 그것은 이 땅에서의 그리스도의 삶과 사역의 시작을 기록한 책이다.

사도행전은 그리스도의 삶과 사역이 이 땅에서 그의 몸을 통해 어떻게 계속되었는지를 기록한 책이다. 사도 요한이 암시했듯이, 예수님이 이 세상에서 하셨던 것처럼 이제 교회도 같은 길을 걷고 있다.요일4:17

사도행전 전체에서 우리는 예수 그리스도께서 복음을 전파하시고, 이방인들을 구원하시며, 로마제국의 곳곳에 자신을 드러내는 공동체들을 세우시는 것을 보게 된다. 몇 가지 실례를 살펴보면서 성경이 말하고자 하는 그 자체에 주목해보자.

새로운 종족의 탄생

누가가 그의 복음서와 사도행전을 의도적으로 같은 줄거리의 선상에 놓았다는 것은 거의 알려지지 않은 사실이다. 두 책 다 어떻게 시작되는지를 주목하라. 누가복음은 예수님의 탄생으로 시작된다. 말의 표현을 주의 깊게 살펴보라.

> 천사가 대답하여 이르되 성령이 네게 임하시고 지극히 높으신 이의 능력이
> 너를 덮으시리니 이러므로 나실 바 거룩한 이는 하나님의 아들이라 일컬어
> 지리라 _눅 1:35

사도행전은 그리스도 몸의 탄생으로 시작된다. 놀랍게도, 누가는 주님의 영적인 몸의 탄생을 설명할 때도 주님의 육신의 몸 탄생을 설명했을 때 사용했던 똑같은 표현과 똑같은 헬라어 단어들을 사용하고 있다.

> 오직 성령이 너희에게 임하시면 너희가 권능을 받고…그들이 다 성령의 충
> 만함을 받고 _행 1:8, 2:4

누가복음은 그리스도가 마리아의 태에서 성령에 의해 잉태된 이야기로 시작되고, 사도행전은 그리스도가 성령에 의해 그의 사람들 안에 잉태된 이야기로 시작된다. 놀라운 것은 사도행전 전체가 교회를 통해 이루어진, 예수 그리스도의 삶과 사역의 복사판이라는 점이다.

공동체의 본능

그리스도를 믿고 성령을 받은 이후에 그리스도인들이 처음으로 했던 일은 모임을 하는 것이었다. 그리고 그들은 계속해서 모임을 했다. 행2:46 새로운 종족의 본능은 같은 종족의 구성원끼리 모임을 하는 것이다. 그것은 모이고 또 자주 모이는 일이다. 이것은 교회라는 생명체 안에 깊이 새겨진 본능이다. 참 신자라면 누구나 내면 깊은 곳에 공동체를 경험코자 하는 강한 목마름을 갖고 있다.

우리가 이미 살펴본 바와 같이, 성령은 삼위일체를 이루는 각 인격체를

하나로 묶는 사랑의 띠라 할 수 있다. 성령은 또한 교회의 지체들을 그리스도와 다른 지체들에게 묶어주는 사랑의 띠이기도 하다. 이런 이유로, 어떤 신학자들은 성령을 "하나님 사랑의 넘쳐남excess of God's love"이라 부르기도 한다.

그러므로 하나님의 사람들이 성령의 인도를 따를 때 서로 본능적으로 사랑하게 되고 함께 모이기를 갈망하게 된다.

구원과 교회

이와 관련해서, 1세기 때는 개인구원이라는 것이 존재하지 않았다. 그때는 구원받고 그리스도의 몸에 침례세례로 연합되었다. 그리고 계속해서 함께 모이는 살아있는 공동체에 속하게 되었다.

신약성경에 의하면, 구원이 단순한 개인적 변화가 아니고 한 사회로부터 다른 사회로의 이동을 뜻한다. 골1:13 그것은 집합적인 영적 실체인 예수 그리스도의 몸과 하나가 되는 것을 의미한다.

> 믿고 주께로 나아오는 자가 더 많으니 남녀의 큰 무리더라 _ 행 5:14

> 이에 큰 무리가 주께 더하여지더라 _ 행 11:24

기독교 역사상 교회 지도자들은 교회 회원제도에 대해 여러 가지 방법을 구상해서 시도해왔다. 그러나 우리는 위의 성경구절들에서 하나님의 마음에 따라서 교회의 일원이 된 지체들을 보게 된다. 이렇게 하나님의 마음을 따르는 것과 사람이 고안해 낸 제도와의 차이는 너무나도 크다.

신약성경에 따르면, 예수 그리스도를 받아들이는 것이 곧 그의 몸의 지체가 되는 것이다. 당신은 어떻게 당신이 속한 가족의 일원이 되었는가? 출생에 의해서이다.

당신은 어떻게 하나님의 가족의 일원이 되는가? 역시 출생에 의해서, 즉 영적으로 태어남으로 하나님의 가족에 속하게 된다.

위의 성경구절들은 예수 그리스도가 확장된 것이 바로 교회라는 놀라운 사실을 우리에게 보여주고 있다. 1세기에 사람들이 교회에 더해졌을 때, 누가는 그들이 "주께 더하여지더라."라고 표현하고 있다. 매일 영혼이 구원 받았을 때마다 그리스도가 조금 더 커지게 되었다. 왜 그런가? 예수 그리스도가 그의 몸과 하나이기 때문이다.

그러므로 예루살렘에 있던 교회는 '예루살렘에 있는 그리스도' 라고 불려도 아무런 하자가 없었을 것이다. 왜냐하면, 만일 누구든지 이 땅에서 예수 그리스도를 찾고자 하면 예루살렘에 있는 성도들 안에 살고 계셨던 그리스도를 만나게 되었을 것이기 때문이다. 그들이 집합체로서 그 성 안에서 그리스도를 구체적으로 표현하고 있었기 때문이다.

다소 사람 사울에게서 얻는 교훈

다메섹 여러 회당에 가져갈 공문을 청하니 이는 만일 그 도를 따르는 사람을 만나면 남녀를 막론하고 결박하여 예루살렘으로 잡아오려 함이라 사울이 길을 가다가 다메섹에 가까이 이르더니 홀연히 하늘로부터 빛이 그를 둘러 비추는지라 땅에 엎드러져 들으매 소리가 있어 이르시되 사울아 사울아 네가 어찌하여 나를 박해하느냐 하시거늘 대답하되 주여 누구시니이까 이르시되 나는 네가 박해하는 예수라 _행 9:2~5

이것은 아마 성경 전체에서 가장 주목할만한 본문 중 하나일 것이다. 사울이 예루살렘에 있는 교회를 핍박했는데, 예수 그리스도께서 이것을 개인적으로 받아들이셨다!

주님이 사울에게 나타나셔서 우리가 예상하는 것과는 다른 질문을 하셨다. "어찌하여 네가 나의 교회를 박해하느냐?"라는 말은 그의 입에서 나오지 않았다. 그 대신, 다음의 믿기지 않는 질문을 퍼부으셨다. "어찌하여 나를 박해하느냐?"

예수 그리스도께서 그의 교회를 어떻게 보시는가? 그는 교회를 자기 자신과 분리될 수 없는 존재로 보신다. 이 얼마나 놀라운 발상인가? 그러므로 그리스도의 몸은 멋진 비유가 아니다. 생명 없는 교리나 추상적인 신학도 물론 아니다. 그것은 실체이다.

우리는 그리스도의 몸 일부분이다.

다메섹 도상에서의 일은 바울의 인생에서 획기적인 사건이었다. 그의 눈을 멀게 한 그리스도의 환상과 더불어, 이 사건은 그야말로 그의 종교생활을 산산조각 내버렸다. 바울은 나중에 이 사건을 일컬어 "하늘에서 보이신 것the heavenly vision"이라고 했다. 행26:19

그 환상이 무엇이었는가? 그것은 하늘에 있는 머리이신 예수 그리스도가 땅에 있는 그의 몸과 생생하게 연합되어 있음을 보여준 것이다. 말하자면, 바울은 '그리스도의 모습 전체'를 보았던 것이다. 또는 어거스틴이 말한 바 *totus Christus*, 즉 총체적인 그리스도the total Christ)를 보았다 할 수 있다.

승천하신 이후, 예수 그리스도는 개인으로 존재하신 적이 한 번도 없었다. 그 대신, 그의 교회와 생생하게, 그리고 떼려야 뗄 수 없게 연결되어 있었다. 그는 머리도 되시고 몸도 되신다. 마음도 되시고 지체들도 되신다. 예수님을 처음 만났을 때의 이 계시는 바울 안에서 점점 더 커지고 확장되어갔다. 그것은 나중에 그의 주된 메시지가 되었다. 그리고 그것을 위해 자신의 목숨까지도 기꺼이 바치고자 했다.

박해자에서 형제로

사도행전 9장은 우리에게 주목할 가치가 있는 또 다른 것을 보여주고 있다. 그리스도를 모신 후 바울의 내면 깊은 곳에서는 뭔가 변화가 일어났다. 거듭나지 못했던 바리새인의 안에 하나님의 그 생명이 들어갔다. 그 결과, 바울은 그리스도의 몸과 하나님의 가족에 더해졌다. 이런 이유로, 아나니아다메섹에 있던 교회의 지체가 바울그 당시에는 '사울'이라 불렸음을 만났을 때 다음과 같은 놀라운 말로 그를 영접했다. "형제 사울아"행9:17 바울은 이제 신성한 하나님의 가족의 일원이 되었다.

바울이 받은 독특한 계시와 사도권은 부활하신 그리스도의 심오한 계시에 그 기초를 두고 있다. 그 계시는 개인으로서의 그리스도가 아닌, 그리스도인 공동체를 구체적으로 표현하는 그리스도에 관한 것이다. 머리이신 그리스도와 몸인 그리스도, 즉 총체적인 그리스도이다.

사도행전은 신약성경 전체에 걸쳐 울려 퍼지는 북소리를 내고 있다. 그 소리가 바로 이것이다. 하나님의 눈에는 교회가 이 땅에 있는 예수 그리스도 그 이상도 그 이하도 아니다. 교회는 하나님과 동류인 새로운 종족이고, 아들 하나님께는 몸이요 하나님 아버지께는 가족이다. 하나님 자신을 닮은 종족이다.

이 계시가 하나님의 영원한 목적의 심장부에 해당한다. 교회는 하나님께서 뒤늦게 고안해내신 것이 아니다. 하나님께서 인간이 타락한 이후에 교회를 계획하신 것이 아니다. 하나님은 영원 전부터 자신의 기쁨을 위해 가족을 원하셨고, 또 창조세계에서 자신의 아들을 눈에 보이게 드러낼 그릇을 원하셨다. 이것이 하나님의 위대한 계획이다. 제대로만 세워진다면, 그 가족이 바로 교회이고, 또 눈에 보이게 표현되는 존재몸가 교회이다. 잃어버린 영혼들의 회심은 이런 계획의 성취를 향한 수단이지 목표는 될 수 없다. 그러나 이 단원이 전부는 아니다….

Chapter 24
갈라디아서와 로마서에 등장하는 새로운 종족

너희는 유대인이나 헬라인이나 종이나 자유인이나 남자나 여자나 다 그리스도 예수 안에서 하나이니라 _갈 3:28

갈라디아서는 바울이 기록한 신약성경의 첫 번째 문서이다. 8년 후에 바울은 로마서를 기록했다. 이 두 편지에는 중복되는 주제들이 여러 개 등장한다. 각 서신에서, 바울은 예수 그리스도와 그의 몸 사이의 분리될 수 없는 연합을 보여주는 특별한 표현을 여러 번 사용하고 있다. 그 중 몇 개만 살펴보자.

너희가 아들이므로 하나님이 그 아들의 영을 우리 마음 가운데 보내사 아빠 아버지라 부르게 하셨느니라 그러므로 네가 이후로는 종이 아니요 아들이니 아들이면 하나님으로 말미암아 유업을 받을 자니라 _갈 4:6~7

너희는 다시 무서워하는 종의 영을 받지 아니하고 양자의 영을 받았으므로 우리가 아빠 아버지라고 부르짖느니라 성령이 친히 우리의 영과 더불어 우리가 하나님의 자녀인 것을 증언하시나니 자녀이면 또한 상속자 곧 하나님의 상속자요 그리스도와 함께한 상속자니 _롬 8:15~17

위의 두 본문은 예수 그리스도와 우리의 관계에서 새로운 차원의 세계를 열어준다. 갈라디아서에서 '아빠 아버지'라고 부르게 하는 존재가 그리스도의 영이라는 사실에 주목하라. 하지만, 로마서에서는 우리가 '아빠 아버지'라고 부르짖는다고 했다.

어떻게 이럴 수 있는가? 그것은 우리의 내면 깊은 곳 우리의 영에서 주님의 영과 우리가 하나로 연결되어 있기 때문이다. "주와 합하는 자는 한 영이니라" 고전6:17

따라서 그리스도가 우리 안에서 아버지께 부르짖으실 때 우리 또한 아버지께 부르짖는 것이다. 그리고 우리가 아버지께 부르짖을 때 그리스도 또한 그렇게 하시는 것이다. 당신과 나는 하나님 아버지의 자녀로 지음 받았다. 우리가 하나님의 자녀가 되었다는 것은 은유적인 표현이 아니다. 그것은 현실이며 실지로 벌어진 일이다.

하나님께서 우리의 아버지가 되신 것은 그분이 우리에게 자신의 생명과 본성을 나눠주셨기 때문이다. 하나님의 생명이 우리 안에 들어와서 뿌리를 내릴 때 우리의 새로운 출생, 즉 우리가 위로부터 태어나게 된다. 우리는 성령에 의해 잉태되고 하나님 안에서 재창조된, 하나님의 씨에서 태어난 존재이다.

그 결과는? 당신과 내가 이제 거룩한 하나님의 가문에 속하게 된 것이다. 우리가 그리스도의 지체들이 되고, 하나님의 가족에 속한 자녀가 되었다. 이런 이유로, 바울은 갈라디아 교회 교인들을 믿음의 가정 또는 가족이라고 했다. 갈6:10 바울은 그들이 이 땅에서 새로운 종족, 즉 이 땅에 둘도 없는 '새 창조'에 속한 존재임을 상기시켰다. 갈6:15 그러나 그 새로운 종족은 당신이나 내가 아니다. 그것은 우리이다. 우리 모두를 합친 존재이다.

아들 됨의 기적

하나님이 미리 아신 자들을 또한 그 아들의 형상을 본받게 하려고 미리 정하셨으니 이는 그로 많은 형제 중에서 맏아들이 되게 하려 하심이니라 _롬 8:29

그러므로 만물이 그를 위하고 또한 그로 말미암은 이가 많은 아들들을 이끌어 영광에 들어가게 하시는 일에…거룩하게 하시는 이와 거룩하게 함을 입은 자들이 다 한 근원에서 난지라 그러므로 형제라 부르시기를 부끄러워하지 아니하시고_히 2;10~11

새로운 출생에 의해 우리는 예수 그리스도의 아들 됨sonship에 참여하게 된다. 이 아들 됨은 아들 하나님과 하나님 아버지의 독특한 관계를 포함하는 말이다. 마태복음 11:27에서 예수님은 우리를 어리둥절케 하는 말씀을 하셨다. "아버지 외에는 아들을 아는 자가 없고"라고 말씀하셨다.

이 말씀에 비추어볼 때 당신과 나는 어떻게 하나님 아버지를 알 수 있는가? 답은 예수 그리스도께서 그의 무한한 은혜와 자비로 당신과 나에게 그와 그의 아버지 사이의 독점적인 관계를 허락하셨다. 우리가 영생을 얻었을 때 아들 하나님과 하나님 아버지 사이의 관계와 같은 관계를 우리도 누리게 되었다.

바울이 즐겨 쓰는 말 중의 하나는 '그리스도 안에서' 라는 표현이다. 그는 이 말을또는 이와 비슷한 표현을 신약성경에서 164번이나 사용했다. 바울의 복음에 의하면, 하나님께서 모든 그리스도인들을 '그리스도 안에' 두셨다고 했다. 엡1:4~6; 고전1:30

그리스도는 하나님의 차고 넘치는 열정을 받는 대상이다. 우리가 그리스도 안에 있으므로 우리도 똑같이 차고 넘치는 그 열정을 받는 대상이 되는 것이다. 우리가 사랑이 넘치는 하나님의 마음을 받는 대상이라는 말이다.

> 이는 그가 사랑하시는 자 안에서 우리에게 거저 주시는바 그의 은혜의 영광을 찬송하게 하려는 것이라 _엡 1:6

예수 그리스도는 하나님의 사랑을 받는 존재이다. 우리가 그리스도 안에 있기 때문에 우리 또한 하나님의 사랑을 받는 존재이다. 이런 이유로, 바울은 주님의 사람들에게 편지할 때 종종 '사랑하는beloved'이라는 표현의 애칭을 사용하곤 했다. 그의 편지들에 이 표현이 서른 번가량 등장한다.

요점

당신은 하나님께서 사랑하시는 존재이다. 하나님께서 최고로 애정을 쏟아 부으시는 대상이 당신이라는 말이다. 하나님 아버지께서 그분의 아들을 사랑하시는 만큼 당신도 사랑하신다. 예수님께서 하나님 아버지께 기도하실 때 "나를 사랑하심 같이 그들도 사랑하신 것"이라고 하셨음을 기억하라. 요17:23 당신의 아들 됨의 신분은 이토록 참되고 실질적이다.

당신은 하나님께서 당신을 사랑하신다는 사실을 의심한 적이 있는가? 그런데 이 질문은 잘못된 질문이다. 옳은 질문은 "하나님께서 그리스도를 사랑하시는가?"이다. 만일 이 질문에 대한 대답이 "그렇다"라면, 당신은 하나님께서 당신도 사랑하신다는 사실을 확신해도 좋다. 왜 그런가? 당신이 그리스도와 분리될 수 없는 존재이기 때문이다.

당신이 그리스도 안에 있다면, 당신은 하나님 아버지로부터 사랑을 받을 수밖에 없고, 그 사랑에 사로잡혀 기뻐할 수밖에 없다. 그리고 당신은 변함 없는 하나님 아버지의 사랑을 받는 대상이 될 수밖에 없다. 이 진리를 우리의 마음으론 받아들이기가 상당히 어려울 것이다. 그래서 이런 진리를 모든 지체들에게 일깨워주는 것이 바로 그리스도인들의 모임인 지역 공동체가 해야 할 일 중 하나이다. 벧후1:12~13,15, 3:1

사랑 안에서 진리를 말하라

바울에 의하면, 우리는 서로 이런 진리로 권면 해주는 사역으로 부르심을 받았다. 이것이 "사랑 안에서 진리를 말하라speaking the truth in love"는 신약성경의 사역이다. 엡4:15

유감스럽게도, 어떤 기독교 단체들은 사소한 잘못을 범한 형제들을 무자비하게 비난하는 그들의 정당성을 입증하고자 에베소서 4:15을 사용해왔다. 나는 이런 식으로 갖다 붙이고 적용하는 것에 대해 심히 못마땅하게 생각한다. 여기에서 잘못된 해석의 극치를 보는 듯하다. 나는 이런 해석이 곧 사람을 무고하는 것으로 전락하고 독재와 권력남용으로 치닫는 것을 목격해왔다. 이 구절의 문맥을 살펴보면 그런 식의 해석과는 전혀 상관없는 말임을 알 수 있다.

사랑 안에서 진리를 말하는 것은 우리가 가진 고귀하고 거룩한 부르심의 실체를 서로 선포하라는 뜻이다. 이 부르심은 에베소서 1장부터 3장까지에 걸쳐 펼쳐져 있다. 교회의 지체들에게 그들이 차지하는 그리스도 안에서의 높고 영광스러운 위치에 대해 일깨워주는 것이 교회가 해야 할 사역이다. 그렇게 해서, 교회는 사람의 속임수에 의한 온갖 교리의 풍조로부터 보호 받게 되는 것이다. 엡4:14~15

당신과 내가 그리스도 안에 있으므로, 우리는 그리스도를 통해, 그리고 그리스도에 의해 하나님 아버지께로 가게 된다. 만일 예수 그리스도께서 정죄를 받으신다면, 당신과 나도 정죄 받을 수 있다. 만일 예수님께서 정죄의 범위를 벗어나 밖에 계신다면, 당신과 나도 역시 마찬가지이다.

> 그러므로 이제 그리스도 예수 안에 있는 자에게는 결코 정죄함이 없나니 _ 롬 8:1

로마서 8장의 끝 부분에서 바울은 우주 전체의 모든 산 것들을 향해 아무 것도 하나님의 자녀를 정죄하거나 고발할 수 없음을 천명했다.

> 그런즉 이 일에 대하여 우리가 무슨 말 하리요 만일 하나님이 우리를 위하시면 누가 우리를 대적하리요 자기 아들을 아끼지 아니하시고 우리 모든 사람을 위하여 내주신 이가 어찌 그 아들과 함께 모든 것을 우리에게 주시지 아니하겠느냐 누가 능히 하나님께서 택하신 자들을 고발하리요 의롭다 하신 이는 하나님이시니 누가 정죄하리요 죽으실 뿐 아니라 다시 살아나신 이는 그리스도 예수시니 그는 하나님 우편에 계신 자요 우리를 위하여 간구하시는 자시니라 누가 우리를 그리스도의 사랑에서 끊으리요 환난이나 곤고나 박해나 기근이나 적신이나 위험이나 칼이랴 기록된 바 우리가 종일 주를 위하여 죽임을 당하게 되며 도살당할 양 같이 여김을 받았나이다 함과 같으니라 그러나 이 모든 일에 우리를 사랑하시는 이로 말미암아 우리가 넉넉히 이기느니라 내가 확신하노니 사망이나 생명이나 천사들이나 권세자들이나 현재 일이나 장래 일이나 능력이나 높음이나 깊음이나 다른 어떤 피조물이라도 우리를 우리 주 그리스도 예수 안에 있는 하나님의 사랑에서 끊을 수 없으리라 _롬 8:31~39

당신의 코앞에서 이런 멋진 찬가가 울려 퍼지고 있는데, 하나님의 사랑을 받는 당신이 어떻게 불안해하고, 무가치하게 느끼고, 스스로 정죄할 수 있단 말인가? 바울은 하나님의 자녀를 향해 쏟아지는 고발에 대해 그들의 선한 행실이나 깨끗한 과거, 또는 그들의 승리한 삶으로 반응하지 않았다.

바울은 오직 그리스도로만 응수했다. 바울은 하나님께서 넘치는 은혜로 우리를 대하신다는 사실을 손상하는 거짓들을 불식시키는 데에 그의 인생을 바쳤다. 그의 편지들은 "비난을 없애버리는blame-extinguishing" 무수한 선언으로 요동치고 있다. 이런 폭발적인 선언들은 교회에 쏟아지는 비난으로부터 교회를 보호하기 위한 장치라 할 수 있다.

하나님께서는 오직 한 사람, 곧 그분의 사랑스러운 아들만을 받으신다. 그런데 우리가 그 아들 안에 있다. 그래서 하나님께서 그리스도를 받으시는 바로 그 바탕 위에서 우리를 받으시는 것이다. 그러므로 우리는 하나님의 호의를 얻으려고 발버둥칠 필요가 없다. 오직 그리스도께로 가서 그분 안에서 안식하면 되는 것이다.

반면에, 우리가 그리스도 안에서 새로운 종족임을 이해했다고 해서 우리에게 죄짓는 자격이 생겼다는 오해가 없기를 바란다. 자녀들을 향한 하나님의 취소될 수 없는 사랑에 대해, 그리고 그들을 받아주신 하나님의 마음에 대해 올바로 깨닫게 되면 실지로는 그 정반대 현상이 벌어진다. 우리의 마음을 하나님께로 더 가까이 다가가게 해주는 것이다. 그렇지 않다 하더라도, 우리가 하나님의 자녀이기 때문에 하나님은 필요에 따라 우리를 징계하실 것이다. 히12:5~11; 계3:19 하지만, 그런 징계는 우리를 향한 하나님의 불타는 사랑의 증거이다. 그것이 결코 하나님께서 우리를 조건 없이 받아주셨다는 사실에 영향을 끼칠 수는 없을 것이다. 나는 자유방임주의와 율법주의 사이에 균형이 있어야 한다고 생각한다.

중심에 다가가다

우리와 하나님과의 관계가 실지로 그리스도와 하나님 아버지의 관계라는 것을 깨닫게 될 때 총체적인 변화가 우리에게 일어나게 된다. 우리의 영혼은 안식을 얻게 되고, 우리가 사용하는 말도 바뀌게 된다. 우리는 이제 "나는 나와 주님과의 관계에 힘쓰고 있다"든지, "나는 신실한 그리스도인이 되려고 애쓰고 있어"라든지, "나는 언젠가는 내가 원하는 수준에 도달하고 말 거야"라는 말들을 하지 않게 될 것이다.

위의 말들을 깊이 파헤쳐보면 당신이 신앙생활의 중심이라는 어이 없는 사실을 발견하게 될 것이다. 이런 말들은 당신의 눈에, 신앙생활이 신실한 그리스도인이 되기 위한 당신의 능력과 당신의 노력과 당신의 간증과 당신의 영적 성장에 달렸다는 사실을 드러내고 있을 뿐이다. 오로지 당신, 당신, 당신만을 강조하고 있다.

하나님께서 자신과 그리스도 사이의 관계와 똑같은 관계를 우리와 맺으신다는 사실을 깨닫게 되면, 우리의 삶의 초점이 총체적으로 급격히 바뀌게 된다. 우리가 늘 사용하던 "나는 더 잘해야 해"와 같은 말들이 모두 사라져버린다. 그 대신, 지금 하나님 보시기에 사실인 실제적인 것들에 대해 말하기 시작한다. 우리는 그리스도 안에 담대하게 서 있는 자신을 보게 된다. 그리고 우리는 높은 산에서 내려다보며 살게 된다.

다시 정리하자면, 당신과 나는 아들을 제쳐놓고 따로 하나님 아버지와 교제를 나누는 것이 아니고, 하나님 아들의 독특한 교제 안으로 부르심을 받은 것이다. 고전1:9; 요일1:3) 그리스도와 하나님 아버지 사이의 완전하고 투명한 관계는 하나님께서 당신과 나에게 주신 멋진 유산이다.

하나님의 경험, 우리의 운명

우리가 그리스도께 연합되었다는 사실이 암시하는 바는 상상을 초월하는 것이다. 하지만, 그것은 실지로 벌어지는 사실이고 우리가 경험할 수 있는 범위 안에 있다. 예를 들면, 우리도 예수 그리스도께서 실지로 경험하신 것을 공유하게 되는 것이다. 그리고 그 경험이 우리의 삶에서 재현되는 것이다. 몇 가지 예를 들어보겠다.

- 우리가 성령 안에서 하나님 아버지께 기도하는 것은 그리스도의 기도이다. 롬8:26~27, 34
- 우리가 하나님을 대신해서 다른 사람을 권면 하는 것은 그리스도께서 그들을 권면 하시는 것이다. 고후5:20
- 우리가 그리스도의 몸 안의 지체들을 사랑하는 것은 그리스도께서 그들을 사랑하시는 것이다. 빌1:8
- 우리가 죄에 대해 죽은 것은 그리스도께서 죄에 대해 죽으신 것이다. 롬6:2~6; 고후4:10, 5:14
- 우리가 고난받는 것은 그리스도께서 고난받으시는 것이다. 고후4:10~11; 골1:24; 빌3:10
- 우리의 옛사람이 장사 된 것은 그리스도께서 장사 되신 것이다. 롬6:4; 골2:12
- 우리의 영적인 부활은 그리스도의 부활이었다. 롬6:4; 골2:12~13, 3:1; 엡2:6; 빌3:10
- 우리가 영적으로 하늘에 앉아 있는 것은 그리스도의 승천이었다. 엡1:20~21, 2:6
- 우리가 영적으로 영광 받는 것은 그리스도께서 영광 받으신 것이었

다. 롬8:30

- 우리가 영적으로 왕 노릇 하는 것은 그리스도께서 왕 노릇 하시는 것이었다. 롬5:17; 엡1:20~21; 2:6

나는 우리가 종종 놓쳐버리는 점들을 강조하고자 위의 사실들을 의도적으로 특별한 순서에 의해 나열했다. 말하자면, 당신과 나는 예수 그리스도와 분리될 수 없도록 완전하게 동일시되고, 합쳐지고, 연합되었다. 우리는 그리스도의 몸에 속한 지체들로서 그리스도 일부분이다. 따라서 그분의 역사는 곧 우리의 역사이고, 그분의 운명 또한 우리의 운명이다.

다르게 표현하면, 당신의 역사와 당신의 운명은 인격체이다.

예수 그리스도는 우리의 주님과 구원자이실 뿐만 아니라, 우리의 길잡이와 선구자와 개척자와 인도자가 되신다.

> 그리로 앞서 가신 예수께서…우리를 위하여 들어가셨느니라_히 6:20

그렇다면, 우리가 주님을 따를 때 우리에게 무슨 일이 벌어지리라고 기대할 수 있는가? 주님께 일어난 모든 일이 우리에게도 일어나게 된다. 물론 주님이 죄를 지신 것, 즉 그분의 구속 역사는 예외이다. 그것은 주님께만 해당한다. 예수님께서 경험하신 것은 당신의 역사이자 당신의 운명이다. 따라서 예수님이 경험하신 것은 무엇이든지 정도에 따라 당신도 경험하게 될 것이다.

보는 눈이 없는 사람들에게는 이런 사실들이 'positional truths'에 불과할 것이다. Positional truth: 제1부의 6단원에서 이미 설명했던바, 예수님과의 연합이 경험이 아닌 성경의 사실을 믿음으로만 가능한 것이라는 기독교의 어떤 부류의 주장임.-역자 주 하나님의 관점에서 보면 그 사실들은 실지로 벌어지는 현상이다. 그리고 이것만이 고려해볼 가치가 있는 유일한 관점이다.

아브라함의 씨

우리와 그리스도 사이의 분리될 수 없는 연합을 보여주는 또 하나의 중요한 본문은 갈라디아서 3:16이다.

> 이 약속들은 아브라함과 그 자손에게 말씀하신 것인데 여럿을 가리켜 그 자손들이라 하지 아니하시고 오직 한 사람을 가리켜 네 자손이라 하셨으니 곧 그리스도라

바울은 우리에게 아브라함의 자손씨이 그리스도라고 말해준다. 하지만, 몇 구절 아래의 갈라디아서 3:29에서는 "너희가 그리스도의 것이면 곧 아브라함의 자손씨이요 약속대로 유업을 이을 자니라"라고 했다.

여기서 바울은 우리 믿는 자들이 바로 아브라함의 씨라고 말했다. 또다시 바울은 핵심을 찌르고 있다. 우리는 그리스도의 일부분이다. 그리스도가 하나님의 아들이신 것처럼 우리 또한 하나님의 자녀이다.갈3:26; 롬8:14, 9:26

중요한 것은 갈라디아서가, 선한 행위가 있어야 하나님께 인정받을 수 있다고 들은, 새로 생겨난 이방인 교회들을 향해 기록되었다는 사실이다. 이런 도전에 대한 바울의 반응은 간단했다. "너희는 더는 옛 창조에 속하지 않았다. 너희는 그리스도 안에 있는 새 창조에 속한 존재로서, 너희의 행위는 하나님께 인정받는 것과 아무런 상관이 없다. 너희는 새로운 인류에 소속되었다. 즉 너희는 유대인도 이방인도 아닌 새로운 종족에 속한 존재이다." 바울 자신의 말을 그대로 옮기면 "너희는 유대인이나 헬라인이나 종이나 자유인이나 남자나 여자나 다 그리스도 예수 안에서 하나이니라"갈3:28

끝으로, 바울이 로마서를 썼을 때 유대인 신자들과 이방인 신자 중에 함께 지내는 데 문제가 있는 사람들이 있었다. 그들은 소위 '신성한' 날들과 '신성한' 음식들을 놓고 논쟁에 휘말렸다.롬14~15장 이에 대한 바울의 해결책의 핵심을 다음에서 찾을 수 있다. "이와 같이 우리 많은 사람이 그리스도 안에서 한 몸이 되어 서로 지체가 되었느니라"롬12:5 우리가 한 몸으로 연결되어 있기 때문에 우리는 서로 지체이다.

주님은 우리가 그분의 눈으로 볼 수 있도록 우리를 도와주신다. 이렇게 해서, 우리는 브레난 매닝이 칭한 바 "하나님의 격렬한 사랑의 막강한 실체"와 직면하게 된다. 이 '격렬한 사랑'은 당신과 나를 향하고 있다. 왜냐하면, 우리가 하나님 아버지의 열정의 대상인 그분의 사랑스러운 아들 안에 있기 때문이다. 하지만, 이것이 끝이 아니다. 아직도 뭔가 더 남아있다….

Chapter 25
고린도전후서에 등장하는 새로운 종족

몸은 하나인데 많은 지체가 있고 몸의 지체가 많으나 한 몸임과 같이 그리스도도 그러하니라 _고전 12:12

우리가 아는 한, 1세기 때 가장 문제가 많았던 교회는 고린도에 있던 교회였다. 그 교회가 직면하고 있었던 문제들 몇 가지만 열거해보자.

- 지체들 사이에 분쟁과 시기와 다툼이 있었다. 교회가 이리저리 나뉘어 있었다.
- 교회의 한 형제가 끔찍한 음행을 저지르고 있었다. 더 정확히 말하면, 근친상간을 하고 있었다.
- 교회 형제들끼리 시비가 붙어 문제해결을 위해 법정투쟁을 벌이고 있었다.
- 형제 중 매춘부를 찾아가거나 술에 절어 있는 사람들이 있었다.
- 가난한 교인들이 주님의 만찬에서 소외당하고 있었다.
- 교인들이 이기적인 목적으로 성령의 은사들을 사용하고 있었다. 교회 모임이 난장판이 되었고 각자 제 이익만을 도모하고 있었다.

- 결혼한 사람 중 배우자를 속이고 간음하는 사람들이 있었다.

　이런 문제들에 대한 바울의 해결책은 무엇이었는가? 바울이 그의 편지에서 찔러준 핵심은 무엇인가? 그것이 고린도 교인들로 하여금 더 나은 그리스도인들이 되도록 노력하라는 명령이었는가? 그들이 지은 죄에 대해 몸서리치도록 죄책감을 느낀 후 베옷을 입고 재 가운데서 통회하라는 권고사항이었는가? 아니면, 그들이 하나님의 나라에서 추방을 당해 마땅하다는 통고였는가?
　위에 열거한 어느 것도 바울의 해결책은 아니었다.
　고린도전서 전체에서 바울은 한 가지 핵심으로 그의 간청과 훈계와 권면을 엮어냈다. 그는 고린도 교인들이 하나님의 눈에 어떤 존재인지를 끊임없이 상기시켜주었다. 바울은 그들이 예수 그리스도와 분리될 수 없는 새로운 종족이라는 사실에 반복해서 그들의 주의를 집중시켰다.

> 고린도에 있는 하나님의 교회 곧 그리스도 예수 안에서 거룩하여지고 성도라 부르심을 받은 자들과 또 각처에서 우리의 주 곧 그들과 우리의 주되신 예수 그리스도의 이름을 부르는 모든 자들에게 _고전 1:2

　이것이 그가 서두에서 꺼낸 말이다. 나는 바울이 매몰찬 비난으로 편지를 시작하지 않은 것에 놀라곤 한다. 그는 고린도 교인들이 범한 많은 죄를 꾸짖는 것으로 시작하지 않았다. 그 대신, 그가 꺼낸 말은 보통 사람들의 마음에는 경각심을 일으키기에 충분하다.
　바울은 그들에게 하늘의 관점으로 말했다. 고린도 교인들이 그리스도의 이름을 부르는 모든 사람들처럼 그리스도 예수 안에서 거룩해진 존재임을 상기시켰다. 온갖 문제들로 가득 찬 교회임을 알면서도 이렇게 편지를 시작하는 것이 놀랍지 않은가?

바울의 훈계하는 방법 – 그리스도

고린도교회 내의 분쟁에 대해 지적하는 데 있어 바울의 반응은 놀랍기만 하다. 그는 교린도 교인들이 예수 그리스도와 분리될 수 없는 존재임을 상기시켰다. 그가 던진 질문이 내포하고 있는 이미지는 그야말로 압권이다. 그의 말을 주목하라.

> 그리스도께서 어찌 나뉘었느냐? _고전 1:3

바울에게는, 그리스도 안의 형제 자매들 사이에 일어난 분쟁이 식칼로 예수 그리스도를 난도질한 것과 매한가지였다. 그것은 마치 우리 주님의 몸에서 살점을 떼어낸 것과 다를 바 없었다. 바울에게 있어 교회 안의 분열은 몸에서 손발을 잘라내는 것과 같았다. 왜 그런가? 그리스도와 교회는 분리될 수 없기 때문이다.

> 너희는 하나님의 밭이요 하나님의 집이니라…너희는 너희가 하나님의 성전인 것과 하나님의 성령이 너희 안에 계시는 것을 알지 못하느냐 누구든지 하나님의 성전을 더럽히면 하나님이 그 사람을 멸하시리라 하나님의 성전은 거룩하니 너희도 그러하니라 _고전 3:9, 16~17

바울은 더 나아가서 고린도 교인들이 하나님의 집이요 건물임을 상기시켰다. 고전3:9 이것은 전능하신 하나님이 그들 안에 사신다는 뜻이다. 그들은 하나님의 몸이요, 하나님의 거룩한 성전이요, 하나님의 집이었다. 하나님의 성전이므로 그들은 거룩했다. 그리고 그들은 그리스도께 속했다.고전 3:23 바울은 이런 사실을 고린도후서 6:15~17에서도 되풀이하면서, 고린도 교인들이 하나님의 자녀로 구성된 하나님의 거룩한 성전임을 설명했다.

그리스도와 분리될 수 없게 연합되다

성적 문란함에 관한 문제를 지적할 때도 바울은 비난 조로 그들을 책망하지 않았다. 그 대신, 고린도 교인들 몸의 지체가 곧 예수 그리스도의 지체이고, 그들이 주님과 합하여 한 영이 되었음을 상기시켰다.

> 너희 몸이 그리스도의 지체인 줄을 알지 못하느냐 내가 그리스도의 지체를 가지고 창녀의 지체를 만들겠느냐 결코 그럴 수 없느니라 창녀와 합하는 자는 그와 한몸인 줄을 알지 못하느냐 일렀으되 둘이 한 육체가 된다 하셨나니 주와 합하는 자는 한 영이니라 _고전 6:15~17

요점

우리 그리스도인들은 그냥 예수님의 제자들이 아니다. 우리가 그저 세상의 구주와 창조주 안에 있는 신자들이 아니다. 우리는 그리스도의 지체들이다. 예수님의 몸은 머리이신 그리스도에게서 떨어져 있지 않다. 머리와 몸이 각각 다른 생명을 가진 것이 아니다. 그리스도의 몸은 부활하신 머리와 같은 생명을 공유한다. 이 진리는 단순한 교리가 아니다. 그것은 바울이 위의 본문에서 분명히 밝힌 바와 같이 실질적인 것들을 내포하고 있다.

> 이같이 너희가 형제에게 죄를 지어 그 약한 양심을 상하게 하는 것이 곧 그

리스도에게 죄를 짓는 것이니라 _고전 8:12

　바울은 그의 편지에서 38번씩이나 고린도 교인들을 '형제들'이라고 불렀다. 그는 반복해서, 그들이 같은 가족의 구성원이라는 사실에 그들의 주의를 집중시켰다.
　아울러, 교회가 그리스도와 분리될 수 없어서 몸의 지체에게 죄를 짓는 것이 곧 예수님 자신에게 죄를 짓는 것이라고 설파했다. 몸의 지체에게 상처를 입히는 것은 곧 그리스도께 상처를 입히는 것이다. 고린도후서에 등장하는 아래의 본문이 이 개념을 더 깊이 이해시켜줄 것이다.

그리스도를 새롭게 알기

그러므로 우리가 이제부터는 어떤 사람도 육신을 따라 알지 아니하노라 비록 우리가 그리스도도 육신을 따라 알았으나 이제부터는 그같이 알지 아니하노라 그런즉 누구든지 그리스도 안에 있으면 새로운 피조물이라 이전 것은 지나갔으니 보라 새것이 되었도다 _고후 5:16~17

　여기에서 바울은 우리가 그리스도를 더는 육신을 따라 알지 않는다고 지적했다. 우리가 알기에는, 바울이나 고린도 교인들이나 다 육신으로 오셨던 예수님을 만난 적이 없다. 바울은 부활하신 그리스도를 만났었다. 그렇지만, 이전에 바울은 종교적인 히브리인으로서 아주 육신적이고 세상적인 이 땅의 메시아사상에 물들어 있었다. 말하자면, 그것은 '육신을 따르는' 메시아 관이었다. 바울의 이런 사상은 그가 하늘의 부활하신 그리스도를 만나서 그분이 이 땅에 있는 그분의 몸과 하나라는 하늘의 계시를 받은 후에 급격하게 바뀌어버렸다.

따라서 바울은 그리스도가 더는 한 명의 개인이 아님을 이해하게 되었다. 이제 그리스도는 공동체인 존재이자 많은 지체들로 구성된 집합적인 몸임을 깨닫게 된 것이다. 이렇게 그리스도를 새롭게 아는 것이 바로 교회로서 그리스도를 아는 것이다.

"누구든지 그리스도 안에 있으면 새로운 피조물창조세계이라." 새로운 창조를 아는 것이 곧 그리스도를 아는 것이다. 인간적인 방식이 아니고 영적인 방식으로 알게 되는 것이다.

그리스도는 '육체를 따라' 십자가에 달리셨다. 막달라 마리아가 부활하신 일요일에 무덤에 찾아왔던 때를 기억하라. 주님의 시체는 사라지고 없다. 예수님께서 그녀 바로 앞에 서 계셨지만 그녀는 예수님을 알아보지 못했다. 왜 그랬는가? 예수님께서 변화되셨기 때문이다. 그리고 그녀가 예수님을 알았던 방식 또한 변화되었기 때문이다. 막달라 마리아는 예수님의 음성을 듣고 예수님을 알아보게 되었다. 요20:13~16

오늘날도 예수 그리스도는 여전히 말씀하신다. 다만, 예수님께서 그분의 몸인 교회를 통해 말씀하시는 것이다. 고전12:1 이하

나는 나 혼자서는 그리스도를 온전히 알 수 없다. 당신도 마찬가지이다. 나는 그리스도의 몸을 통해서 그분을 알아야 한다. 형제 자매들을 통해서 알아야 한다. 당신도 역시 그렇다. 하지만, 우리는 그리스도의 몸의 다른 지체들을 통해 그분을 알려면 그들과 친밀한 교제를 나눠야 한다. 그리스도인 공동체가 바로 이것에 대해 하나님께서 내려주신 해답이다.

그러므로 우리가 그리스도 안의 형제 자매들을 대할 때 우리는 그저 다른 사람들을 대하는 것이 아니다. 우리는 예수 그리스도의 일부분을 대하는 것이다. 우리가 그리스도를 다루는 것이고, 그리스도의 지체들을 다루는

것이다. 왜냐하면, 그들이 그리스도 일부분으로 지어졌기 때문이다.

다르게 표현하면, 우리가 다른 그리스도인들의 눈을 쳐다볼 때 우리는 예수 그리스도 자신을 응시하는 것이다.

고린도 교인들은 이런 시력을 잃어버렸다. 그래서 그들은 서로 별생각 없이 죄를 짓곤 했다. 바울의 해결책은 서로 죄를 짓는 것이 곧 그리스도 자신에게 죄를 짓는 것임을 상기시켜주는 일이었다. 왜냐하면, 그들은 그들의 주님으로부터 분리될 수 없는 존재였기 때문이다.

제3의 인류

> 유대인에게나 헬라인에게나 하나님의 교회에나 거치는 자가 되지 말고 _고전 10:32

위의 짧은 구절은 기념비적인 진리를 내포하고 있다. 예수 그리스도께서 인류역사 속으로 들어오시기 전에는 이 세상에 단 두 부류의 인류밖에 없었다. 유대인과 이방인이 바로 그들이다. 그러나 그리스도의 오심과 그분에게서 나온 교회의 등장으로 말미암아 이제 세 부류의 인류가 존재하게 되었다. 유대인, 이방인, 그리고 하나님의 에클레시아이다.

이런 이유로, 2세기 때의 그리스도인들은 자신을 스스로 '새로운 인류'라고 불렀을 뿐만 아니라 '제3의 인류'라고도 불렀다. 유대인도 아니고 이방인도 아닌 다른 존재이다. 이 지구상에 등장한 새로운 종족이다. 집합적인 사람들로 표현된 예수 그리스도이다.

그렇다면, 그리스도의 몸은 창조 때 이루어지도록 고안되었던 하나님 원래의 형상이 회복된 것이다. 이 이미지는 유대인이나 헬라인이 아니고, 종

이나 자유인도 아니고, 남자와 여자도 아닌 새로운 형상이다. 갈3:28; 골3:11
이 인종적 개념과 상관없는 새로운 공동체 안에서, 성별이나 인종이나 계급이나 사회적 지위의 구분은 깨끗하게 사라지게 된다. 그리고 영적 은사의 새로운 특징들이 부여된다.

말하는 능력

> 형제들아 신령한 것에 대하여 나는 너희가 알지 못하기를 원하지 아니하노니 너희도 알거니와 너희가 이방인으로 있을 때에 말 못하는 우상에게 이끄는 대로 끌려갔느니라 그러므로 내가 너희에게 알리노니 하나님의 영으로 말하는 자는 누구든지 예수를 저주할 자라 하지 아니하고 또 성령으로 아니하고는 누구든지 예수를 주시라 할 수 없느니라 _고전 12:1~3

고린도 사람들이 그리스도께로 오기 전에 그들은 말 못하는 우상들에게 끌려다녔다. 이런 우상들은 살아있지 못했기 때문에 그것들에겐 말하는 능력이 없었다. 바울은 말씀하시는 하나님의 실체와 고린도 교인들이 과거에 말 못하는 우상들을 섬겼던 것을 대조해놓았다.

바울이 말하고자 하는 요점은 분명하다. 예수 그리스도는 말 못하는 우상이 아니다. 예수님은 말하는 능력을 갖추고 있다. 하지만, 예수님께서 어디서 말씀하시는가? 그리스도는 그분의 몸을 통해서 말씀하신다. 머리그리스도는 그의 몸교회과 생생하게 연결되어 있다. 따라서 그리스도는 그의 많은 지체를 통해 말씀하신다.

바울이 '그리스도인들의 몸'이라고 말한 적이 전혀 없음을 주지할 필요가 있다. 그는 언제나 '그리스도의 몸'이라는 표현을 사용했다. 바울에게는 그리스도의 몸이 특정한 한 사람이었다. 그것은 은유적 표현이 아니다. 바울은 교회를 말할 때에 그리스도의 몸 같은 것이라고 한 적이 한 번도 없다. 아니다. 우리는 그리스도의 몸이다.

교회의 각 지체는 인격체인 예수 그리스도를 눈에 보이도록 완벽하게 보완하는 존재, 즉 동일한 예수 그리스도가 확장된 존재이다. 그리고 우리는 그리스도께서 가지신 유일한 몸이 되었다.

부활하신 예수님을 구체적으로 표현함

바울이 고린도전서 12~14장에서 그리스도의 몸의 역할에 대한 설명을 어떻게 하고 있는지를 주시하라. 그것은 그리스도인 각 사람에게 중요한 교훈을 제공해준다.

> 몸은 하나인데 많은 지체가 있고 몸의 지체가 많으나 한 몸임과 같이 그리스도도 그러하니라 _고전 12:12

위의 본문은 어쩌면 신약성경 전체에서 가장 획기적인 구절일지도 모른다. 이 말씀은 교회에 대한 우리의 모든 인간적인 가정과 추측을 다 부숴버린다. 이 구절을 빨리 읽어버리면, 분명히 그 폭발적인 의미를 간과하게 될 것이다.

바울은 고린도 교인들에게 육신적인 몸이 한몸에 많은 지체를 가진 것처럼 그리스도도 똑같다는 것을 설명하고 있다. 바울이 "그리스도의 몸도 그러하니라"라고 하지 않았음을 주목하라. 그는 "그리스도도 그러하니라"라고 말했다.

말하자면, 그리스도는 많은 지체를 가진 몸이다. 또 달리 표현하면, 교회는 그리스도이다. 전통적인 사상에 물든 사람들에겐 이상하게 들리겠지만, 이것이 바로 바울이 말하고자 하는 바이다.

바울은 머리와 몸이 나사로 조이듯 연결되었다는 개념을 말하는 게 아니다. 그의 개념은 그리스도가 교회를 구체적으로 표현한다는 뜻이다. 부활하신 그리스도는 살아 있고, 포괄적이고, '한 개인을 넘어서는' 인격체이다. 교회는 다양한 개인들로 구성된 집합적 실체이다. 교회는 그리스도 안에 살면서 그리스도의 많은 지체를 통해 그리스도를 표현하는 살아있는 인격체이다.

다르게 표현하면, 교회는 보이지 않는 주님을 보이게 드러내는 형상이다. 그것은 공동체적인 그리스도이다. 그리스도가 집합적인 사람으로 표현된 존재라는 말이다. 바울에게 있어 고린도에 있는 교회는 고린도 라는 도시에 있는 예수 그리스도 그 자체이다. 사도로서의 바울의 사역은 바로 이 계시 위에 세워졌다. 그리고 그 계시는 고린도전서를 포함한 그의 편지들 전체에 울려 퍼지고 있다.

우리가 그리스도의 지체라면 우리는 함께 그리스도를 구성하는 것이다. 어네스트 베스트의 말을 빌리자면, "교회 또는 믿는 자들의 공동체는 그리스도와 같다. 교회는 그리스도이다." 실로, 예수 그리스도는 하나의 몸에 거주하시는데, 우리가 바로 그 몸이다. 우리는 승천하신 주님의 몸이다.

바울에게 있어 교회는 부활하신 그리스도가 이 땅에 구체적으로 표현된 존재이다. 교회는 이 세상에 현존하는 그리스도의 실질적인 몸이다. 즉, 그리스도께서 교회를 통해 이 지구상에 자신의 모습을 드러내시는 것이다.

지역에 있는 믿는 자들의 공동체가 이것을 이해하고 믿을 때 신약성경은 그들의 눈앞에 열린 책으로 다가오게 될 것이다. 또한, 그것은 그들이 교회 생활을 경험하고 실천하는데 지대한 영향을 끼치게 될 것이다.

요약하자면, 고린도교회의 문제들에 대한 바울의 해답은 다음과 같은 간단한 처방으로 축소될 수 있다. 너희는 고린도 라는 도시에 집합적으로 존재하는 예수 그리스도이다. 너희가 누군지를 기억하고 이 사실에 따라서 처신하도록 하라.

이것을 염두에 두고, 당신과 내가 받게 될 가장 고차원적인 계시 중 하나는 교회를 집합적인 사람이 표현된 그리스도로 보는 것이다. 이것이 바로 하나님 아버지께서 교회를 보시는 방식이다. 이것이 사도들이 교회를 본 방식이고, 초기 그리스도인들이 교회를 본 방식이다. 그리고 이것이 바로 당신의 주님께서 교회를 보시는 방식이다.

이것이 바울의 인생을 주장했던 하늘의 환상이다. 이 환상이 우리로 하여금 서로를 통해서 그리스도를 보게 해주고, 그리스도를 만지게 해주고, 그리스도로부터 듣게 해주고, 그리스도를 알게 해준다. 그리고 그것이 사람들과 천사들과 악의 영들에게 예수 그리스도의 취소될 수 없는 실존을 증거해준다. 말하자면, 예수 그리스도는 그분의 교회 위에 머리의 역할을 충분히 감당하실 만큼 왕성하게 살아계신 존재이다.

이 개념은 우리를 하나님의 영원한 목적과 직결시켜준다. 이 목적은 하나님의 아들이신 주 예수 그리스도 안에서 우주의 만물들을 향하고 있다.엡1:10 그러나 이 일이 일어나기 전에, 교회는 그 삶과 모임과 활동에 먼저 그리스도께서 실질적인 머리 역할을 하시도록 해야만 한다. "그는 몸인 교회의 머리시라…이는 친히 만물의 으뜸이 되려 하심이요."골1:18 교회는 하나님의 피조물 중 첫 열매이다.약1:18 따라서 교회가 그리스도의 머리 되심에 복종할 때 창조세계 전체도 궁극적으로 이어서 따르게 될 것이다. 이것이 이 시대에 절실히 요구되는 진리이고 그것이 하나님의 원대한 계획의 핵심이다.

Chapter 26
골로새서와 에베소서에 등장하는 새로운 종족

> 거기에는 헬라인이나 유대인이나 할례파나 무할례파나 야만인이나 스구디아인이나 종이나 자유인이 차별이 있을 수 없나니 오직 그리스도는 만유시요 만유 안에 계시니라 _골 3:11

골로새서와 에베소서는 신약성경의 쌍둥이 탑이라고 할 수 있다. 예수 그리스도를 소개하는 데 있어 이 둘은 타의 추종을 불허한다. F. F. 브루스가 지적한 대로, 골로새서의 주제는 머리이신 그리스도이고, 에베소서의 주제는 몸인 교회이다.

이 두 개의 편지에서 바울은 하나님의 눈에 비친 교회가 얼마나 경이로운지를 볼 수 있도록 우리의 생각을 한 차원 더 높여준다. 둘 다 하나님의 영원한 목적에 대한 놀라운 계시로 약동하고 있다. 아래의 구절들은 그리스도의 몸과 하나님의 가족이라 불리는 새로운 종족에 관해서 우리의 이해 깊이를 더해줄 것이다.

또 만물을 그의 발아래에 복종하게 하시고 그를 만물 위에 교회의 머리로 삼으셨느니라 교회는 그의 몸이니 만물 안에서 만물을 충만하게 하시는 이

의 충만함이니라 _엡 1:22~23

그는 몸인 교회의 머리시라 그가 근본이시요 죽은 자들 가운데서 먼저 나신
이시니 이는 친히 만물의 으뜸이 되려 하심이요 _골 1:18

그리스도의 충만

위의 구절들에 의하면, 교회는 그리스도의 '충만'이다. 그리스도가 확장된 것이 교회라는 뜻이다. 그것은 그리스도가 완성된 것을 의미한다. 당신의 육신의 몸이 당신의 머리를 보완해서 완성하는 것처럼 교회가 '그리스도를 가득 채워' 완성됨을 뜻한다. 말하자면, 교회는 예수 그리스도의 남아 있는 부분the rest of Jesus Christ이라 할 수 있다.

그래서, 머리와 몸은 분리될 수 없다. 이 둘은 유기적으로 함께 결합하여 있다. 그들은 같은 생명을 공유하고 같은 인격체에 속해 있다. 이런 이유로, 하나님께서 자신의 아들을 보시는 시각과 몸인 교회를 보시는 시각은 같다.

그리고 그리스도와 그의 몸 사이에는 상호의존적인 관계가 있다. 몸은 머리가 생명과 양분을 공급해주고 방향을 제시해줘야만 생존할 수 있다. 머리는 몸에 의해 표현되어야 그 모습을 확실히 드러낼 수 있다. 재차 강조하자면, 이 둘은 분리될 수 없다.

오늘날 기독교 신앙의 가장 큰 문제 중 하나는, 내 생각엔, 그리스도인들이 이 세상에서 개별적으로 빛과 소금의 역할을 감당하도록 배웠다는 사실이다. 우리는 개인적으로 그리스도를 위해 이 세상을 변화시키도록 가르침을 받았다. 우리 개개인에게 하나님나라의 요원으로 활약할 의욕이 넘치고

있다.

'교회'는 교육 받고 도전받으려고 다니는 장소로 그 정의가 바뀌어, 거기서 훈련받고 나가서 개별적으로 더 나은 신앙생활을 하도록 돕는 기관이 되어버렸다. 유감스럽게도, 현대 기독교가 강조하는 개인적인 신앙은 공동체적인 하나님의 주된 목적을 짓밟고 가려버렸다. 이 문제의 심각성을 희석시키기 위해, 우리는 성경을 읽고, 공부하고, 해석하는 개인적인 시각을 물려받았다.

그리스도의 충만이 그리스도인 개인이 아님을 주의 깊게 살펴보라. 그것은 교회, 곧 에클레시아이다. 그리고 성경 대부분이 개인이 아닌 집합적인 사람들에게 쓴 것임을 눈여겨보라. 당신이 가진 신약성경의 상당한 부분이 그리스도인 공동체들에게 쓴 것임을 잊지 말라.

우리 새로운 종족은 공동체 안에서 살고, 일하고, 활동한다. 우리는 함께 식민지를 이루고 있다. 따라서 이 시대에 절실히 요구되는 것은 그리스도인들이 함께 모이는 방식을 배우는 것이다. 그리고 그들이 사는 곳의 삶을 나누는 공동체에서 그리스도를 구체적으로 표현하는 방식을 배우는 것이다. 그리스도인의 삶은 당신이나 나에 관한 것이 아니다. 그것은 우리에 관한 것이다. 그리고 이것이 바로 교회이다.

그리스도 중심성

하나님은 자신의 아들이 만물 가운데 근본이 되고, 우위를 차지하고, 으뜸이 되기를 원하신다.골1:18 우리가 그리스도인으로서의 우리 종족에 충실하다면, 우리는 예수 그리스도를 우리의 중심이 되게 할 것이다. 이것이 무슨 경건한 미사여구가 아니다. 그것은 심오할 정도로 실질적이다.

그리스도의 중심성의 예를 들고자, 주님께서 나의 친구 마이크 브로디에게 주신 이야기를 하나 소개하고자 한다. 그 이야기는 이렇게 전개된다.

해마다 마리아와 성령과 성경이 함께 모여 눈물을 흘렸다. 울다가 마리아가 말하기를, "나는 주님을 이 세상에 모시고 왔습니다. 주님께 이 땅의 삶을 드렸습니다. 그런데 사람들은 나를 경배하고 내 아들로부터 영광을 빼앗아버렸습니다."

그러자 이어서 성령이 말씀하셨다. "나는 나에 대해 말하려고 오지 않았고, 나 자신을 드러내기 위해 오지도 않았다. 나는 주님을 드러내고자 왔다. 나는 주님을 드높이고 주님께 영광으로 돌리려고 왔다. 그런데 사람들은 나를 중심에 놓아버렸다."

마지막으로, 성경이 울면서 말했다. "나는 사람들을 주님께로 향하게 하고, 주님을 증거하기 위해 왔습니다. 주님을 알게 해주려고 왔습니다. 그런데 사람들은 나를 우상화시켜 버렸습니다."

요점

믿는 자들의 무리가 예수 그리스도를 그 중심에 놓을 때, 주님이 그들의 대화와 나눔과 사역과 모임과 노래찬양, 그리고 그들의 삶 속에서 묻어나 드러나게 된다.

수많은 현대 교회들 안에서, 교리와 특정한 신학과 카리스마 넘치는 사람과 특별한 활동과 사역이 그 중심에 서서 그리스도보다 우위를 차지하고 있다. 이것을 꼭 기억하라. 그리스도가 아닌 다른 어떤 것이 중심을 차지하는 것은 새로운 종족에 대한 배신이다.

그리스도의 머리 되심

예수 그리스도는 그분의 교회의 실질적인 머리이시다. 엡1:22~23; 골1:18 그가 모든 것을 주관하는 중심이다. 그는 모든 권위를 독점하는 분이다. 그는 또한 교회에 생명을 공급하시는 근원이다. 어떤 남자도 아니고, 여자도 아니고, 인간 지도자도 아니다. 오직 그리스도 그분뿐이다.

그리스도의 머리 되심은 주님이 때때로 반복해서 말씀하셨던 '하나님나라'에 관한 집중 훈련으로 우리를 밀어 넣는다. 나는 종종 교회와 하나님나라를 떼어놓는 것에 비애를 느낀다. 그러나 이 둘은 떼어놓을 수 없이 연결되어 있다.

하나님나라는 하나님의 통치이다. 그리고 그것은 예수 그리스도의 주권 아래 놓여있다. 하나님나라는 왕의 공동체인 교회를 만들어낸다. 이에 교회는 하나님나라의 지배와 통치에 복종한다. 그렇게 해서, 교회는 이 땅에서 하나님나라를 표현하고, 대표하고, 번성시킨다.

제대로만 이해한다면, 교회는 하나님의 생명을 소유한 믿는 자들의 공동체이다. 이 공동체는 기쁨으로 예수 그리스도를 왕좌에 올려 드리고 이 세상에서 그분의 주권적인 통치를 실현해서, 결국 내세의 복을 지금 여기에서 누리게 된다. 롬14:17; 히6:5

복음서들에 의하면, 예수님이 주된 사상은 '가까이' 다가온 하나님나라였다. 마3:2, 4:17, 10:7; 막1:15; 눅21:31 사도행전은 이 사상을 이어받아 하나님나라가 예루살렘에서 어떻게 소개되었고 어떻게 로마까지 퍼졌는지를 얘기하고 있다. 행1:1~3, 28:23,31

하나님나라는 이중성을 가진 실체이다. 그것은 '이미'이고 또 '아직'이다. 하나님나라는 현재이다. 마11:11~12, 12:28, 21:31, 23:13; 막10:15; 눅16:16, 17:20~1; 요3:3; 롬14:17 그러나 동시에 하나님나라는 미래이다. 마7:21, 8:11~12, 13:41~43; 막10:23, 14:24~25; 눅12:32; 고전15:50; 벧후1:11; 계11:15

하나님나라는 오늘이자 또 내일이기도 하다. 그 나라는 이미 왔고 또 오고 있다.

사실상, 미래의 세계에 속한 하나님나라가 지금 이 땅에 존재하고 있다. 비록 그것이 미래의 실체이지만 말이다. 그리스도의 오심으로 미래의 세계에 속한 하나님나라가 현세로 침투해 들어왔다. 그리고 하나님의 통치가 도래했다.

따라서 교회는 그리스도의 왕권 아래 사는 공동체이다. 그것은 하나님나라의 생명에 의해 살아가며 함께 그 나라를 드러내는 공동체이다. 말하자면, 몸의 지체들이 그리스도와 함께 영적인 부활을 경험해서 이제 죽음에서 살아난 자들로서 살아가는 공동체가 바로 교회이다. 그렇게 해서, 그들은 미래가 현존하는 가운데에서 살아가고 있다.

제대로 역할을 수행한다면, 교회는 악한 세상에서 하나님나라를 미리 맛보고, 하나님나라를 먼저 실현하게 될 것이다. 하나님나라는 이 세상의 인간의 권세를 멸망시키려는 것이 아니다. 요18:36 그 대신, 하나님나라는 하나님의 권위로 영의 세계에 있는 통치자들과 권세들을 멸망시킨다.

하나님나라는 인간적인 노력으로 정치적 질서를 바꾸려 하지 않는다. 그 나라는 사람들의 삶에 더 깊게 파고들어 영향을 주는 영적 질서를 바꿔버린다. 하나님나라의 시민으로서 우리는 이 땅의 정치세력에 충성을 바치지 않고, 예수님의 통치에 복종한다. 왜냐하면, 예수님만이 홀로 우리의 주님과 우리의 왕이 되시기 때문이다.

그러므로 하나님나라는 사람들 속에서 조용하게 그리고 비밀리에 움직인다. 마4:26~28 그 나라는 종교적이거나, 정치적이거나, 군사적인 힘이 아니다. 즉, 강압적인 권력이 아니다. 그 나라는 폭력과 미움과 부정을 혐오한다.

하나님나라는 씨를 심는 사람과 많이 비슷하다. 그 나라의 성패는 씨가 심겨지는 토양의 성분에 달렸다. 그 나라는 겨자씨처럼 성장이 더디고 감지하기가 쉽지 않다. 하지만, 언젠가는 그 나라가 놀라운 능력과 영광으로 그 모습을 드러내게 될 것이다. 하나님나라가 오늘날 성취되었고 또 아직 완성되기를 기다리고 있다는 사실은 실로 미스터리이다. 마13:11; 막4:11; 눅8:10

하나님나라의 선포

하나님나라를 선포하는 것은 바울의 메시지의 중심이었다. 행14:21~22, 19:8, 28:30~31 그는 그의 편지들에서 종종 하나님나라에 대해 언급했다. 갈5:21; 살전2:12; 살후1:5; 딤후4:1,18; 고전4:20, 6:9~10, 15:50; 롬14:17; 골1:13, 4:11; 엡5:5 그렇지만, 바울의 편지들이 우선으로 이방인 독자들을 위해 기록되었으므로, 하나님나라에 관한 것보다는 그리스도의 주님 되심에 관해 더 많은 부분을 할애했다.

바울에게 있어 예수님의 주님 되심은 하나님나라의 동의어이다. 아울러, '통치', '다스림', '위엄', '주 예수 그리스도', '왕 중의 왕', '만 주의 주', '머리이신 그리스도', '내세' 같은 성경적 용어는 하나님나라를 묘사하고자 신약성경의 저자들이 손쉽게 사용한 말들이다.

아담이 타락한 이래로, 이 땅은 약탈자인 사단의 통치 아래 들어갔다. 마4:8~9; 요12:31, 14:30, 16:11; 고후4:4; 엡2:2; 요일5:19 예수 그리스도께서 마지막 아담으로 오셔서 이 땅을 되찾고 하나님의 주권적인 통치 아래 놓으셨다. 창1:26~28; 히2:14; 고전15:45

초기 교회는 이 사실을 이해했다. 그리고 그 결과, 그리스도께 통치권과 주권을 드려서 그분이 주님과 머리가 되시게 했다. 개인적으로만 아니라, 더 중요하게, 각 지역에서 함께 모여 그리스도 안에서 삶을 나누는 사람들에게 그리스도는 주님이요 머리이시다.

교회가 집합적으로 예수 그리스도를 왕좌에 올려 드릴 때 하나님나라는 이 땅에 널리 퍼져 나간다. 그리고 하나님 아버지의 보이지 않는 통치가 눈에 보이는 형태로 나타나 활발하게 이루어진다. 하나님께서 오늘날 이루고자 하시는 것이 바로 이것이다. 하나님나라를 이 땅 위에 세우시는 것이다. 그러나 이것이 되려면 그들이 사는 곳에서 함께 삶을 나누는 지역 공동체의 사람들이 요구된다.

헬 밀러는 다음과 같이 말했다. "새 창조가 이미 옛 창조 안에 임하여 있지만, 아직 총체적인 완성을 기다리고 있다. 이 새 창조는 단순히 인간의 고쳐진 버전이 아니다. 그것은 창조 질서 전체를 궁극적으로 새롭게 만들게 될 과정의 첫 걸음을 뗀 것이다."

바울은 갈라진 우리 인류가 그리스도와 연합되고, 소외된 우리 인류가 하나님과 화목하게 되어, 그 연합에서 새로운 인류가 창조되어 나올 것을 내다봤다. 이것이 바로 교회이다.

한 새 사람

하나님의 영원한 목적은 '한 새 사람'을 창조하는 것이다. 헬라어 학자들은 에베소서 2:15의 '새로운new'이라고 번역된 단어가 이전에 존재한 적이 없는 본질적으로 다른 어떤 새로운 종류의 것을 의미한다는 것을 밝혀냈다. 그러므로 '한 새 사람'은 이 땅에 한 번도 등장한 적이 없는 새로운 본질을 가진 인류이다. 새로운 인류를 묘사해주는 아래의 구절들을 주목하라.

너희는 하나님이 택하사God's chosen people 거룩하고 사랑받는 자처럼 _골 3:12

그 기쁘신 뜻대로 우리를 예정하사 예수 그리스도로 말미암아 자기의 아들
들이 되게 하셨으니 _엡 1:5

그러므로 이제부터 너희는 외인도 아니요 나그네도 아니요 오직 성도들과
동일한 시민이요 하나님의 권속이라 _엡 2:19

이는 우리가 서로 지체가 됨이라 _엡 4:25

우리는 그 몸의 지체임이라 _엡 5:30

이는 이 둘로 자기 안에서 한 새 사람을 지어 화평하게 하시고 _엡 5:15

거기에는 헬라인이나 유대인이나 할례파나 무할례파나 야만인이나 스구디
아인이나 종이나 자유인이 차별이 있을 수 없나니 오직 그리스도는 만유시
요 만유 안에 계시니라 _골 3:11

에클레시아는 그리스도께서 '만유이시고 만유 안에' 계신 새로운 인류이
다. 사실, 이 한 새 사람은 예수 그리스도머리이고 또 그분의 몸교회이다. 교
회가 다른 인류와 함께 합쳐졌다는 오해는 하지 않기를 바란다. 절대 그렇
지 않다. 교회는 유대인과 이방인, 남자와 여자, 종과 자유인을 포함하지
않는다. 교회는 완전히 새로운 종족이다. 모든 이 땅의 차별은 교회의 울타
리 안에서 소멸하였고 지워졌다. 하나님께서 대적관계에 있던 유대인과 이
방인의 두 진영을 모두 없애시고 그들을 한 새 사람으로 재창조하셨다.

우리 그리스도인들이 우리의 종족에 충실하면 더는 옛 창조의 구분에 의

해 서로 나뉘지 않게 될 것이다. 교회 안에서는 인종과 성별과 사회적 지위와 국적 등의 구분이 있을 수 없다. 우리는 한 몸으로 주님과 연합되었다. 그리스도의 십자가가 옛사람에 속한 육신적인 차별을 영원히 소멸시켜버렸다. 골1:20, 2:14~19; 엡2:14~15 따라서 살아계신 하나님의 교회는 새로운 사회적 실체이다. 교회는 타고난 인간의 본성과는 전혀 다른 본능에 의해 살아가는 반문화적 공동체 a countercultural community이다.

중요한 것은, 교회에 대한 이런 이해가 그리스도인들이 자신을 다른 형제들과 분리시키려고 쌓아놓은 모든 담을 부숴버린다는 사실이다. 그리스도께서 우리를 받으셨기 때문에 우리도 하나님의 마음으로 서로 받게 된다. 왜냐하면, 주님께서 우리를 같은 몸 안에 두셨기 때문이다.

> 그러므로 그리스도께서 우리를 받아 하나님께 영광을 돌리심과 같이 너희도 서로 받으라 _롬 15:7

나는 그리스도인으로 살아오면서, 다양한 지도자와 교리와 신학에 너무 집착한 나머지, 자신들의 주장과 다른 견해를 가진 교회의 지체들과의 교제를 거부하는 신자들을 만나곤 했다. 좀 불쾌하게 들릴 수도 있겠지만, 그들의 태도는 본질적으로 "당신이 존 캘빈을 마음으로 받아들이지 않는다면, 당신은 구원받을 수 없고 나는 그런 당신과는 교제할 수 없소."라고 하는 것과 매한가지다. 위의 문장에 어떤 기독교 지도자의 이름이든지 또는 잘 알려진 어떤 교리든지 마음대로 집어넣어도 좋다.

이 얼마나 주님께 부끄러운 일인가? 예수 그리스도는 온 우주에서 가장 통합적인 존재이다. 골1:20; 엡1:10 우리의 교제 바탕은 단 하나, 오직 그리스도뿐이다. 우리가 그리스도를 받아들였다면 우리는 서로 받아들여야 한다.

그렇지 않으면, 우리 스스로 우리 자신의 종족에게 폭력을 가하는 꼴이 될 것이다. 그리고 우리 주님께서 고통을 당하고 죽으시기까지 하면서 헐어버리신 분리의 장벽을 도로 쌓는 꼴이 될 것이다. 엡2:14~15

두 가지 위대한 미스터리

이 단원을 마무리하면서, 바울이 골로새서와 에베소서의 대부분을 할애하며 드러내고자 했던 영원의 미스터리신비 또는 비밀에 대해 다시 살펴보자.

> 이는 그들로 마음에 위안을 받고 사랑 안에서 연합하여 확실한 이해의 모든 풍성함과 하나님의 비밀인 그리스도를 깨닫게 하려 함이니 _골 2:2

> 하나님이 그들로 하여금 이 비밀의 영광이 이방인 가운데 얼마나 풍성한지를 알게 하심이라 이 비밀은 너희 안에 계신 그리스도시니 곧 영광의 소망이니라 _골 1:27

> 그것을 읽으면 내가 그리스도의 비밀을 깨달은 것을 너희가 알 수 있으리라 이제 그의 거룩한 사도들과 선지자들에게 성령으로 나타내신 것 같이 다른 세대에서는 사람의 아들들에게 알리지 아니하셨으니 이는 이방인들이 복음으로 말미암아 그리스도 예수 안에서 함께 상속자가 되고 함께 지체가 되고 함께 약속에 참여하는 자가 됨이라…이는 이제 교회로 말미암아 하늘에 있는 통치자들과 권세들에게 하나님의 각종 지혜를 알게 하려 하심이니 _ 엡 3:4~6,10

성경에는 두 개의 위대한 미스터리가 있다. 이 둘은 같은 실체의 양면이다. 골로새서는 하나님의 모든 충만이며 표현인 그리스도, 곧 '하나님의 미스터리'를 밝히 드러낸다. 에베소서는 교회, 곧 '그리스도의 미스터리'를 밝히 드러내고 있다.

베드로나 바울 같은 '거룩한 사도들'은 이 세상에 그리스도의 미스터리를 알게 해주었다. 특히 그들은 다음과 같은 놀라운 진리를 밝혀주었다. 수천 년 동안 사단의 도구로 전락하여 모든 세대에 걸쳐 하나님의 선택된 백성을 멸망시키는데 이용당했던 악한 열방이방인들이, 하나님의 지혜로 언젠가는 전능하신 하나님의 상속자가 되고 하나님의 대적을 물리치는 그리스도의 몸으로 인도될 것이다. 타락한 천사들에게 일격을 가한 이 얼마나 통쾌한 장면인가? 무너져가는 사단의 왕국이 당하고만 이 얼마나 수치스런 일인가? 그리고 하나님의 흠 없는 지혜가 드러낸 이 얼마나 대단한 능력인가?

머리이신 그리스도는 하나님의 위대한 미스터리이다. 유대인과 이방인을 한 새 사람으로 연합시킨 몸으로서의 그리스도는 그리스도의 위대한 미스터리이다.

당신과 내가 그리스도를 알고, 그리스도에게서 듣고, 그리스도를 만지고, 그리스도를 보고, 그리스도를 즐기고, 그리스도의 충만을 경험하기를 원한다면, 우리는 살아 숨 쉬는 그리스도의 몸 안에서 표현되는 그리스도를 찾게 될 것이다. 왜냐하면, 하나님의 부르심에 의해 생겨난 교회가 보이지 않는 그리스도의 보이는 형상이기 때문이다. 그리스도가 하나님의 임재 그 차체인 것처럼 오늘날 교회도 그리스도의 임재 그 자체이다. 디에트리히 본회퍼가 말했듯이, 제대로 역할을 수행하는 교회는 '공동체로 존재하는 그리스도'이다.

따라서 예수님의 생명은 이 땅에서 끊어지지 않았다. 교회는 자유롭게 놓이기만 하면 어디서든지 지금 여기에서 그리스도를 눈에 보이게 드러내는 존재이다. 그리스도는 그리스도인 공동체 안에 임재해 있다.

그러므로 내가 누구인지, 그리고 그리스도가 누구인지를 아는 것은 나와 다른 그리스도인들 간의 관계에 달렸다. 당신과 나는 공동체 안에서 온전한 사람이 된다. 하나님께서 의도하신 것은 절대로 구원받은 개인들의 무리가 아니다. 하나님의 의도는 언제나 이 지구상의 방방곡곡에 공동체로서 존재하는 새로운 인류, 새로운 사회, 새로운 문명이다.

이런 놀랍고 영광스럽고 경이로운 그리스도께서 교회 안에 집합적으로 거하신다. 그래서, 그리스도의 몸의 총체적인 목표는 내주하시는 하늘의 주님을 드러내어 보여주는 것이다. 그리고 이것이 바로 하나님의 영원한 열정이다. 이제 이것이 오늘날 어떤 모습인지 알아보도록 하자.

Chapter 27
새로운 종족은 오늘날 어떤 모습일까?

> 나라가 임하시오며 뜻이 하늘에서 이루어진 것 같이 땅에서도 이루어지이다 _
> 마 6:10

하나님의 영원한 목적을 그린 대하드라마는 신부와 집과 몸과 가족을 중심으로 펼쳐져 있다. 이 네 가지 요소들이 성경의 위대한 이야기를 엮어내고 있다. 하나님의 계획the Mission Dei은 이 요소들 하나하나에 의해 싸여있다.

하나님의 계획은 신학적인 이해 그 이상을 요구한다. 실질적인 경험이 요구된다는 말이다. 주님은 이 지구상의 방방곡곡에 신부와 집과 몸과 가족을 구체적으로 실현할 사람들을 원하신다.

이 단원에서 나는 실질적인 질문에 대해 간략하게 살펴보고자 한다. 그것은 지역 교회가 하나님의 꿈, 곧 하나님의 영원한 목적이 영원에서 지상으로 옮겨지는 것을 이룰 때 어떤 모습으로 나타날지에 관한 질문이다.

교제

교회는 그리스도의 신부로서 교회 안에 내주하시는 하늘의 신랑과 교제

하고, 그분을 사랑하고, 그분을 높이고, 그분을 친밀하게 알도록 부르심을 받았다.

신부로서의 교회를 제대로 이해하는 교회들은 주님과의 영적 교제에 시간과 관심을 쏟는다. 이런 교회는 예배하는 것은 기본이고, 주님을 찾고, 주님을 사랑하고, 주님과 대화하고, 주님을 만나는 것을 중심으로 움직인다.

물론 사랑이 충만한 교제를 위한 방법은 무궁무진하다. 기도여러 형태의 기도, 묵상명상, 노래로 예배함, 주님의 만찬, 성경을 통한 주님과의 대화 등.

그런 수단들은 교회의 지체들 개인뿐만 아니라 공동체적으로 또는 소그룹에서 실행될 수 있다.

매주 형제들이 짝을 이루고 자매들이 짝을 이루어 함께 주님을 찾는 교회를 상상해보라. 때론 서너 명 또는 그 이상이 그룹을 이뤄 주님을 찾을 수도 있다. 그들이 그룹을 지어 무엇을 하고 있는가? 그들은 그리스도로 하여금 그들을 사랑하게 하고, 그들이 받은 그리스도의 사랑을 다시 그분께 돌려드리는 것이다.

그들은 또한 하나님의 생명으로 사는 법을 배우고 있다. 교회는 그리스도의 생명에 의해 살아간다. 예수 그리스도는 신부의 생명의 근원이다. 하나님의 목적은 그리스도인들이 그들 안에 내주하시는 하나님의 생명에 의해 사는 것이다. 이것은 배워야 하고 또 실천되어야 할 성질의 것이다.

신부로서의 교회는 그런 삶을 탄탄한 실체로 만들어준다. 사실, 이렇게 신부로서의 교회를 아는 것은 교회의 모든 활동을 주장하는 엔진과 같은 역할을 한다. 교회를 움직이고, 교회에 에너지와 생명을 공급해주는 것은 그리스도에게서 받은 사랑과 그리스도를 위한 사랑이다.

신부로서의 교회를 아는 것은 피상적인 것이 아니다. 그것은 교회의 생명과 사명의 중심을 차지하는 것이다.

집합적인 표현

교회는 믿는 사람 각자의 섬김을 통해 하나님의 생명을 표현하기 위해 정기적으로 함께 모이도록 부르심을 받았다. 그것은 어떤 모임인가? 수동적인 청중 앞에서 몇몇 사람만 순서를 진행하는 종교적 집회가 아니다. 그것은 교회의 각 지체가 제사장으로서의 역할을 수행하고, 누구나 참여할 수 있는 분위기에서 살아계신 하나님을 섬기고 표현하는 열린 모임이다.고전 14:26; 벧전2:5; 히10:24~25

하나님은 모든 그리스도인 안에 사시고, 우리가 하나님께로부터 받은 것을 교회와 함께 나눌 수 있도록 각 사람을 감동시키신다. 1세기 때는 그리스도인 모두가 공동체 앞에서 말할 수 있는 자격과 특권을 갖고 있었다. 이것은 믿는 자들 모두가 제사장이라는 신약성경의 진리를 실질적으로 표현하는 것이다.

누구나 참여할 수 있는 열린 교회모임은 초기 교회의 일반적인 모임이었다. 그럼 그렇게 하는 목적은 무엇이었는가? 교회 전체를 바로 세워서 몸의 지체들을 통해 하늘에 있는 통치자들과 권세들 앞에 주님이 표현되고, 나타나고, 드러나게 하기 위함이다.엡3:8~11

오늘날, 많은 교회가 대다수의 수동적인 청중 앞에서 몇몇 사람만 순서를 진행하는 그런 예배에 전념하고 있다. 그러나 그런 예배로는 그리스도의 몸의 모든 지체들의 역할을 통해서 그리스도가 표현되는 것을 경험할 수 없다.

더구나, 그런 예배는 머리이신 그리스도를 표현할 수 없다. 왜냐하면, 그리스도께서 그분의 영에 의해 모임을 주도하실 수 없게끔, 인간 지도자들이 순서와 참여자와 시간까지 다 정해버리기 때문이다.

　모든 교회들이 하나님의 집의 각 지체가 자유롭고 질서 있게 자신의 역할을 수행할 수 있는 창구를 가지는 것이야말로 지극히 자연스런 일이다. 거기서 그리스도인 각 사람이 하나님께 영적인 제사를 드리고 그리스도의 몸을 섬기게 되는 것이다. 그런 모임들을 통해서 그리스도 안에 계신 하나님이 눈에 보이게 드러나고 교회 전체가 세워지게 된다.

　교회를 이런 차원으로 아는 것은 피상적인 것이 아니다. 그것은 교회의 생명과 사명의 중심을 차지하는 것이다.

공동체적인 삶

　교회가 제대로 세워진다면, 그것은 하나님나라의 삶을 이 땅에 드러내고자 하늘에서 내려온 식민지이다.

　교회는 전혀 다른 삶의 방식과 가치관과 대인관계에 의해 미래에 올 하나님나라의 반문화적 전초기지a countercultural outpost로서 살아간다. 그 나라는 궁극적으로 '물이 바다를 덮음 같이' 온 땅을 충만하게 덮을 것이다.

　하나님의 영원한 목적은 예수 그리스도의 주권 아래 우주 만물을 화목하게 하는 것이다. 골1:20; 엡1:10 왕의 공동체인 교회는 그렇게 화목해진 걸작품으로서, 그리고 화목해질 우주 만물의 시험적인 기획으로서 이 땅에 존재하는 것이다. 그러므로 교회 안에서 유대인과 이방인을 갈라놓는 담이 허물어졌고, 모든 인종과 문화와 성별의 담들도 무너져버렸다. 갈3:28; 엡2:16 교회는 이제 삼위일체 하나님의 공동체를 반영하는 이 땅의 새로운 인류로 살아가며 활동하게 되었다.

　따라서 이 세상 사람들이 각기 다른 문화와 인종이 섞인 그리스도인 무리가 서로 사랑하며 돌보고, 다른 사람들의 필요를 채워주는 것을 볼 때, 그리고 이 세상의 풍조참된 주님이신 예수 그리스도 대신 다른 신들을 섬기는 것에 역행하며 사는 것을 볼 때, 그들은 지금 이 땅에서 펼쳐지는 미래의 하나님나라의 삶을 보게 되는 것이다. 스탠리 그렌츠가 말한 대로, "교회는 선구자적인 공동체이다. 그것은 자신의 창조세계를 위해 뭔가를 간직하고 계신 미래의 하나님을 향하고 있다."

로마제국을 뒤흔들어놓은 '나라 공동체'가 바로 이것이다. 여기에 그들이 있다. 기쁨을 소유한 사람들, 서로 깊이 사랑한 사람들, 합치된 의견에 따라 의사결정을 하는 사람들, 자신들의 문제를 스스로 해결하는 사람들, 그 안에서 결혼하는 사람들, 서로의 재정적 필요를 채워주는 사람들, 그리고 그 안에서 장례를 치러주는 사람들.

이 공동체는 미래가 현존하는 가운데에서 살고 있었다. 이 교회 공동체는 예수 그리스도께서 홀로 주장하실 미래의 하나님나라의 모습을 이 세상에 보여주었다.

교회의 충성은 새로운 황제(Caesar)인 주 예수님께만 독점적으로 바쳐졌고, 교회는 그분의 통치에 의해 살았다. 그 결과, 이방인 이웃들의 반응은 "보라, 그들이 서로 얼마나 사랑하는지를!"이었다.

우리는 서구 교회가 형편없는 개인주의와 독립주의로 우상화시킨 세대를 살고 있다. 따라서 많은 현대 교회들은 하나님의 가족을 구체적으로 실현하는 진정한 공동체라 할 수 없다. 오히려, 그런 교회들은 GM 자동차회사나 로터리클럽처럼 운영되는 제도화된 조직이라 할 수 있다.

교회의 영적 DNA는 언제나 그 안의 지체들을 생명력 있는 진짜 공동체로 인도할 것이다. 그것은 언제나 성령의 역사를 통해 그리스도인들로 하여금 예수 그리스도의 생명과 가치를 드러내는 나눔의 삶을 살도록 인도해줄 것이다. 말하자면, 하나님의 가족으로서 살게 해줄 것이다.

이렇게 해서, 교회는 삼위일체 하나님의 보이는 형상이 된다. 성령을 통한 하나님 아버지와 하나님 아들의 교제에 참여함으로, 교회는 하나님의 사랑을 공중 앞에 드러내게 된다. 이 땅에서 현실 속에 실지로 드러난 하나님의 가족이 되는 것이다.

하나님의 가족으로서의 교회는 피상적인 것이 아니다. 그것은 교회의 생명과 사명의 중심을 차지하는 것이다.

위임된 사명

우리가 이미 살펴본 바와 같이, 예수 그리스도는 승천하실 때 이 땅에서 자신의 생명과 사명을 이어갈 몸을 통해 자신을 드러내고자 하셨다. 교회는 그리스도의 몸으로서 자신을 돌보는 것은 물론, 교회 주위의 세상에도 관심을 둬야 한다. 예수님께서 이 땅에 계셨을 때처럼 말이다.

초기 그리스도인들이 가난한 사람들을 어떻게 돌보고, 어떻게 고통당하는 사람들 편에 서서 도와주고, 기근이나 재앙에 죽어가는 사람들의 필요를 어떻게 채워주었는지를 역사는 증명하고 있다. 말하자면, 초기 그리스도인 공동체들은 고통받는 교회 주변의 이웃들에게 관심을 두고 그들을 돌봐주었다.

1세기 때는 재앙이 닥쳐서 도시 전체를 휩쓸게 되어 시민들이 즉시 그곳을 피한 적이 한두 번이 아니었다. 심지어는 사랑하는 가족들을 죽게 놔둔 채 떠난 경우도 비일비재했다. 의사들마저도 다 떠나버렸다. 그때 거기 남아서 미처 피하지 못한 사람들을 돌봐주고, 그들의 필요를 채워주었던 사람들은 그리스도인들이었다. 그 와중에 죽은 그리스도인들도 있었다.

이교도인 어떤 로마 황제는 이교 신전들이 점점 신자들을 잃고 텅텅 비어가는 것을 보면서 다음과 같이 공개적으로 한탄했다. "그리스도인들이 그들 안의 어려운 사람들뿐만 아니라 우리까지도 돌보고 있으니 어쩐단 말인가!"

사도행전과 바울의 편지들, 그리고 베드로와 야고보와 요한의 편지들은 교회가 이 세상을 어떻게 돌봤는지에 대한 실례들과 권면들로 가득하다. 이 특정한 주제는 신약성경 전체에 펼쳐져 있다. 이것들을 모두 다 인용하려면 책 한 권이 더 필요할지도 모른다.

요약하자면, 초기 교회들은 예수 그리스도의 이 땅의 사역을 그들이 이어 받은 것이라고 이해했다. 그리스도께서 어제나 오늘이나 영원토록 동일하시다는 것을 제대로 이해했던 것이다. 히13:8

이런 사역은 누가복음 4:18~19에서 이미 선포되었다. "주의 성령이 내게 임하셨으니 이는 가난한 자에게 복음을 전하게 하시려고 내게 기름을 부으시고 나를 보내사 포로 된 자에게 자유를, 눈먼 자에게 다시 보게 함을 전파하며 눌린 자를 자유롭게 하고 주의 은혜의 해를 전파하게 하려 하심이라"

우리는 사도행전 10:38에서 다시 이런 사역을 만나게 된다. "하나님이 나사렛 예수에게 성령과 능력을 기름 붓듯 하셨으매 그가 두루 다니시며 선한 일을 행하시고 마귀에게 눌린 모든 사람을 고치셨으니 이는 하나님이 함께 하셨음이라"

예수님은 그의 공생애를 통해서 하나님나라가 무엇인지를 보여주셨다. 즉, 소외된 사람들을 사랑하시고, 압제당하는 사람들을 받아 주시고, 병든 사람들을 고쳐주시고, 문둥병자들을 깨끗게 하시고, 가난한 사람들을 돌보시고, 귀신들을 내쫓으시고, 죄를 용서하시는 등의 사역으로 그 나라를 드러내셨다.

당신이 예수님의 기적들을 파헤쳐보면, 모든 기적들 밑에 있는 공통분모를 발견하게 될 것이다. 그 공통분모는 예수님께서 사람들의 고통을 덜어

주시고 미래의 하나님나라의 모습이 어떤지를 보여주신 것이다.

예수님께서 기적을 행하셨을 때 그것은 저주의 흐름이 역전되었다는 사실을 드러내신 것이다.

예수님의 사역 속에서 얼마의 미래가 현재로 침입해 들어왔다.

예수님은 인간의 고통이 깨끗이 사라지고 평화와 정의와 자유와 기쁨이 있는 미래의 하나님나라를 구체적으로 실현하셨다.

이 세상에 있는 예수님의 몸인 교회는 이런 사역을 수행하는 것이다. 교회는 앞으로 올 하나님나라의 표지판으로 이 땅에 서 있다. 교회는 예수 그리스도가 오늘날 세상의 주님이라는 사실에 따라서 살아가고 활동한다. 교회는 미래가 현존하는 가운데에서 살고 있다. 이미 도래한 하나님나라와 아직 오지 않은 하나님나라 사이에서 살고 있는 것이다.

이런 이유로, 교회는 지금 하나님나라를 선포하고 구체적으로 실현하는 사명을 받았다. 그것은 옛 창조 안에 얼마의 새 창조를 드러내고, 이 땅에 얼마의 하늘나라를 나타내는 사명이다. 즉 교회는 하나님의 명령이 떨어질 때 하나님나라가 어떤 모습일지를 이 세상에 표현함으로 그 사명을 감당하는 것이다.

교회의 사명에 있어 이런 차원은 교회가 그 안에 내주하시는 그리스도를 밖의 사람들에게 어떻게 나타낼 것인지에 달려있다. 그것은 교회가 그리스도를 이 세상에 어떻게 드러낼 것인지에 달렸다는 말이다.

예수님은 이 땅에서의 사역을 통해 이스라엘의 사명을 성취하셨다. 창 18:18 그리고 예수님께서 부활하신 후에 교회에 사명을 주셔서 예수님의 사역을 이어가도록 하셨다.

그러므로 교회는 원래 이스라엘이 받았던 사명을 성취시키기 위해 존재한다. 그것은 '천하만민이 복을 받는 것'이고, '가난한 자들에게 좋은 소식

복음'이 전파되는 것이고, '이방의 빛'이 되는 것이다.창22:18; 사49:6, 52:7

교회는 새로운 이스라엘로서 이 땅에 존재한다.갈6:16 그리고 교회는 이 땅에서 사셨던 예수님이 지금 교회의 지체들 속에 거하시는 바로 그분임을 보여준다.

교회를 이런 차원으로 아는 것은 피상적인 것이 아니다. 그것은 교회의 생명과 사명의 중심을 차지하는 것이다.

요약

그렇다면, 지역 교회가 어떻게 영원한 목적을 수행할 것인가?

아주 간단히 말해서 예수 그리스도의 신부로서 주님을 사랑함으로, 그리고 내주하시는 그리스도의 생명으로 사는 것을 배움으로 그 목적을 수행한다교제. 하나님의 집의 제사장의 역할과 그리스도의 몸의 지체로 참여함에 의해 예수님을 표현하도록 지체들을 세워서 그 목적을 수행한다집합적인 표현. 깨어진 세상에 하나님나라의 모습을 눈에 보이게 드러내어 하나님의 가족으로서의 나눔의 삶을 살아감으로 그 목적을 수행한다공동체적인 삶. 그리고 첫 번째 아담이 에덴동산에서 받았던 사명인 이 땅에서 하나님의 형상을 나타내고 하나님의 권위를 실행함으로 그 목적을 수행한다.위임된 사명

그렇다면, 하나님께서 보시고자 하는 결말은 무엇인가? 하나님의 위대한 계획은 무엇인가? 그것은 삼위일체이신 하나님의 공동체의 생명과 사랑이 확장되는 것이다. 그것은 이 땅 위에 삼위일체 하나님의 교제가 연장되어 드러나게 되는 것이다. 이것이 복음전파의 목표이다. 이것이 모든 교회 활동의 목표이다. 이것이 하나님의 꿈이고, 하나님의 영원한 목적이다. 하나님에 의해 성취되고, 하나님을 통해 이루어지고, 하나님에게로 바쳐지는 신부와 집과 가족과 몸을 얻기 위함이다.

하나님나라예수 그리스도의 주권과 동등하다고 할 수 있는가 지향하는 결말도 마찬가지이다. 이것은 이 세상을 향한 교회와 하나님의 계획에 새로운 관점을 우리에게 부여해준다. 그리고 그 관점은 교회가 이 땅에서 어떻게 자신의 모습을 드러낼지를 우리로 하여금 완벽한 재조명을 할 수 있게 인도해준다.

우리가 살펴본 바와 같이, 하나님의 궁극적인 목적은 인류가 타락하기 전인 창세기 1장에서 시작된다. 타락한 후인 창세기 3장이 아니다. 이것을 이해하지 못했기 때문에 복음주의와 현대 선교운동에 근본적인 결함이 생긴 것이다. 우리는 하나님의 고동치는 심장을 만나기 위해 타락 이전으로 돌아가서 하나님의 원래 의도를 발견해야만 한다. 그렇게 될 때 모든 것이 바뀌게 될 것이다.

다음 단원에서 우리는 하나님의 영원한 목적의 중심을 보게 될 것이다. 그리고 아울러 나의 지나온 영적 여정에 대해서도 얼마큼 소개하고자 한다.

| 맺는 말 |

교회의 깊이를 찾아나선 한 사람의 여정

다 그리스도 안에서 통일되게 하려 하심이라 _엡 1:10

내 친구인 앤드류 존스와 브라이언 맥클래런은 그들이 '심층 교회론 deep ecclesiology'이라고 부른 것에 관한 글을 썼다. 이 표현은 놈 촘스키의 언어학 이론인 'deep semantics'에서 따온 것으로 보인다. 촘스키는 우리가 하는 말의 '겉의 구조' 밑에 더 깊고 더 단순한 구조가 있다고 말했다. 이것은 인간의 언어능력 안에 깊이 배어 있는 구조이다.

이와 비슷하게, 앤드류와 브라이언은 우리의 다양한 교회 모델들 밑에 우리의 역사적, 사회적 환경 안에 나타나야 할 기초적인 실체가 있다고 말했다. 이 개념이 '심층 교회론'이라고 명명된 것이다.

많은 현대 교회들의 구조 안에서 일반적으로 볼 수 있는 것보다 더 높고 더 깊은 교회의 실체가 있다는 논리에 나는 전적으로 동의한다. 말하자면, '더 깊은' 교회론이다.

이 책을 집필하는 동안에도, '심층 교회론'이라는 표현은 여전히 정립되어 가고 있다. 나는 이 주제에 관한 내 생각을 브라이언과 앤드류, 그리고 최근 교회 이론에 일가견이 있는 몇몇 사람들과 나누었다. 따라서 이 단원은 공적인 마당에서 더한층 정립되기를 바라며 시도해보는 첫 걸음으로 간주할 수 있을 것이다.

나는 교회의 기초를 이루는 실체가 다름 아닌 예수 그리스도 자신임을 확실히 믿고 있다. 교리도 아니고, 신앙의 체계도 아니고, 윤리적 교훈을 모아놓은 것도 아니다. 윤리 철학자나 사회활동가도 아니다. 생각하고 느끼고 결단하는 살아있는 인격체이다. 우리의 영혼에 내주하고 있고, 우리가 알 수 있는 살아있는 인격체가 바로 교회의 기초를 이루고 있다.

나에게는, 삶과 사명과 표현에서 그리스도를 절대적으로 중심에 두지 않는 어떤 교회론도 '심층deep'이라는 말로 불릴 수 없다.

믿는 자들의 지역 공동체 안에서 성령에 의해 그리스도께서 내주하시는 것이 교회이다. 이 진리를 눈에 보이게 나타내서 가장 잘 실현하는 교회의 모델과 형태가 심층 교회론을 성립하는데 적합할 것이다. 그렇지 못한 모델과 형태는 더 잘 실현하는 교회들을 위해 용도폐기 되어야 한다.

여기서 나는 내가 어떻게 이런 결론에 도달했는지, 그리고 그 결론이 의미하는 바가 무엇인지적어도 내게를 비교적 상세하게 설명하고자 한다.

부흥 신학

나는 열여섯 살에 주님을 따르기 시작했다. 그리고 그 후 얼마 되지 않아서 '부흥 신학revivalist theology'이라는 것을 접하게 되었다. 당신이 복음주의 그리스도인이라면 아마 이 신학에 익숙할 것이다. 부흥 신학은 영국의 부흥 전도자인 조지 휫필드 시절에 기초가 세워졌고, 나중에 드와이트 L. 무디로 이어져 그에 의해 대중화되었다.

무디는 19세기에 살았던 미국의 부흥 전도자였다. 역사가들은 무디가 그의 생애 동안 약 1억 명에게 복음을 전했으리라 추정한다. 무디에겐 TV나 인터넷이나 라디오나 케이블 TV나 팩스 기계나 MP3 플레이어나 이메일

같은 것이 없었다. 그리고 그는 전국에 배포되는 잡지 같은 것을 출판한 적도 없었다. 그는 주로 걸어다니며 복음을 전파했고 야외에서 설교했다. 무디가 약 백만 명을 그리스도에게로 인도했다고 전해진다.

부흥 신학은 1870년부터 1900년 사이에 태동했다. 그리고 그것은 주로 무디의 사역에서 생겨났다. 부흥 신학이란 무엇인가? 부흥 신학은 두 개의 확고한 개념에 기반을 두고 있다. 첫째, 당신이 잃어버린 자이면 구원을 받아야 한다. 둘째, 당신이 구원받았다면 잃어버린 자들을 구원시켜야 한다. 부흥 신학에 의하면, 구약성경과 신약성경의 모든 말씀이 이 두 가지에 그 기초를 두고 있다. 성경에 있는 모든 것이 그 두 가지로 요약될 수 있다는 것이다.

이것을 더 자세히 풀게 되면, 부흥 신학은 당신이 오늘 살아있는 유일한 이유가 다른 사람들에게 천국행 증명서를 발부받게 하기 위함이라고 가르친다. 사실, 이것이 하나님께서 당신이 그리스도인이 된 후에 당신을 죽이시지 않은 단 하나의 이유라는 것이다.

나는 다른 어떤 것도 배운 적이 없어서 이 신학을 전부 다 고스란히 받아들였다. 나중에서야 나는 이 부흥 신학이 지켜질 수 없는 것이라는 사실을 깨닫게 되었다. 이 신학은 성경의 99.7 퍼센트를 아주 확실하게 무시해버린다. 나는 신약성경에서 사도가 아닌 그리스도인들이 잃어버린 자들에게 복음 전했던 경우를 단 두 번밖에 찾지 못했다. 더구나, 나는 바울과 베드로와 요한과 야고보와 유다에 의해 기록된 신약성경의 모든 편지 중에서 잃어버린 자들에게 복음을 전하라는 권면은 한 구절도 찾지 못했다.

내가 부흥을 반대하는가? 아니다. 내가 잃어버린 자들에게 복음 전하는 것을 반대하는가? 절대로 그렇지 않다. 내가 반대하는 것은 신약성경에서 부흥 신학에 들어맞는 것들을 골라 억지로 꿰맞춰 해석하려는 경향이다. 신약성경의 상당한 부분이 잃어버린 자들을 구원하는 것에 관한 기록이 아니다. 우리가 앞에서 살펴보았듯이 성경은 뭔가 다른 것에 몰두해있다.

하나님의 능력

부흥 신학에 따라 철저하게 훈련되었던 내가 이것은 가가호호 방문전도, 만나는 사람에게 '사영리'를 나누기, 죄인들에게 '로마서의 구절들로 전도하기-Romans road'를 포함한다. 그다음으로 접하게 된 것은 '하나님의 능력the power of God'이다. 나는 하나님의 능력에 사로잡힌 단체에 깊이 빠져들었다. 나는 성령의 은사, 은사의 회복, 기적, 병 고침, 이적, 기사 등에 관한 수많은 설교를 듣고 또 들었다. 나는 또한 개인적으로 하나님의 능력을 체험하기도 했다.

오늘날, 나는 하나님의 능력이 우리 시대에도 실지로 나타난다는 것에 대해 전혀 이견이 없다. 그러나 나는 나의 지난날을 돌이켜보았을 때 몇 가지 두드러진 점을 관찰하게 되었다. 첫째로, 내가 만났던 '하나님의 능력'에 대해 끊임없이 강조하는 사람들 대부분이 가장 하나님의 능력이 결여된 사람들이었다. 내가 이것을 셀 수도 없이 많이 봤었기 때문에 그것은 얼마든지 예측 가능한 반복적인 일이 되었다.

둘째로, 나는 이런 운동을 하는 사람 중에서 몇몇 사울 왕들과 발람들과 삼손들을 만났다. 이들은 겉으로는 대단한 능력을 갖춘 사람들이었다. 사울 왕은 정확하게 예언했고, 발람은 지식의 말과 지혜의 말을 하는 놀라운 은사를 갖고 있었고, 삼손은 몸에서 나오는 지칠 줄 모르는 힘을 가진 사람이었다.

그러나 이 세 사람에게 공통점이 있었는데, 그것은 삶의 어떤 영역에서 드러나는 인격적 결함이었다. 그리고 그들의 육신의 본성이 그 영역에서 아주 팔팔하게 살아있었다. 겉으로 보기에 그들은 영적 능력에서 나오는 인상적인 은사들을 갖고 있었다. 그러나 내면에는 근본적인 뭔가가 빠져 있었다.

바울은 그의 편지 중 하나에서 큰 영적 능력에서 나온 은사들을 소유하는 위험에 대해 보다 강하게 다루고 있다. 이것은 하나님의 깊은 비밀을 아는 영적 분별력을 포함한 것인데, 바울이 사랑이나 성실함이나 겸손이나 온유 같은 기본적인 성품이 없는 능력의 위험성을 간파했던 것이다.고전13:1~3 그러므로 은사가 아닌 인격또는 성품이 한 사람의 인생에서 하나님이 역사 하셨음을 알 수 있는 단 하나의 신뢰할만한 증거이다.마7:22~23

나는 이것과 관련해서 또 다른 곤혹스런 관찰을 하게 되었다. 하나님의 능력에 대해 이야기하는 나의 동료 형제 중 너무 많은 사람이 놀랄 정도로 자기 자신에 몰두해있음을 보게 되었다. 그들은 자기 자신에 대해, 그리고 하나님께서 하나님의 능력으로 그들을 얼마나 크게 쓰셨는지 대해 얘기하는 보기 드문 기술을 갖고 있었다. 그들이 간증할 때마다 10퍼센트는 하나님께서 하신 일에 대해, 90퍼센트는 하나님께서 그들을 어떻게 쓰셨는지 그리고 그들이 무엇을 했는지를 얘기하는 듯했다.

다소 사람 바울은 자신이 엄청난 영적 은사들을 갖고 있었지만, 하나님께서 그를 어떻게 쓰셨는지에 대해 귓속말조차도 거의 하지 않았다. 그리고 단 한 번 자신의 영적 경험에 대해 얘기했을 때도 그 경험을 얘기할 수밖에 없는 상황이었다. 그래서 그 얘기를 할 때 돋보이는 두 가지를 확실하게 했다. 하나는 주님의 계시에 대해 말하면서 삼인칭을 사용한 것이고, 다른 하나는 자신의 인생에서 역사 하신 하나님의 능력을 얘기할 때 어리석은 자처럼 말했다고 했다.고후12:1 이하

그 후로 내가 깨달은 것은, 진짜 하나님의 능력을 갖춘 사람들은 그것에 대해 별로 얘기하지 않는다는 사실이다. 그리고 그들이 물론 자기 자신에 대해서도 많은 말을 하지 않는다는 사실이다. 하나님의 능력에 취해있는

동안, 즉 기적에 집착하고 영적 은사에 사로잡혀있는 동안 예수 그리스도를 놓쳐버리기가 너무 쉽다는 것을 나는 알게 되었다.

사람이 하나님을 조종하려는 것은 매우 위험한 일이다. 나는 예수 그리스도의 교회에 엄청난 영적 능력이 허락되었다는 것을 분명히 믿고 있다. 하지만, 하나님께서 이런 능력을 교회에 주신 것이지 특별한 어떤 개인들을 위해 주신 것이 아니다.

나는 하나님의 능력이 너무나도 저속한 싸구려로 전락하는 것을 안타깝게 목격해왔다. 그 결과, 능력은 희석되고 말았다. 그리스도의 몸이라는 범위 안에서만 하나님의 능력이 안전하다. 이것은 교회가 하나님의 능력을 맡은 청지기이기 때문이다. 교회 밖에서는 능력이 쉽게 오염된다.

내가 하나님의 능력을 반대하는가? 절대 그렇지 않다. 나는 하나님의 능력을 인정한다. 그리고 그것에 대해 경외심을 갖기도 한다. 그러나 나는 능력을 보좌 위에 올려놓는 것을 반대한다. 이런 이유로, 나는 하나님의 능력을 소유했다고 주장하는 사람들을 신중한 눈으로 바라보게 된다.

하나님의 능력은 예수 그리스도이다. 고전1:24 그리고 성령은 그리스도를 계시하고, 그리스도를 높이고, 그리스도를 영광스럽게 하려고 오셨다. 요 15:26, 16:13~14 그러므로 성령이 오셔서 하시고자 하는 일을 만나는 것으로부터 당신과 나를 이탈시키는 것 중 하나가 하나님의 능력을 구하는 것이라는 사실이야말로 진정 아이러니가 아닐 수 없다. 하나님의 능력을 구하라, 그러면 당신은 그 능력을 구체적으로 표현하시는 그리스도를 확실히 놓치게 될 것이다. 오직 하나님의 능력인 그리스도를 구하라.

종말론과 교리

내 인생에서 그 후로, 나는 기독교의 이것저것을 기웃거리며 정신을 팔

다가 마침내 종말론eschatology을 만나게 되었다. 종말론은 미래에 다가올 것들 곧 마지막 때에 대한 연구분야이다. 예수 그리스도께서 언제 재림하시는가? 러시아가 언제 예루살렘을 침략할 것인가? 요한계시록에 나오는 짐승의 아홉 번째 발가락의 의미는 무엇인가? 다니엘의 '칠십 이레'는 언제 시작되는가? 거짓 선지자는 누구인가? 그리고 물론 적그리스도는 누구이며 짐승의 표는 정확히 무엇을 말하는 것인가?

공개적인 고백으로 나는 종말론의 열병을 앓았다. 휴거 벌레에 쏘였다. 나는 차트를 만들고, 그래프를 그리고, 적그리스도와 거짓 선지자와 곡과 마곡 등의 활동을 정밀하게 표해놓으면서 다니엘과 요한계시록에 나오는 환상들에 대해 연구하기 시작했다.

갓 믿은 그리스도인들이여, 주목하라. 당신은 휴거 열병에 터무니없이 빠질 수 있다. 나는 "이것은 중요하다. 우리는 예언에 대해 알아야 하고 그것에 대해 공부해야 한다. 성경의 90퍼센트는 예언이다. 우리는 그것을 이해해야 할 의무가 있다."라고 배웠다.

내 고백을 들어보라. 나는 애처로울 정도로 종말론에 심취했었다. 그래서, 나는 미친 듯이 흘려서 몇 시간이고 종말론에 대해 토론할 수 있다.

그러나 내가 발견한 것이 있다. 마지막 때의 퍼즐을 꿰맞추기 위해 다니엘과 에스겔과 요한계시록에 쏟아 부은 수많은 시간이 주님을 더 깊이 아는데 있어 눈곱만큼도 나에게 도움을 주지 못했다는 사실이다. 그것은 대부분 학문적이고 지적인 활동에 불과했다. 그리고 메마르기 짝이 없었다.

그 결과, 나는 종말에 관한 예언 연구를 그만두었다.

종말론에 심취했다가 빠져나온 뒤, 나는 '기독교 신학'과 '기독교 교리'라는 것을 소개받았다. 나는 하나님께서 그의 백성에게 원하시는 가장 중요한 것은 그들이 '건전한 교리'를 알고 받아들이는 것이라고 배웠다. 그래서 나는 성경을 아주 열심히 공부했다. 아울러 캘빈과 알미니우스와 루터, 그리고 많은 현대 신학자들과 학자들의 주장과 관점에 대해 연구했다.

나는 20대 초반에 다양한 성경공부 모임들에 참여했다. 그 모임들은 각기 다른 교단들과 단체들에서 주관하는 성경공부였다. 거기서 나는 그리스도 안의 형제들과 교리를 놓고 날 선 논쟁을 벌이기 일쑤였다. 나는 누군가의 머리에 비수를 꽂으려고 내 교리의 칼을 날카롭게 갈고 또 가는 지적인 자극에 희열을 느꼈음을 뻔뻔스럽지만 인정할 수밖에 없다.

그러나 그때 나는 또 다른 것을 발견하게 되었다. 말하자면, 기독교 교리가 한 사람을 아주 편협하게 만들 수 있음을 알게 된 것이다. 기독교 교리에 매우 조예가 깊고 '건전한 신학'을 가장 사수하던 사람들의 행동에서 예수 그리스도를 닮은 모습을 전혀 볼 수 없었다. 그 대신, 별로 중요하지 않은 것을 대단한 것으로 만드는데 그들의 삶의 중심이 놓여 있는 듯했다.

어린 양의 마음이 전적으로 결여되어 있었다. 자신들과 동의하지 않는 사람들을 미워한다고 보일 정도로 그들은 무자비한 성격의 소유자들이었다. 그렇다 할지라도, 신약성경에는 교리가 있다. 하지만, 기독교 교리와 신학에 심취하는 것은 그리스도인들을 종교재판관으로 만들어버릴 우려가 있다. 토마스 아퀴나스의 말이 적절하다 하겠다. "주님, 진리를 사랑하는 나의 열심 속에서 제가 사랑에 관한 진리를 잊지 않게 하소서."

내가 교리를 반대하는가? 아니다. 내가 신학을 반대하는가? 아니다. 그러나 나는 그것에 관해 지나치게 강조하는 것을 지지하지는 않는다. 결과적으로, 나는 나의 교리의 칼을 내려놓을 수밖에 없는 자리에까지 오게 되었다. 왜냐하면, 내가 베드로처럼 그 교리의 칼로 사람들의 귀를 베어왔기 때문이다!

나는 당신에게 교회사 연구를 권하고 싶다. 그것이 당신을 울게 할 것이다. 우리의 선조는 교리를 놓고 다투며 서로에게 칼을 겨누고 피를 쏟았다. 그것도 별로 중요하지도 않은 교리들을 놓고 말이다. 그들은 사사로운 성경 해석을 놓고 칼을 휘둘렀다. 그리고 그것은 종종 유혈참사를 빚곤 했다. 다시 강조하자면, 교리에 심취하는 것은 그리스도인을 잔인하게 만들 수 있다. 역사가 이를 증명하고 있다.

교리와 신학을 추구하다가 그만둔 후에, 나는 많은 다른 기독교의 '것들'에 관여했다. 경건holiness이 성경의 핵심적 주제라고 믿고 그것에 심취하기도 했고, 믿음으로 '행하는' 것과 믿음에 '의해 사는' 것의 원리들을 배우기도 했다. 또 '경배와 찬양'이 하나님이 가장 원하시는 핵심이라 여기고 그것에 깊이 심취하기도 했다. 그리고 가난한 사람들과 노숙자들을 위한 사역에도 관여했다. 개인적으로 예언하는 것에 빠지기도 했다.

그다음은 기독교 변증학이었다. 변증학에 몰두하게 된 나의 모험은 내가 살던 도시의 미국 무신론자 협회 회장과의 논쟁으로까지 이어졌다. 그때 나는 스물세 살이었다. 나는 성경에서 명백하게 모순된 부분들을 연구해서 그 중 많은 것을 해결했다. 해결하지 못한 것들을 그 상태로 놔두어도 지금은 진정으로 만족한다.

나의 상대였던 무신론자가 우물쭈물하는 것을 보면서 전율을 느꼈지만, 그 쾌감은 그리 오래가지 않았다. 그가 그리스도께로 회심하지는 않았지만, 그리스도인이 무엇인지에 대한 그의 이해를 다시 정리했어야 했을 것이다. 그렇다 할지라도, 나는 그것에서 오는 영원한 가치가 거의 없으리라 생각한다.

모든 영적인 것들을 구체적으로 표현하기

나의 과거사에 대한 얘기는 이것으로 충분할 것이다. 다만, 내가 말하고 싶은 것은 이것이다. 그리스도인이 된 후 처음 8년 동안의 경험에서, 나는 많은 '기독교적인' 것들에 심취했었다. 이것이 내가 말하고자 하는 요지이다. 그것들은 그냥 '것들things' 일 뿐이었다.

내가 관여했던 모든 교회들과 단체들은 그것it을 나에게 효과적으로 설교했다. 복음전도도 그것이고, 하나님의 능력도 그것이다. 종말론도 그것이고, 기독교 신학도 그것이고, 기독교 교리도 그것이고, 믿음도 그것이고, 변증학도 그것이다.

나는 나에게 그것이 필요치 않다는 대단한 발견을 하게 되었다. 나는 결코 그것이 필요한 적이 없었다. 그리고 나는 결코 그것을 필요로 하지 않을 것이다. 아무리 선하고 진실한 것이라 해도, 기독교의 그것들은 결국 없어지고, 말라버리고, 진저리나게 될 것이다.

나에게는 그것it이 필요치 않다. 나는 그분Him이 필요하다!

그리고 당신도 그분이 필요하다.

우리는 어떤 것들을 필요로 하지 않는다. 우리는 예수 그리스도가 필요하다.

성경에 있는 모든 것들, 즉 모든 책들, 모든 이야기들, 모든 가르침들, 모든 주제들, 모든 편지들, 모든 구절들, 이 모든 것들은 그분을 가리키고 있다.

> 너희가 성경에서 영생을 얻는 줄 생각하고 성경을 연구하거니와 이 성경이 곧 내게 대하여 증언하는 것이니라 _요 5:39

> 이에 모세와 모든 선지자의 글로 시작하여 모든 성경에 쓴바 자기에 관한 것을 자세히 설명하시니라…그들의 눈이 밝아져 그인 줄 알아보더니 _눅

24:27,31

또 이르시되 내가 너희와 함께 있을 때에 너희에게 말한 바 곧 모세의 율법과 선지자의 글과 시편에 나를 가리켜 기록된 모든 것이 이루어져야 하리라 한 말이 이것이라 하시고 이에 그들의 마음을 열어 성경을 깨닫게 하시고_
눅 24:44~45

진정으로 성경적이 되는 것은 그리스도 중심적이 되는 것이다. 왜냐하면, 예수 그리스도가 모든 성경의 주제이기 때문이다. 이 발견이 내 인생을 바꿔놓았다.

그러나 나의 여정은 거기서 끝나지 않았다. 그때쯤 해서, 나는 내 인생을 바꾸는 또 하나의 발견을 하게 되었다. 그것은 바로 이것이다. 예수 그리스도는 하나님에 관한 모든 것들의 구체적인 표현이다. 나의 눈이 열려 예수 그리스도가 구원임을 보게 되었다. 예수 그리스도가 하나님의 능력이다. 예수 그리스도가 경건이다. 예수 그리스도가 교리이다. 예수 그리스도가 영적인 모든 것들의 살아있는 실체이다.

당신은 얼굴이 파래질 때까지 영적인 것들을 따라다닐 수 있다. 그리고 언제든지 새로운 '그것' 또는 '어떤 것'으로 하여금 당신의 중심을 차지하게 하려고 당신을 설득하는 그리스도인들을 꼭 만나게 될 것이다. 만일 당신이 그 사람들에 의해 설득당한다면, 당신은 확실하게 그분을 놓치게 될 것이다.

그리스도가 그리스도인의 삶 전부이고 하나님 아버지께서 모든 영적인 것들을 그리스도 안에 넣어두셨다는 사실을 내가 깨닫게 되었을 때, 그것이 내 인생을 급격하게 바꿔놓았다. 내가 '것들'을 추구하던 시절은 지나가

버렸다. 기독교의 진리, 교리, 신학을 좇던 시절도 지나가버렸다. 그리고 나에게 그리스도 자신을 찾기 시작한 새날이 활짝 열렸다. 나는 나의 주님을 아는 데에 깊이 빠지기를 원했다. 왜냐하면, 그분 안에 내가 필요로 하는 모든 것이 들어 있음을 내가 발견했기 때문이다.

하나님의 목표는 처음부터 끝까지 그분의 아들이다. 하나님 아버지께서 그분의 백성에게 바라시는 것은 그리스도, 오직 그리스도뿐이다. 나는 영적 성장을 영적인 것들을 얻는 것과 크게 혼동했었다. 그래서 영적인 지식, 영적인 미덕, 영적인 은혜, 영적인 은사, 영적인 능력 등을 추구했던 것이다. 나는 나중에서야 영적 성장이 내면에 그리스도의 형상을 이루는 것 외에 다른 것은 없음을 깨닫게 되었다. 갈4:19

우리가 구원받을 때 예수 그리스도는 우리 안에 태어나신다. 그리고 그리스도는 우리 안에서 자라나신다. 그러므로 영적 성장이란 그리스도를 알고 그분으로 하여금 우리 안에서 자라도록 하는 것이지 그 외에 다른 것은 없다.

잘 생각해보면, 많은 그리스도인이 구원, 복음전도, 화평, 능력, 경건, 기쁨, 섬김, 교회활동, 사역, 그리고 교리 같은 것들을 단순히 하나님적인 '것들'로 간주하는 것 같다. 모두 다 그리스도라는 살아있는 인격체와는 분리된 채로 그 자체에 뭔가 의미가 있을 거라고 착각한다.

그러나 하나님은 결코 영적인 것들을 우리에게 주시지 않는다. 하나님은 결코 우리로 하여금 선과 은사와 은혜와 진리를 얻게 하시지 않는다. 그 대신, 하나님은 우리에게 오직 그분의 아들을 주신다. 우리 전부가 되시는 그리스도를 우리에게 주시는 것이다.

따라서 예수 그리스도는 모든 영적인 것들의 구체적인 실현이다. 그리스도가 모든 하나님의 실체들의 본질이다. 그리스도는 모든 영적인 미덕, 은혜, 은사, 진리의 화신이다. 요약하자면, 하나님께서 그분의 모든 충만을 그분의 아들에게 부여하셨다.

말하자면, 예수 그리스도는 그분의 사람들에게 길을 제시하실 뿐만 아니라, 그분 자신이 길이다. 예수 그리스도는 그분의 사람들에게 진리를 계시하실 뿐만 아니라, 그분 자신이 진리이다. 예수 그리스도는 생명을 주시는 분일 뿐만 아니라, 그분 자신이 생명이다.요14:6 다르게 표현하면, 그리스도는 그분이 주시는 모든 것들의 화신이다. 그는 만유이시고 만유 안에 계신다.He is All in All 그리스도는 그분의 생명을 받은 모든 사람들에게 전부가 되신다.

- 예수 그리스도는 소망이다.딤전1:1
- 예수 그리스도는 화평이다.엡2:14
- 예수 그리스도는 지혜이다.고전1:30
- 예수 그리스도는 구속이다.고전1:30
- 예수 그리스도는 거룩함이다.고전1:30
- 예수 그리스도는 의로움이다.고전1:30

소망은 추구해야 할 어떤 것이 아니다. 그것은 인격체이다. 화평은 얻게 되는 어떤 선이 아니다, 그것은 그리스도이다. 의로움은 간구해야 할 은혜가 아니다, 그것은 그리스도이다. … 하나는 영적인 '것'이고 다른 하나는 주님 자신이다. 한 문장으로 요약하면, 예수 그리스도는 단순히 은사를 나눠주는 분이 아니고 그분 자신이 은사이다.

그러므로 영적인 성장과정은 그리스도가 우리의 전부임을 아는 것과 단단히 연결되어 있다. 그것은 우리가 우리의 분깃으로 그리스도를 전부로 삼을 때 이루어진다. 더 많은 성경지식이 당신에게 영적 성장을 주지 못한다. 종교활동이나 영적인 섬김을 더 늘린다 해서 당신이 영적으로 성장하는 것이 아니다. 기도에 더 많은 시간을 할애한다 해서 영적 성장이 일어나지 않는다. 오직 그리스도의 크고 넓으심에 대한 계시가 임해야 영적 성장을 경험할 수 있다.

현대 기독교의 전망을 살펴보면, 영적인 것들과 목표들이 그리스도라는 인격을 대신하는 것처럼 보인다. 우리가 열심히 찾는 교리, 은사, 은혜, 선, 의무 같은 것들이 예수 그리스도를 대신하고 있다. 우리는 이 은사 저 은사를 찾고, 이런 진리 저런 진리를 탐구하고, 이런 미덕을 갖추고자 추구하고, 이런 의무를 이행하고자 노력한다. 하지만, 이 모든 것들을 하면서 우리는 그리스도를 찾는 데 실패하고 만다.

하나님 아버지께서 우리에게 어떤 것을 주실 때, 그것은 언제나 그분의 아들이다. 하나님의 아들이 우리에게 어떤 것을 주실 때, 그것은 언제나 그분 자신이다. 이 개념이 그리스도인의 삶을 아주 단순하게 해준다. 우리가 많은 영적인 것들을 찾는 대신, 오직 그리스도만을 찾아야 한다. 우리의 유일한 목표는 오직 주 예수 그리스도이다. 그는 우리가 추구하는 유일한 목표가 되신다. 우리는 신성한 것들을 찾지 않는다. 우리는 신성한 인격체를 찾는다. 우리는 은사를 찾지 않는다. 우리는 모든 은사들을 구체적으로 실현하는 은사의 공급자를 찾는다. 우리는 진리를 찾지 않는다. 우리는 모든 진리의 화신을 찾는다.

하나님께서 그분의 아들 안에서 모든 영적인 것들을 우리에게 주셨다. 하나님께서 그리스도로 하여금 우리의 지혜, 우리의 의로움, 우리의 거룩함, 우리의 구속, 우리의 화평, 우리의 소망 등이 되게 하셨다. 예수 그리스도가 모든 영적인 것들의 화신임을 인정하는 것이 당신의 기도생활을 변화시켜줄 것이다. 또 그것이 당신의 말과 당신이 생각하는 방식과 영적인 것들에 대해 얘기하는 것을 변화시킬 것이다. 그리고 그것이 결국 당신의 교회 활동을 변화시킬 것이다.

교회의 실체를 향하여

솔직하게 말해서, 당신의 기초가 맹목적일 정도로 또는 유별날 정도로 예수 그리스도가 아니라면, 당신은 결코 그리스도의 몸의 진짜 경험을 하지 못하게 될 것이다. 참된 교회생활은 한 무리의 사람들이 그들의 주님을 영광스럽게 드러내는 것에 심취할 때 시작된다.

그러므로 그리스도인 지도자의 주된 사명은 하나님의 사람들이 이전에 한 번도 알지도, 꿈꾸지도, 상상하지도 못했던 그리스도를 그들에게 소개하는 일이다. 그들이 친밀하게 알 수 있고 열정적으로 사랑할 수 있는 기막힌 그리스도를 그들에게 알려주는 것이다. 모든 그리스도의 사역자들이 부르심을 받은 것은 하나님의 아들에 대한 막강한 계시 위에 에클레시아를 세우게 하심이다. 사역자들의 신경조직 속에서 불타고 있고, 하나님의 사람들을 예수님의 영광으로 숨 막히게 하고, 압도하고, 파묻히게 하는 계시 말이다.

하나님의 입장에서 보면, 교회의 무게 중심은 예수 그리스도이다.

신부에게, 그리스도는 신랑이다.

집에게, 그리스도는 기초이고, 모퉁잇돌이고 머릿돌이다.

몸에게, 그리스도는 머리이다.

가족에게, 그리스도는 맏아들이다.

교회가 그리스도가 전부라는 것을 중심에 놓을 때, 교회는 더는 기독교적인 '것들' 또는 '그것들'을 추구하지 않게 된다. 교회가 진정으로 추구하게 되는 것은 그리스도를 아는 것, 그분을 탐구하는 것, 그분을 만나는 것, 그분을 높이는 것, 그분을 사랑하는 것, 그분을 나타내는 것이다.

이것들이 교회를 지배하게 되는 것이다.

교회가 제대로 세워지면, 교회는 예수 그리스도의 멋진 환상에 빠지고 그것에 흠뻑 젖은 사람들, 곧 지역 공동체의 무리이다. 그리고 교회는 그리스도를 그들의 전부가 되게 해서 그분을 이 세상에 드러내는 방법을 함께 발견하는 지역 공동체이다. 이런 발견이 심층 교회론의 중심에 놓여있는 것이다.

> 또한, 모든 것을 해로 여김은 내 주 그리스도 예수를 아는 지식이 가장 고상하기 때문이라 내가 그를 위하여 모든 것을 잃어버리고 배설물로 여김은 그리스도를 얻고…내가 그리스도와 그 부활의 권능과 그 고난에 참여함을 알고자 하여_빌 3:8,10

나는 A. B. 심슨의 적절한 시 *Himself*로 이 책을 마무리하고자 한다.

> 한때는 복을 구했지만, 이제는 주님을 원하네
> 한때는 감정을 구했지만, 이제는 그분의 말씀을 원하네
> 한때는 은사를 원했지만, 이제는 그것 주시는 분을 원하네
> 한때는 치유를 찾았지만, 이제는 그분만 원하네
> 영원히 모든 것 되시는 주님, 난 오직 그리스도만 찬양해
> 그리스도 안에 모든 것 다 있네, 그리스도가 모든 것 되시네
> 한때는 고통스러운 노력이었지만, 이제는 철저한 신뢰라네
> 한때는 반쪽 구원이었지만, 이제는 온전함 얻었네

한때는 부단히 매달렸지만, 이제는 그분이 나를 붙드시네
한때는 계속 떠내려갔지만, 이제는 내 닻을 내렸네
한때는 바쁘게 계획 세웠지만, 이제는 신뢰의 기도라네
한때는 걱정 근심이었지만, 이제는 그분이 돌봐주시네
한때는 내가 원하는 것이었지만, 이제는 예수님의 말씀대로라네
한때는 끊임없는 간구였지만, 이제는 끊임없는 찬양이라네
한때는 내 노력이었지만, 이제는 그분이 하신다네
한때는 그분을 이용하려 했지만, 이제는 그분이 날 사용하시네
한때는 능력을 원했지만, 이제는 전능자를 원한다네
한때는 날 위해 수고했지만, 이제는 오직 그분뿐이라네
한때는 예수를 소망했지만, 이제는 그분이 내 것임을 안다네
한때는 내 등불이 꺼져갔지만, 이제는 그것이 밝게 타오른다네
한때는 죽음을 기다렸지만, 이제는 그의 오심을 바라본다네
내 소망은 닻을 내렸네, 난 이제 그분의 장막에서 안전하다네.